四訂

栄養教諭論 ［第2版］

―理論と実際―

金田 雅代 編著

建帛社
KENPAKUSHA

▉ 編著者 ▉   〔執筆分担〕

かねだ　まさよ
金田　雅代　　　女子栄養大学名誉教授　　　　　　　　　第1章
　　　　　　　　元文部科学省スポーツ・青少年局

▉ 著者〔五十音順〕 ▉

あいば　なおみ
饗場　直美　　　神奈川工科大学健康医療科学部　　　　　第4章

いしづか　こうじ
石塚　浩司　　　静岡県袋井市教育委員会　　　　　　　　第10章3-1）実践事例②

いまい　たかのり
今井　孝成　　　昭和大学医学部小児科学講座　　　　　　第10章3-1）

えぐち　ようこ
江口　陽子　　　元佐賀県基山町立基山小学校　　　　　　第2章2

おおた　あつひろ
太田　敦弘　　　鳥取県日吉津村立日吉津小学校　　　　　第9章5

かがわ　あきお
香川　明夫　　　女子栄養大学短期大学部　　　　　　　　第2章1

きたがわ　だいき
北川　大樹　　　八王子市教育委員会　　　　　　　　　　第9章6

きよく　としかず
清久　利和　　　文部科学省初等中等教育局　　　　　　　第6章4，第7章3

さいとう　るみ
齊藤　るみ　　　文部科学省初等中等教育局　　　　　　　第8章

すずき　まり
鈴木　眞理　　　跡見学園女子大学心理学部　　　　　　　第10章3-3）

たかの　ひろお
高野　浩男　　　山形大学大学院教育実践研究科　　　　　第9章4

たるい　けいこ
樽井　圭子　　　栃木県宇都宮市立緑が丘小学校　　　　　第9章2

ちゅうまん　かずよ
中馬　和代　　　元鹿児島純心女子短期大学　　　　　　　第11章5-4）

ながしまみほこ
長島美保子　　　(公社)全国学校栄養士協議会　　　　　　第3章

なかにし　ともみ
中西　智美　　　鹿児島県立串木野養護学校　　　　　　　第7章4

なるかわ　てつや
鳴川　哲也　　　文部科学省国立教育政策研究所　　　　　第9章7

はせがわみほ
長谷川実穂　　　昭和大学医学部小児科学講座　　　　　　第10章1，2

はら　みつひこ
原　光彦　　　　和洋女子大学家政学部　　　　　　　　　第10章3-2）

ひらいわ　やすひろ
平岩　靖弘　　　愛知県岡崎市こども部　　　　　　　　　第11章5-3）

ふかくら　しょうこ
深藏　祥子　　　国東市教育委員会　　　　　　　　　　　第9章1

みずしままゆみ
水嶋眞由美　　　仁愛大学人間生活学部　　　　　　　　　第11章5-2）

みやたけちづこ
宮武千津子　　　香川県高松市立国分寺南部小学校　　　　第7章1，2

むらい　えいこ
村井　栄子　　　元香川県丸亀市立綾歌中学校　　　　　　第7章1

よこしま　つよし
横嶋　剛　　　　文部科学省スポーツ庁　　　　　　　　　第5章，第6章1～3，第9章3

よこはりあきこ
横張亜希子　　　埼玉県立越谷総合技術高等学校　　　　　第9章8

よしはら　ともこ
吉原　朋子　　　元秋田県五城目町立五城目第一中学校　　第11章1～4，5-1）

初版はしがき

　栄養教諭制度は2005（平成17）年4月1日スタートした。それまでは，主に学校給食の管理業務を中心とする学校栄養職員が，食に関する指導の一部を担ってきた。今回の創設で，栄養教諭は食に関する指導と学校給食の管理を一体的のものとしてその職務とし，教諭や養護教諭と並んで，児童・生徒に対する指導を直接的に担う教育職員として位置づけられたのである。

　栄養教諭制度は，2004（平成16）年1月20日の中央教育審議会答申において，「近年，食生活の乱れが深刻になっており，望ましい食習慣の形成は，今や国民的課題になっている。子どもたちが将来にわたって健康に生活していけるようにするためには，子どもたちに対する食に関する指導を充実し，望ましい食習慣の形成を促すことが重要である。また，食に関する指導の充実は，「生きる力」の基礎となる健康と体力を育むほか，食文化の継承，社会性の涵養などの効果も期待できる。」と提言されたのを受けて，学校における食に関する指導体制を整備するために創設されたものである。

　栄養教諭の免許状は，栄養士あるいは管理栄養士の基礎資格の上に，教育に関する専門性を併せ持つこととされている。養成においては，新設された科目「栄養に係わる教育」で，食文化や食の歴史など，児童・生徒を取り巻く課題を踏まえ，栄養教諭としての使命や職務内容の重要性を理解し，教育に関する専門性および栄養に関する専門性を横断的に身に付けることができるようにすることを目的としている。

　新設科目であり，その趣旨や内容を養成課程の学生や関係者はもとより，現職の栄養教諭あるいは学校栄養職員にも理解され，食に関する指導の充実が図られるように周知することが緊急の課題と考えられる。本書は，それらの趣旨を踏まえ，栄養教諭養成課程の「栄養に係わる教育」に関する科目2単位の教科書として企画したものである。

　本書をひとつのベースとして，栄養教諭がその役割を自覚し，その活動がより良いものとなることを願っている。

　本書の発刊のきっかけを作っていただいた中村丁次先生，山本茂先生，編集意図を理解いただき限られた時間で執筆いただいた先生方，本書の発刊に終始ご尽力いただいた建帛社筑紫社長ならびに編集部の方々にお礼申し上げる。

　　平成17年7月

編著者　金田　雅代

四訂によせて

　平成29年3月に小学校，中学校，4月に特別支援学校（小学部・中学部），平成30年3月に高等学校，平成31年2月に特別支援学校（高等部）の学習指導要領が改訂されました。今回の学習指導要領の改訂の基本的な考え方は三つあり，一つ目は社会に開かれた教育課程を重視すること，二つ目は確かな学力を育成すること，三つ目は体育健康に関する指導の充実により豊かな心や健やかな体を育成することです。

　この学習指導要領の改訂で特筆したいことは，平成20年の改訂で初めて明記された「学校における食育の推進」は「体育科の時間はもとより〜」であったものが，今回は「体育科，家庭科及び特別活動の時間はもとより，各教科，道徳科，外国語活動及び総合的な学習の時間などにおいてもそれぞれの特質に応じて適切に行うよう努めること」と具体的に教科等が示され，学校教育活動全体を通じて指導することがより明確になったことです。

　このことは平成28年12月21日の中央教育審議会答申の中に，健康・安全・食に関する資質・能力として，「食を取り巻く社会環境が変化し，栄養摂取の偏りや朝食欠食といった食習慣の乱れ等に起因する肥満や生活習慣病，食物アレルギー等の健康課題が見られるほか，食品の安全性の確保や食料自給率向上，食品ロス削減等の食に関わる課題が顕在化している」ことが課題として示され，前回の答申より食に関する問題は深刻化しており，食育の推進は待ったなしの国の重要課題であることに他なりません。生涯にわたって健康で安全な生活や健全な食生活を送るために必要な資質・能力を育むためには，栄養教諭が果たす役割はますます重要になっています。

　本書は，今回の学習指導要領の改訂，『食に関する指導の手引（第二次改訂版）』の改訂を踏まえて大幅に内容を見直し，併せてこの10年間に取り組まれてきた食育の実践例等の充実を図り，四訂版としました。

　さらに，令和3年3月に策定された第4次食育推進基本計画をはじめとした最新の動向，統計データの更新などに対応し，四訂第2版を発行しました。

　栄養教諭を目指す学生の教科書として，また，栄養教諭，学校栄養職員，教職員，地域で活躍されている食育関係者の方々にもご活用いただけることを願っております。

　最後に，各執筆者の先生方，建帛社の会長はじめ編集部の皆様のご協力を得て発刊に至りましたことをここに記して御礼の言葉といたします。

　　令和3年12月

編著者　金田　雅代

目　　次

▌資　料

第1章　栄養教諭の制度と役割

本章では，学校栄養職員の歴史，栄養教諭制度創設の経緯を十分に把握した上で，栄養教諭の職務内容を正しく理解し，果たすべき役割をしっかりとらえられるようにする。

1．栄養教諭制度創設の経緯

1）学校栄養職員の歴史

1954（昭和29）年　　学校給食法に関する参議院の付帯決議で，「学校給食を担当する栄養管理職員の給与についても国庫補助の途を開くこと」とされた。

1957（昭和32）年　　学校給食法の一部を改正する法律に対する衆議院の付帯決議において，「学校給食の重要性にかんがみ，義務教育諸学校並びに夜間課程を置く高等学校に栄養士を置くよう所要の措置を講ずるとともに，学校給食に従事する職員の身分の確立とその給与費国庫補助の方途を講ずること」とされたが，現実的には学校の中に学校栄養職員のポストがなく，学校の設置者である市町村教育委員会は，給与の予算措置上，適当な職名をつけて配置していた。その当時は，主業務が調理作業であり，給食の献立作成や栄養指導のための資料作成などは，空いている時間にしか行えなかった。

1964（昭和39）年　　国は，学校栄養職員を各市町村に設置する援助措置として，「学校栄養職員設置費補助制度」を設けて，共同調理場に勤務する学校栄養職員の設置に要する給与費の2分の1を補助することにした。

1966（昭和41）年　　国は「学校栄養職員設置費補助制度」を単独調理校方式の学校に置かれる学校栄養職員にも拡大した。これにより，共同調理場・単独調理校に勤務する学校栄養職員に対して予算措置はされたが，市町村において必要に応じて置くことができるものとされていたことから，配置を行う市町村の財政力その他の事情によって，各都道府県および市町村ごとの配置状況は著しい不均衡を生じた。

1974（昭和49）年　　国は，「公立義務教育諸学校の学級編制及び教職員定数の標準に関する法律」など関係法令の改正を行い，公立の義務教育諸学校および共同調理場に勤務する学校栄養職員について，新たに都道府県ごとの定数を定めて，給料その他給与に要する経費を都道府県の負担とし，併せてその経費の2分の1を国庫負担することとした。これによって，教育の一環として実施される学校給食に携わる「教育的専門職員」として学校栄養職員の名称がかかげられ，地位が制度上明確になった。その意図するところは，

①　義務教育の水準を維持向上するための必要な職員として明確に位置づける。

②　財政力のばらつきの大きい市町村の職員として置くことは，配置人員の不均衡が生ずることから，全国的に同一水準での配置を進めること。

③　食事内容の改善向上を図り，児童・生徒に魅力ある学校給食を提供するためには，学校栄養職員の配置が必要であること。

④　給与水準の向上を図ること。

などであった。

　以後，国の定数計画に基づいて，適正配置が確保され，全国的水準における待遇改善が図られることとなる。

1985（昭和60）年10月　学校栄養職員の職務が円滑に行われるように，保健体育審議会に「学校栄養職員の職務内容について」の諮問がなされる。

1986（昭和61）年　諮問に対する答申が1月に出され，3月に体育局長「学校栄養職員の職務内容について」が通知された。これにより，学校給食に関する基本計画への参画，栄養管理，学校給食指導，衛生管理など，学校給食の栄養や健康に関する専門的な事項をつかさどる職員として職務が明確になった。

1990（平成2）年　学校栄養職員の教育的指導力向上を図るため「新規採用学校栄養職員研修」が始まる。

1992（平成4）年　『学校給食指導の手引』を改訂し，学校栄養職員の健康教育における役割をまとめ，関係者の理解の促進を図った。

　学校栄養職員は，学校における重要な教育活動である学校給食を通じ，児童生徒の健康教育を進めるきわめて大きな役割を担っています。

　学校栄養職員は，栄養や健康の専門家として児童生徒の生涯にわたる心身の健康づくりを目指し，内容豊かな給食を提供するばかりでなく，給食指導の面でも，学級担任等への協力等により積極的に参画することが求められます。

（『学校給食指導の手引』より抜粋）

1997（平成9）年　「学校栄養職員経験者研修」を創設し，栄養・衛生に関する新たな役割に対応できるよう，研修内容の拡充を行った。

1998（平成10）年　「食に関する指導の充実について」体育局長通知が出され，学校における食に関する指導の充実を図るためにも，教育活動全体を通して行う健康教育の一環として，効果的な指導を行うことが重要であること，その際に，各学校の判断で，食に関する専門家である学校栄養職員と担任教諭がチームを組んで教科指導や給食指導を行ったり，特別非常勤講師として指導を行ったりするなど，創意工夫を加えたより一層の食に関する指導の充実が図られるようにと各都道府県教育委員会などに依頼された。これにより，それまでティームティーチングが中心であった学校栄養職員の指導が，特別非常勤講師としての指導まで広がるようになった。

2）栄養教諭制度創設まで

　栄養教諭制度の背景には，成長期にある児童・生徒にとって，健全な食生活は，健康な心身を育むために欠かせないものであると同時に，将来の食習慣の形成に大きな影響を及ぼすものであることから，きわめて重要な課題となっていることにある。しかし，近年，子どもたちの食生活の乱れは顕著になっており，体力低下傾向も続いている状況にあり，家庭の食生活のあり方も核家族化や共働き家庭の増加など社会環境の変化で子どもだけで食事をする孤食化が進み，家庭の食事は，外食や調理済み食品の利用などの増加傾向にあることなどから，保護者が子どもの食生活を十分に把握して，管理していくことが困難な状況になってきている。

　また，最近特に食品の安全性に対する信頼性が揺らいでいる中，食品の品質や安全性についても，正しい知識や情報に基づいて自ら判断できる能力が必要になってきている。

　これらの状況を踏まえて，子どもの体力の向上を図るとともに，子どもが将来にわたって健康な生活をしていけるようにするため，家庭だけでなく，学校においても子どもに対する食に関する指導を充実させることが重要である。そして，栄養や食事のとり方などについて，正しい基礎知識に基づいて，子ども自らが判断し，食をコントロールしていく自己管理能力の育成や望ましい食習慣の形成を促すことがきわめて重要となってきたのである。

　1997（平成9）年の保健体育審議会の答申以来，学校における食に関する指導は，給食の時間を中心に特別活動，教科指導，「総合的な学習の時間」など学校教育活動全体の中で，学校給食を「生きた教材」として活用しつつ行われてきた。しかし，明確に学校における食に関する指導体制が整備されてこなかったために，地域や学校ごとの取り組みがまちまちであった。そこで食に関する指導が国民的な課題であることから，栄養に関する専門性に裏打ちされたより効果的な食に関する指導をすべての学校で行うため，新たに栄養教諭制度を創設することになったのである。

3）創設に至るまでの審議会答申

1996（平成8）年　保健体育審議会へ諮問

　高齢者人口の増加と少子化などがあいまって，世界にも類をみない勢いで急速に高齢化が進展していること，社会環境の急速な変化は，児童・生徒の心身の健康にさまざまな影響を与えていること，生活習慣病の若年化など食に起因する新たな健康課題が増加していることなどから，「生涯にわたる心身の健康の保持増進のための今後の健康に関する教育及びスポーツの振興の在り方について」諮問された。

1997（平成9）年9月9日　保健体育審議会の答申

　学校給食の今日的な意義が示され，学校栄養職員の新たな役割や求められる資質などについて下記のとおり答申された。

　特に，児童・生徒の健康問題の深刻化に伴い，健康教育の一環として食に関する指導の場面が従来以上に増加していることから，学校栄養職員に本来的職務に付加して対応が求

められること，食に関する指導を行うための資質を担保するために，新たな免許制度の導入も含め，資質の向上方策を検討することや，現職研修における給食指導の指導力を高める内容などについて，格段の充実を図ることとされた。

（4）学校栄養職員

（学校栄養職員の新たな役割）

　食の問題は，本来それぞれの家庭の価値観やライフスタイルに基づいて行われるものであり，基本的には個人や家庭にゆだねられるべき問題である。ただし，学校給食の今日的意義，さらには家庭の教育力の低下を勘案すると，学校においても，食の自己管理能力や食生活における衛生管理にも配慮した食に関する基本的な生活習慣の習得などに十分配慮する必要がある。その際，健康教育の一環として，教科等や学校給食における取組とともに，食の問題の悩みを抱えた児童生徒にきめ細かい個別指導を行うことも必要である。さらに，保護者からの児童生徒の食に関する相談のアドバイスや，児童生徒を介した家庭への情報提供も重要である。この中で，学校栄養職員は，食に関する専門家として，このような学校における食に関する指導に専門性を発揮することが期待されている。

　近年における食の問題とそれに伴う児童生徒の健康問題の深刻化に伴い，これら健康教育の一環としての食に関する指導の場面が従来以上に増加し，学校栄養職員には本来的職務に付加してその対応が求められている。

　このため，学校栄養職員について，栄養管理や衛生管理などの職務はもとより，担任教諭等の行う教科指導や給食指導に専門的立場から協力して，児童生徒に対して集団又は個別の指導を行うことのできるよう，これらの職務を実践できる資質の向上を図る必要がある。

（求められる資質）

　学校栄養職員は，食に関する専門家として栄養士の免許を有し，栄養学等の専門に関する知識や技術は確保されてはいるものの，近年充実が求められている食に関する指導を児童生徒に行うために必要な専門性は，制度的に担保されていない。したがって，今後求められる学校栄養職員の資質としては，①児童生徒の成長発達，特に日常生活の行動についての理解，②教育の意義や今日的な課題に関する理解，③児童生徒の心理を理解しつつ教育的配慮を持った接し方，などである。

（資質の向上方策等）

　このような学校栄養職員の役割の拡大に伴い，食に関する指導等を行うのに必要な資質を担保するため，新たな免許制度の導入を含め，学校栄養職員の資質向上策を検討する必要がある。なお，各学校において，学校栄養職員が，健康教育の一環として，専門的立場から担任教諭等の行う教科指導や給食指導に協力して，児童生徒に対して集団又は個別の指導を効果的に行うことができるようにするため，最終的には，各学校で効果的な指導が可能となるような学校栄養職員の配置の改善が必要である。

　また，現職研修のうち，採用時の研修については，既に平成9年度より日数が大幅に拡充され，経験者研修についても新たに実施されたところであるが，今後は，担当教諭とチームを組んだ教科指導や給食指導に関する実践的な指導力の向上も含め，研修内容の充実に努めるとともに，とりわけ経験者研修について格段の充実を図る必要がある。

　この答申以来，本格的に新たな免許制度の導入を含めた学校栄養職員の資質向上方策の検討の必要性が指摘され，栄養教諭制度の創設について検討がされるようになった。

1998（平成10）年　中央教育審議会答申

　「今後の地方教育行政の在り方について」で，教職員の研修の見直しと研修休業制度の創設や専門的人材の活用などが答申され，学校栄養職員が他の教職員と一体となって，教育活動に積極的に参加していくことが重要とされた。

具体的改善方策
（教職員の研修の見直しと研修休業制度の創設）
ス　養護教諭，学校事務職員，学校栄養職員等の研修について，これらの職員の専門性を高め，学校運営
　　への積極的な参画を促す観点から，研修内容を見直し，その充実に努めること。
（専門的人材の活用）
ケ　養護教諭，学校栄養職員，学校事務職員などの職務上の経験や専門的な能力を本務以外の教育活動等
　　に積極的に活用するとともに，学校教育相談や進路相談などの分野において学校内外の専門的知識を有
　　する者を活用し必要に応じて校内の生徒指導組織等との連携を行うなど学校内外の多様な人材を積極
　　的に活用する方策を検討すること。

1999（平成11）年　教育職員養成審議会第三次答申

　　「養成と採用・研修との連携の円滑化について」で，学校栄養職員の研修の現状や問題
点が指摘され，研修の充実を図る必要のあることが答申された。

２．見直しの方向
○　学校栄養職員の研修については，児童生徒の食の指導に関する現代的諸課題に適切に対処できる専門
　　性を高め，学校運営に積極的に参画する意欲や態度を培うとともに，職場外での研修を受けやすくする
　　などの環境整備に努めることが必要である。

2000（平成12）年　食生活指針の策定

　　文部・厚生・農水の三省が共同で10項目からなる「食生活指針」を定め，これを推進す
ることについて2000年３月に閣議決定された。政府全体で食育を推進することを明らかに
し，教育分野の取り組みについても，以下のとおり重点的な推進を図ることとしている。

食生活指針の推進について
１．食生活指針等の普及・定着に向けた各分野における取組の推進
（２）教育分野における推進
　　国民一人一人とりわけ成長過程にある子どもたちが食生活の正しい理解と望ましい習慣を身につけら
れるよう，教員，学校栄養職員等を中心に家庭とも連携し，学校の教育活動を通じて発達段階に応じた食
生活に関する指導を推進する。

2001（平成13）年５月　食に関する指導の充実のための取組体制の整備に関する調査研究

　　学校における食に関する指導の充実のため，「栄養教諭（仮称）」制度の創設についても
視野に入れつつ調査研究が開始された。

　　調査事項については，①学校栄養職員による食に関する指導の在り方，②学校栄養職員
の職務内容について，③学校栄養職員の資質の向上方策などである。

2001（平成13）年７月　食に関する指導の充実のための取組体制の整備について第一次報告

　　1997（平成９）年の保健体育審議会の答申と1998（平成10）年の中央教育審議会の答申
において，健康教育の一環として食に関する指導の充実を図ることの重要性が，累次にわ
たり指摘されていることを踏まえ，各学校において児童・生徒に食に関する指導を行うこ
とは，子どもが将来にわたって健康な生活を送る上で必要なものであることとし，各学校
における取り組みがさまざまであることから，各教職員の一体的な取り組み体制を整備す

るとともに，学校栄養職員の専門的な能力を生かして食に関する教育指導を充実していくための方策の検討が，制度面の対応を含めて，緊急の課題として求められた。この一次報告の「学校栄養職員指導力向上のための取組体制の整備」において，「栄養教諭（仮称）」制度など学校栄養職員にかかわる新たな制度の創設を検討し，学校栄養職員が栄養および教育の専門家として児童・生徒の食に関する教育指導を担うことができるよう，食に関する指導体制の整備を行うことが必要とされた。

2002（平成14）年　中央教育審議会答申

　「子どもの体力向上のための総合的な方策について」答申において，体力向上に資する子どもの生活習慣の改善—よく食べ，よく動き，よく眠る健康三原則（調和のとれた食事，適切な運動，十分な休養・睡眠）の徹底のために，家庭での取り組みとともに学校における食に関する指導の充実がきわめて重要とされた。併せて，「栄養教諭（仮称）」制度など学校栄養職員にかかわる新たな制度の創設を検討し，学校栄養職員が栄養および教育の専門家として食に関する教育指導を担うことができるよう，食に関する指導体制の整備を行うことが必要との提言がされた。

2003（平成15）年2月　食に関する指導の充実のための取組体制の整備について第二次報告

　第二次報告では，栄養教諭（仮称）の職務内容，配置，免許状等の基本的な方向が提言された。

2003（平成15）年6月　中央教育審議会スポーツ・青少年分科会「食に関する指導体制部会」の設置

　調査研究協力者会議の提言を受ける形で，中央教育審議会スポーツ・青少年分科会のもとに「食に関する指導体制部会」が設置され，制度設計を含む専門的かつ具体的な事項について調査審議が行われた（初等中等教育分科会の教員養成部会においても，「栄養教諭免許の在り方に関するワーキンググループ」が設置され審議された）。

2004（平成16）年1月20日　中央教育審議会「食に関する指導体制の整備について」答申
（巻末資料 p.182参照）

　栄養教諭制度の創設を柱とする食に関する指導体制の整備について，次のような提言がなされた。

> 子どもたちが望ましい食習慣と食の自己管理能力を身に付けられるよう，学校における食に関する指導体制を整備することが急務であり，新たに栄養教諭制度を創設し，食に関する専門性と教育に関する資質を併せ持つ栄養教諭が指導に当たることができるようにすることが必要。

2004（平成16）年3月　「学校教育法等の一部を改正する法律案」の提出

　文部科学省では，1月の中央教育審議会の答申を受けて，栄養教諭制度創設に必要な立法作業に取り組み，関係する8法律を改正する「学校教育法等の一部を改正する法律案」を第159回国会に提出した。衆・参両議院において長時間の審議がなされ，5月14日にすべての政党の賛成を得て可決・成立，5月21日に公布された。法律の施行日は，2005（平成17）年4月1日とされた。

4）創設以降の審議会答申

2008（平成20）年１月17日　中央教育審議会答申

　「幼稚園，小学校，中学校，高等学校及び特別支援学校の学習指導要領等の改善について」答申において，「7．教育内容に関する主な改善要項」の「（7）社会の変化への対応の観点から教科等を横断して改善すべき事項」として「食育」が明記され，子どもたちの生活や学習の基盤として食に関する指導の充実が求められた。併せて食育を学校の教育活動全体で取り組むことが重要であり，学校給食を教材として積極的に活用することが重要であることや，家庭，地域と連携を図ることが重要とされた。具体的には平成20年１月17日の答申を参照されたい（巻末資料 p.207参照）。

5）学習指導要領改訂

2008（平成20）年１月の中央教育審議会答申を受けて，学習指導要領が改訂された。
このときの改訂の基本的な考え方は，次の通りである。
・教育基本法，学校教育法等の改正等による教育の理念を踏まえ「生きる力」を育成する。
・基礎的・基本的な知識・技能の習得と思考力・判断力・表現力等育成のバランスを重視する。
・道徳教育や体育等の充実により，豊かな心や健やかな体を育成する。

　食育を推進する上で特記することは，「小学校・中学校ともに，総則に学校における『食育』を明記したこと，体育科，家庭科，特別活動などにおいてもそれぞれの特質に応じて適切に行うように努めることとする」とされたことである。

　2017（平成29）年３月に告示された学習指導要領では，育成を目指す資質・能力について「学びに向かう人間性」，「知識・技能」，「思考力・判断力・表現力等」という３つの柱として整理された。食育の推進についても総則に明記されており，「体育（保健体育）科，家庭（技術・家庭）科及び特別活動の時間はもとより，各教科，道徳科，外国語活動及び総合的な学習の時間などにおいてもそれぞれの特質に応じて適切に行うよう努める」としている。

2．栄養教諭の資質能力の確保

　栄養教諭には，栄養に関する専門性と教職に関する専門性の双方が求められ，それらの資質能力を制度的に担保するために，栄養教諭の免許状が創設された（教育職員免許法第２条ほか）。

　栄養教諭の免許状の種類は，大学院修士課程修了程度の専修免許状，大学卒業程度の一種免許状，短期大学卒業程度の二種免許状の３種類としている。なお，栄養教諭制度の性格などに鑑み，特別免許状や臨時免許状は設けられていない（教育職員免許法第４条ほか関係）。

　標準とされる一種免許状にあっては，学士の学位および管理栄養士または管理栄養士養成課程修了（栄養士免許は必要）を基礎資格とし，文部科学大臣の認定を受けた大学の課程ま

たは文部科学大臣の指定する教員養成機関において，「大学において修得することを必要とする栄養に係る教育及び教職に関する科目の最低単位数」22単位を修得することにより授与される。専修免許状にあっては，修士の学位および管理栄養士を基礎資格とし，46単位，二種免許状にあっては，短期大学士の学位および栄養士を基礎資格とし，14単位を修得することにより授与される（教育職員免許法別表第2の2）。

　また，教育職員である栄養教諭は不断にその資質・能力を高めることが求められることから，現職の栄養教諭の自発的な研修を促すため，一定の在職年数と大学や免許法認定講習などにおける単位修得により，都道府県教育委員会が行う教育職員検定を経て，上位の免許状を取得することができるようにする，いわゆる上進制度が設けられている。

　二種免許状を有する者が一種免許状を取得する場合，一種免許状を有する者が専修免許状を取得する場合，ともに必要な最低在職年数は3年としており，前者においては，大学や免許法認定講習などにおいて管理栄養士養成課程における専門科目（管理栄養士学校指定規則別表第1に掲げる教育内容に係る科目）32単位，栄養に係る教育に関する科目2単位，教職に関する科目6単位を修得することとしている（なお，管理栄養士免許取得者は，教科に関する科目2単位，教職に関する科目6単位の修得で足りる）。後者においては，教科に関する科目または教職に関する科目から15単位を修得することとなる（教育職員免許法別表第6の2）。

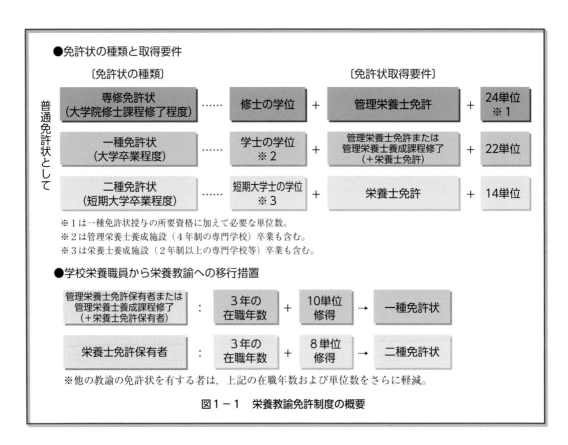

図1−1　栄養教諭免許制度の概要

　また，現職の学校栄養職員（教育委員会，幼稚園，高等学校勤務者も含む）が栄養教諭免許状を取得する場合は，すでに一定の栄養に関する専門性と教育に関する専門性を身に付けていると考えられることから，管理栄養士免許取得などの一定の基礎資格を備え，学校栄養職員としての一定の在職年数と大学や都道府県教育委員会が実施する免許法認定講習などにおいて所定の単位を修得することにより，都道府県教育委員会が行う教育職員検定を経て，栄養教諭免許状を取得できる特別の措置が設けられている。この場合，一種免許状の取得にあっては，管理栄養士または管理栄養士養成課程修了（栄養士免許は必要）を基礎資格とし，学校栄養職員として３年以上の実務経験を有し，栄養に係る教育に関する科目を２単位以上，教職に関する科目を８単位以上を修得するものとしている。また，二種免許状の取得にあたっては，栄養士免許を基礎資格とし，学校栄養職員として３年以上の実務経験を有し，栄養に係る教育に関する科目を２単位以上，教職に関する科目を６単位以上修得するものとしている。

　なお，学校栄養職員であって特別非常勤講師として１年以上，食に関する指導の実績があると実務証明責任者（公立学校の場合は，所管の市町村教育委員会）が認める場合には，栄養教育実習の単位数を，他の教職に関する科目の単位数をもって充てることが可能とされている。また，学校栄養職員であって他の教諭などの普通免許状を有する場合は，在職年数に関係なく，栄養に係る教育に関する科目２単位を修得することにより，一種または二種免許状を取得できることとされている（教育職員免許法附則第18項ほか）。

３．栄養教諭の配置

　栄養教諭は，学校給食の管理と食に関する指導を一体としてその職務とすることから，配置については，①学校給食の実施そのものが義務とはされていないこと，②現在の学校栄養職員も学校給食実施校すべてに配置されているわけではないこと，③地方の自主性を尊重するという地方分権の趣旨を踏まえ，地方公共団体が地域の実情などに応じて判断すべきであることとした中央教育審議会答申の指摘を踏まえて，義務的なものとはされていない（学校教育法第37条）。

　なお，公立小・中学校などに配置される栄養教諭の給与費は，教諭や養護教諭と同様に都道府県が負担することとされる（市町村立学校職員給与負担法第１条）とともに，その３分の１は国庫負担することとされている（義務教育費国庫負担法第２条関係）。また，学校栄養職員とともに栄養教諭の定数は，「公立義務教育諸学校の学級編制及び教職員定数の標準に関する法律」で定められることとなっている（同法第２条，第８条の２ほか）。

　栄養教諭の配置は，2005（平成17）年度スタート時34名（４道府県）で，2008（平成20）年度には47都道府県すべてに配置され，2022（令和４）年度５月１日現在6,843名となった。

　2005（平成17）年度より現職の学校栄養職員が栄養教諭免許を取得するための免許法認定講習会が実施されている。それらの人々は一層の配置促進につなげられるよう，特別非常勤講師の届出をして，日々，食に関する指導の実践を重ねている。

栄養教諭の配置については，第４次食育推進基本計画（令和３年３月）(巻末資料p.193参照)「第３ 食育の総合的な促進に関する事項　２．学校，保育所等における食育の推進」の中に，食に関する指導の充実を図るための国の施策として，「栄養教諭の役割の重要性やその成果の普及啓発等を通じて，学校栄養職員の栄養教諭への速やかな移行に引き続き努める」としており，また，地域による格差を解消すべく，配置を促進するとしている。

文部科学省においては，各都道府県の教育委員会教育長に対して，栄養教諭の全国的な配置状況を周知するとともに，「栄養教諭の配置促進について（依頼）」通知を出し，配置の促進を図っている（平成21年４月28日）。

表1－1　栄養教諭の配置状況（公立学校）

年度	配置数
平成27年度	5,436
平成28年度	5,765
平成29年度	6,092
平成30年度	6,324
令和元年度	6,488
令和２年度	6,652
令和３年度	6,752
令和４年度	6,843

（令和４年５月１日現在）

【栄養教諭・学校栄養職員の定数の算定基準】
　①学校給食単独調理校
・学校給食を受ける児童・生徒数550人未満　　　４校に１人
・学校給食を受ける児童・生徒数550人以上　　　１校に１人
・550人未満の給食実施校が３校未満の市町村　　１市町村に１人
　②共同調理場
・共同調理場に係る学校の児童・生徒数が1,500人以下　　　１場に１人
・共同調理場に係る学校の児童・生徒数が1,501人〜6,000人　　１場に２人
・共同調理場に係る児童・生徒数が6,001人以上　　　１場に３人
　③①〜②間でのほか，食に関する指導を行う学校等を考慮して各都道府県に２人まで加配

4．栄養教諭の身分

学校教育の成否は，実際の教育に携わる教員個人の資質・能力に負うところが大きいことから，専門職としての位置づけと不断の資質・能力の向上や，児童・生徒らとの全人格的触れ合いを通じて指導する立場としての相応の倫理性や中立性が求められる。このため，公立学校に勤務する教諭や養護教諭などの教育公務員については，その職務と責任の特殊性に基づき，教育公務員特例法において身分の取扱いについて特例が定められている。

栄養教諭についても，教諭や養護教諭と並んで児童・生徒に対する指導を直接的に担う教育職員として位置づけられており，他の教員と同様に，教育公務員特例法などの身分等関係規定が適用される。なお，初任者研修および中堅教諭等資質向上研修については，その目的や実施方法に鑑み，養護教諭と同様に栄養教諭には適用されないこととなっている（教育公務員特例法第12条ほか）。

5．栄養教諭の職務―食に関する指導と給食の管理―

　栄養教諭は，小学校，中学校，特別支援学校の小学部および中学部に配置され，食に関する指導と学校給食の管理を一体のものとしてつかさどることを職務として規定されている。小学校以外の学校については準用規定である。

【学校教育法（抜粋）】
第37条　小学校には，校長，教頭，教諭，養護教諭及び事務職員を置かなければならない。
②　小学校には，前項に規定するもののほか，副校長，主幹教諭，指導教諭，栄養教諭その他必要な職員を置くことができる。
⑬　栄養教諭は，児童の栄養の指導及び管理をつかさどる。
第49条　（中学校：略）
第60条　（主文：略）
②　高等学校には，前項に規定するもののほか，副校長，主幹教諭，指導教諭，養護教諭，栄養教諭，養護助教諭，実習助手，技術職員その他必要な職員を置くことができる。
第69条　（主文：略）
②　中等教育学校には，前項に規定するもののほか，副校長，主幹教諭，指導教諭，栄養教諭，実習助手，技術職員その他必要な職員を置くことができる。

1）栄養教諭の職務

　栄養教諭の職務の内容は，平成16年1月の中央教育審議会答申「食に関する指導体制の整備について」において，「栄養教諭は，教育に関する資質と栄養に関する専門性を併せ持つ職員として，学校給食を生きた教材として活用した効果的な指導を行うことが期待される。このため（1）食に関する指導と，（2）学校給食の管理を一体のものとしてその職務とすることが適当である」と記されている（巻末資料 p.182参照）。概要は以下のとおりである。

（1）食に関する指導
　①　児童生徒への個別的な相談指導
　②　児童生徒への教科・特別活動等における教育指導
　③　食に関する教育指導の連携・調整
（2）学校給食の管理
（3）食に関する指導と学校給食の管理の一体的な展開

　この中で学校給食の管理については「現在学校栄養職員が行っている栄養管理や衛生管理，検食，物資管理等の学校給食の管理は，専門性が必要とされる重要な職務であり，栄養教諭の主要な職務の柱の一つとして位置付けられるべきである」とされている。以下に示す内容は，1986（昭和61）年3月学校給食の栄養や健康に関する専門的な事項をつかさどる職員として職務が明確になった体育局長通知「学校栄養職員の職務内容」である。

学校栄養職員の職務内容

（学校給食に関する基本計画への参画）

1. 学校給食に関する基本計画の策定に参画すること。
2. 学校給食の実施に関する組織に参画すること。

（栄養管理）

3. 学校給食における所要栄養量，食品構成表及び献立を作成すること。
4. 学校給食の調理，配食及び施設設備等に関し，指導，助言を行うこと。

（学校給食指導）

5. 望ましい食生活に関し，専門的立場から担任教諭等を補佐して，児童生徒に対して集団又は個別の指導を行うこと。
6. 学校給食を通じて，家庭及び地域との連携を推進するための各種事業の策定及び実施に参画すること。

（衛生管理）

7. 調理従事員の衛生，施設設備の衛生及び食品衛生の適正を期するため，日常の点検及び指導，助言を行うこと。

（検食等）

8. 学校給食の安全と食事内容の向上を期するため，検食の実施及び検査用保存食の管理を行うこと。

（物資管理）

9. 学校給食用物資の選定，購入，検収及び保管に参画すること。

（調査研究等）

10. 学校給食の食事内容及び児童生徒の食生活の改善に資するため，必要な調査研究を行うこと。
11. その他学校給食の栄養に関する専門的事項の処理に当たり，指導，助言又は協力すること。

　　　　（「学校給食の食事内容の改善について」及び「学校栄養職員の職務内容について」（答申）より）

2）学校給食法に示されている栄養教諭の職務

（1）食に関する指導に関する職務

　学校給食法第10条（平成20年6月18日改正）においては，食に関する指導を行うという，栄養教諭の役割が新たに示された。

第10条　栄養教諭は，児童又は生徒が健全な食生活を自ら営むことができる知識及び態度を養うため，学校給食において摂取する食品と健康の保持増進との関連性についての指導，食に関して特別の配慮を必要とする児童又は生徒に対する個別的な指導その他の学校給食を活用した食に関する実践的な指導を行うものとする。（後略）

3　栄養教諭以外の学校給食栄養管理者は，栄養教諭に準じて，第1項前段の指導を行うよう努めるものとする。この場合において，同項後段及び前項の規定を準用する。

（2）給食管理に関する職務

　同じく学校給食法第7条では，栄養教諭の給食栄養管理者としての役割が示された。

（学校給食栄養管理者）

第7条　義務教育諸学校又は共同調理場において学校給食の栄養に関する専門的事項をつかさどる職員（第10条第3項において「学校給食栄養管理者」という。）は、教育職員免許法（昭和24年法律第147号）第4条第2項に規定する栄養教諭の免許状を有する者又は栄養士法（昭和22年法律第245号）第2条第1項の規定による栄養士の免許を有する者で学校給食の実施に必要な知識若しくは経験を有するものでなければならない。

表1－2　栄養教諭と学校栄養職員の職務内容の比較（例）

区　分		具 体 的 内 容	
		栄　養　教　諭	学　校　栄　養　職　員
食に関する指導	児童・生徒への個別的な相談指導	・養護教諭や学級担任と連携して，偏食傾向，強い痩身願望，肥満傾向，食物アレルギーおよびスポーツを行う児童・生徒に対する個別の指導。 ・保護者に対する個別相談。 ・主治医・学校医・病院の管理栄養士等との連携・調整。 ・アレルギーやその他の疾病をもつ児童・生徒用の献立作成および料理教室の実施。	・担任教諭等を補佐して，児童・生徒に対して個別指導を実施。
	児童・生徒への教科・特別活動等における教育指導	・学級活動および給食時間における指導。 ・教科および総合的な学習の時間における学級担任や教科担任と連携した指導。 ・給食放送指導，配膳指導，後片付け指導。 ・児童・生徒集会，委員会活動，クラブ活動における指導。 ・指導案作成，教材・資料作成。	・担任教諭を補佐して，児童・生徒に対する集団指導を実施（給食時，学級活動，教科（特非，ＴＴ）など必要に応じて）。
	食に関する指導の連携・調整	【校内における連携・調整】 ・児童・生徒の食生活の実態把握。 ・食に関する指導（給食指導を含む）年間指導計画策定への参画。 ・学級担任，養護教諭等との連携・調整。 ・研究授業の企画立案，校内研修への参加。 ・給食主任等公務分掌の担当，職員会議への出席。 【家庭・地域との連携・調整】 ・給食だよりの発行。 ・試食会，親子料理教室，招待給食等の企画立案，実施。 ・地域の栄養士会，生産者団体，PTA等との連携・調整。	【家庭・地域との連携】 ・給食だよりの発行。 ・学校給食を通じて，家庭および地域との連携を推進するための各種事業の策定および実施に参画。
学校給食管理	給食基本計画への参画	・学校給食の基本計画の策定，学校給食委員会への参画。	・学校給食の基本計画の策定，学校給食委員会への参画。
	栄養管理	・学校給食摂取基準および食品構成に配慮した献立の作成，献立会議への参画・運営。 ・食事状況調査，嗜好調査，残菜調査等の実施。	・学校給食摂取基準および食品構成に配慮した献立の作成，献立会議への参画・運営。 ・食事状況調査，嗜好調査，残菜調査等の実施。
	衛生管理	・作業工程表の作成および作業動線図の作成・確認。 ・物資検収，水質検査，温度チェック・記録の確認。 ・調理員の健康観察，チェックリスト記入。 ・「学校給食衛生管理基準」に定める衛生管理責任者としての業務。 ・学校保健委員会等への参画。	・作業工程表の作成および作業動線図の作成・確認。 ・物資検収，水質検査，温度チェック・記録の確認。 ・調理員の健康観察，チェックリスト記入。 ・「学校給食衛生管理基準」に定める衛生管理責任者としての業務。 ・学校保健委員会等への参画。
	検食・保存食等	・検食，保存食の採取，管理，記録。	・検食，保存食の採取，管理，記録。
	調理指導　その他	・調理および配食に関する指導。 ・物資選定委員会等出席，食品購入に関する事務，在庫確認，整理，産地別使用量の記録。 ・諸帳簿の記入，作成。 ・施設・設備の維持管理。	・調理および配食に関する指導。 ・物資選定委員会等出席，食品購入に関する事務，在庫確認，整理，産地別使用量の記録。 ・諸帳簿の記入，作成。 ・施設・設備の維持管理。

＊上記のほか，栄養教諭は教員として研修への参加および学校運営に携わることが考えられる。

6．学校給食の歴史

　わが国の学校給食は，1889（明治22）年に山形県鶴岡町（現在の鶴岡市）の私立忠愛小学校で貧困家庭の児童を対象に，昼食を無償で提供したものが起源とされている。戦争中は一時中断されたが，困難な食糧事情のもとで，困窮と食糧不足から栄養失調の児童・生徒を救済するという要請から，アメリカなどからの援助物資（ララ物資）を受けて再開している。

　1946（昭和21）年12月，各地方長官宛に，文部・厚生・農林三省の次官により「学童の体位向上並びに栄養教育の見地から，広く学校において適切な学校給食を行うことは，まことに望ましいことである。」と通達され，貧困・虚弱児童だけでなく全児童を対象とした健全な育成が給食実施の目的として掲げられたことで，新しい学校給食のスタートとなった。

　1949（昭和24）年10月からは，ユニセフ寄贈の脱脂粉乳による給食が地方にも広がり，モデル校において実施された。当時，ユニセフ給食実施校と，実施していない学校の児童の体位を比べた結果から，学校給食は世論の絶大な支援を得ることとなり，併せて広く全国で実施されることが要請されたのである。実施率が，1946（昭和21）年3月に23％であったものが，1950（昭和25）年には69％に急速に飛躍したことからもうかがえるのである。

　ところが，1951（昭和26）年のサンフランシスコ講和条約の調印にともない，完全給食実施の財源であったガリオア資金によるアメリカからの贈与小麦粉が打ち切られた。財源を失ったことで給食費の値上がりとなり，学校給食を中止せざるをえない学校や継続していても給食費の未納者が増加して，学校給食は中止の危機にさらされた。そのため，国庫補助による学校給食の継続を要望する運動が全国的に展開されて，法制化が叫ばれるようになった。

　1954（昭和29）年には，学校給食の基本的な枠組みを規定した「学校給食法」が制定され，以後学校給食は急速に進展することとなった。

　学校給食法の第4条において，義務教育諸学校の設置者は学校給食が実施されるように努めることとされ，学校給食を開始する施設・設備の費用や，給食費が払えない児童に対する財政的援助も規定するなど制度面の整備が図られた。学校給食に要する人件費・施設設備費は設置者が負担し，食材料費は保護者が負担することなども明確に規定されて，今日に至っている。

　2021（令和3）年5月1日における完全給食実施率は，公立の小学校で99.4％，中学校で96.1％となっている。

　明治以降の学校給食略年表を**表1-3**に示した。

表1-3　学校給食略年表

年　号	事　　項
1889（明治22）年	山形県鶴岡町の私立忠愛小学校で貧困児童を対象に無料で学校給食を実施。これがわが国の学校給食の起源とされる。
1946（昭和21）年	12月11日付文部・厚生・農林三省次官通達「学校給食実施の普及奨励について」が発せられ，戦後の学校給食の方針が定まる。

1947（昭和22）年	1月，全国の児童約300万人に対し学校給食を開始。
1954（昭和29）年	6月3日，第19国会で「学校給食法」成立，公布される。同年中に学校給食法施行令，施行規則，実施基準なども定められ，学校給食の実施体制が法的に整う。
1957（昭和32）年	5月20日，「盲学校，ろう学校及び養護学校の幼稚部及び高等部における学校給食に関する法律」が公布される（同日施行）。
1958（昭和33）年	10月1日，「学習指導要領」が改訂され，学校給食が初めて学校行事などの領域に位置づけられる。
1962（昭和37）年	4月1日，学校給食栄養所要量の基準が改定される。
1964（昭和39）年	共同調理場の施設設備費，学校栄養職員の設置費についての補助制度が設けられる。
1968（昭和43）年	7月，「小学校学習指導要領」の改訂に伴い，小学校の学校給食は「特別活動」の中の「学級指導」に位置づけられる。
1969（昭和44）年	4月14日，「中学校学習指導要領」の改訂に伴い，中学校の学校給食は「特別活動」の中の「学級指導」に位置づけられる。
1974（昭和49）年	4月，「公立義務教育諸学校の学級編制及び教職員定数の標準に関する法律」などの改正により，教育的専門職員として「学校栄養職員」の名称地位が制度上明確になる。
1976（昭和51）年	4月，学校給食制度に米飯が正式に導入される（2月学校給食法施行規則一部改正）。
1984（昭和59）年	3月，「新学校給食指導の手びき」刊行される。
1989（平成元）年	3月，「小学校学習指導要領」「中学校学習指導要領」が改訂され，学校給食は「特別活動」の中の「学級活動」に位置づけられる。
1990（平成2）年	「新規採用学校栄養職員研修」を開始する。
1991（平成3）年	昭和56年度以来の「第5次学級編制及び教職員定数改善計画（12年計画）」の完了により，学校栄養職員の定数が4,475人増となる。
1992（平成4）年	4月，日本体育・学校健康センター事業として「中堅学校栄養職員研修」を開始する。7月，平成元年の「学習指導要領」の改訂を踏まえた新しい「学校給食指導の手引」が刊行される。
1993（平成5）年	「第6次公立義務教育諸学校教職員配置改善計画（平成5〜10年度までの6か年計画）」が策定され，学校栄養職員については，計1,170人の配置改善が図られる。
1996（平成8）年	栄養教育カリキュラムの開発に関する調査研究が開始される。
1997（平成9）年	4月1日，「学校給食衛生管理の基準」制定される。
1998（平成10）年	6月12日，「食に関する指導の充実について」が発表され，学校栄養職員をティーム・ティーチングや特別非常勤講師に活用する取組みなどの推進が図られる。
1999（平成11）年	8月24日，新学習指導要領における食に関する指導のあり方について理解を深め，一層の充実に資するため，食に関する指導全国研究会を開催する。
2000（平成12）年	1月，「食に関する指導の実践事例集—総合的な学習の時間に向けて—」を作成する。3月，「食に関する指導参考資料」を刊行する。
2002（平成14）年	3月，食生活に関する学習教材および指導用解説書が作成される。
2003（平成15）年	2月，「食」に関する指導の取組体制の整備について，第二次報告が提言される。3月，「学校給食衛生管理の基準」の一部が改訂される。5月，「学校給食実施基準」および「夜間学校給食実施基準」の一部がそれぞれ改正され，学校給食の1人1回当たりの平均栄養所要量の基準が改訂される。
2004（平成16）年	5月，栄養教諭制度の創設を柱とする学校教育法の一部改正が公布される。

2005（平成17）年	3月，「学校給食衛生管理の基準」の一部が改訂される。 4月，栄養教諭制度がスタートする。 6月，食育基本法が制定される。
2006（平成18）年	3月，「食育推進基本計画」が策定される。
2007（平成19）年	3月，『食に関する指導の手引』が刊行される。
2008（平成20）年	3月，「小学校学習指導要領」，「中学校学習指導要領」が改訂されて総則に「食育の推進」に関する規定が盛り込まれる。 6月，「学校給食法」が大改正される。（施行日は，平成21年4月1日） 7月，「学校給食衛生管理の基準」の一部が改訂される。 10月，「学校給食実施基準」「夜間学校給食実施基準」が一部改訂される。「義務教育諸学校及び夜間課程を置く高等学校における学校給食の児童又は生徒一人一回当たりの学校給食摂取基準」，「特別支援学校の幼児一人一回当たりの学校給食摂取基準」
2009（平成21）年	3月，「高等学校学習指導要領」が改訂され，総則に「食育の推進」に関する規定が盛り込まれる。 4月1日，学校給食法の一部改正が施行される。法改正を受けた「学校給食実施基準」及び「学校給食衛生管理基準」等が告示される。
2010（平成22）年	3月，『食に関する指導の手引』（第一次改訂版）が作成される。
2011（平成23）年	3月，文部科学省は東日本大震災に際し，各都道府県・指定都市教育委員会に対し，学校給食施設を活用した炊き出しへの協力要請を行った。被災地において学校給食施設を活用した炊き出しが行われる。 3月，「第2次食育推進基本計画」が策定される。 4月，「小学校学習指導要領」が全面実施される。
2012（平成24）年	4月，「中学校学習指導要領」が全面実施される。 4月，「児童手当法の一部改正に関する法律」が施行され，受給資格者の申出により，児童手当から学校給食費等の徴収が可能となる。
2013（平成25）年	1月，「学校給食実施基準」，「夜間学校給食実施基準」及び「特別支援学校の幼稚部及び高等部における学校給食実施基準」の一部が改正される。 12月，文部科学省及び農林水産省から「第2次食育基本計画における学校給食関係の目標値の一部改定等について」が追加される。 12月，今後の学校における食育の在り方に関する有識者会議から「今後の学校における食育の在り方について」が最終報告される。
2014（平成26）年	3月，学校給食における食物アレルギー対応に関する調査研究協力者会議から「今後の学校給食における食物アレルギー対応について」が最終報告される。
2015（平成27）年	3月，文部科学省から「学校給食における食物アレルギー対応指針」が配布される。
2016（平成28）年	3月，「第3次食育推進基本計画」が策定される。
2017（平成29）年	3月，「栄養教諭を中核としたこれからの学校の食育」が作成される。 3月，「小学校学習指導要領」「中学校学習指導要領」が改訂される。
2018（平成30）年	7月，「学校給食実施基準」の一部改正が告示され，8月1日から施行される。
2019（平成31）年	3月，『食に関する指導の手引き』（第二次改訂版）が作成される。
2021（令和3）年	2月，「学校給食実施基準」の一部改正が告示され，4月1日から施行される。 3月，「第4次食育推進基本計画」が策定される。

資料：（独）日本スポーツ振興センター『平成17年版　学校給食要覧』2006. に加筆。

7．学校給食法

　学校給食法は1954（昭和29）年6月3日制定され，約半世紀の間，その時々の状況に応じて必要な改正を行いながら制度的に支えてきた。

　2008（平成20）年の改正は，中央教育審議会答申「子どもの心身の健康を守り，安全・安心を確保するために学校全体としての取組を進めるための方策について」も踏まえつつ原案が作成され「学校保健法等の一部を改正する法律案」として，平成20年2月29日閣議決定されて，同日付けで第169回国会に提出，6月11日全会一致で可決成立した。施行日は平成21年4月1日となっている。

　改正のポイントは，次のとおり。

　・学校給食の目的を「食育」の観点から見直す。

　・学校給食の食事内容の水準確保のために，学校給食実施基準を法に位置づけた。

　・安全・安心な学校給食を実施するため，学校給食衛生管理の基準を法に位置づけた。

　・食に関する全体計画の作成や栄養教諭の役割を法に位置づけた。

　第1条では，従来の学校給食の普及充実に加えて，学校における食育の推進を新たに規定した。さらに，第2条では，食育の観点を踏まえ，新たな目標も加え4つを7つにし，学校給食が栄養補給のためだけにとどまらず，教育の一環であることをより明確とした。

【学校給食法（抜粋）】

（法律の目的）

第1条　この法律は，学校給食が児童及び生徒の心身の健全な発達に資するものであり，かつ，児童及び生徒の食に関する正しい理解と適切な判断力を養う上で重要な役割を果たすものであることにかんがみ，学校給食及び学校給食を活用した食に関する指導の実施に関し必要な事項を定め，もつて学校給食の普及充実及び学校における食育の推進を図ることを目的とする。

（学校給食の目標）

第2条　学校給食を実施するに当たつては，義務教育諸学校における教育の目的を実現するために，次に掲げる目標が達成されるよう努めなければならない。

① 適切な栄養の摂取による健康の保持増進を図ること。

② 日常生活における食事について正しい理解を深め，健全な食生活を営むことができる判断力を培い，及び望ましい食習慣を養うこと。

③ 学校生活を豊かにし，明るい社交性及び協同の精神を養うこと。

④ 食生活が自然の恩恵の上に成り立つものであることについての理解を深め，生命及び自然を尊重する精神並びに環境の保全に寄与する態度を養うこと。

⑤ 食生活が食にかかわる人々の様々な活動に支えられていることについての理解を深め，勤労を重んずる態度を養うこと。

⑥ 我が国や各地域の優れた伝統的な食文化についての理解を深めること。

⑦ 食料の生産，流通及び消費について，正しい理解に導くこと。

　その他，改正された学校給食法については資料参照（巻末資料 p.208参照）。

8. 食育基本法の施行，食育推進基本計画の決定

1）食育基本法

　国民が，生涯にわたって健全な心身を培い，豊かな人間性を育むための「食育」を，国，地方公共団体および国民の取り組みとして総合的かつ計画的に推進するため，食育基本法が平成17年6月10日に成立し，7月15日施行された。

　本法律の前文には，「子どもたちが豊かな人間性をはぐくみ，生きる力を身に付けていくためには，何よりも『食』が重要である……食育を，生きる上での基本であって，知育，徳育及び体育の基礎となるべきものと位置付ける」とし，特に子どもへの食育を重視している。

　また，第5条，第6条で，子どもの食育における教育関係者の役割，第11条第1項で教育関係者等の責務，第20条で学校，保育所等における食育の推進，第21条で地域における食生活の改善のための取り組みの推進を規定するなど，教育関係者の取り組みに大きな期待をしている（巻末資料 p.189参照）。

2）食育推進基本計画

　食育推進基本計画は，食育基本法に基づき，食育の推進に関する基本的な計画や目標を示したもので，5年間を期間に重点課題の見直しが行われており，現在は，第4次食育推進基本計画（令和3年度～7年度）に基づいて推進されている（巻末資料 p.193参照）。重点事項および学校給食に関連する具体的な目標値は**表1-4**，**表1-5**の通りである。

表1-4　第4次食育推進基本計画の重点事項

重点事項1	生涯を通じた心身の健康を支える食育の推進（国民の健康の視点）
重点事項2	持続可能な食を支える食育の推進（社会・環境・文化の視点）
重点事項3	「新たな日常」やデジタル化に対応した食育の推進（横断的な視点）

表1-5　第4次食育推進基本計画における学校給食関連の具体的な目標値（抜粋）

具体的な目標	現状値	目標値
④朝食を欠食する子どもの割合	4.6%	0%
⑥栄養教諭による地場産物に関わる食に関する指導の平均回数	月9.1回	月12回以上
⑦学校給食における地場産物を使用する割合（金額ベース）を現状値（令和元年度）から維持・向上した都道府県の割合		90%以上
⑧学校給食における国産食材を使用する割合（金額ベース）を現状値（令和元年度）から維持・向上した都道府県の割合		90%以上

※⑥⑦⑧は追加・見直しされたもの

第2章 学校組織と栄養教諭

学校において，「ひと・もの・かね」が有機的につながり，教育を行うことができる組織を「学校組織」という。また，栄養教諭は，学校における健康教育に携わる教職員として，学校教育活動全体で取り組むために，養護教諭とともに家庭や地域，関係機関との連携を図るコーディネーターとして中心的な役割を果たすことが求められる。本章では学校組織と栄養教諭の位置づけについて述べ，学校組織の中で栄養教諭が具体的にどのような働きをしていくのかについて解説する。

1．学校組織と栄養教諭の位置づけ

学校組織を構成する教職員は，学校教育法に規定されている。

例えば，小学校では「第37条　小学校には，校長，教頭，教諭，養護教諭及び事務職員を置かなければならない。2　小学校には，前項に規定するもののほか，副校長，主幹教諭，指導教諭，栄養教諭その他必要な職員を置くことができる」とされ，栄養教諭は必置ではなく「置くことができる教諭」である（他の校種では準用される）。

1）学校給食と教育的な意義と役割を担う栄養教諭

学校給食が教育活動として考えられるようになったのは戦後である。1952（昭和27）年に「学校給食を中心とする学習指導」という冊子に示された[1]。学習指導要領において給食指導は「学校行事等」，「学習指導（特別活動）」に位置づけられ，1989（平成元）年の改訂以降「学級活動」として特別活動に位置づけられている。特に2008（平成20）年の改訂では「食育」という言葉が登場し，食育基本法や食育推進基本計画等の関連法規と同様の国民的課題として学校教育において食育を実施できるようになった。

さらに，改正され2009（平成21）年4月1日から施行された学校給食法では，学校給食の目標を「①適切な栄養の摂取による健康の保持増進を図ること。②日常生活における食事について正しい理解を深め，健全な食生活を営むことができる判断力を培い，及び望ましい食習慣を養うこと。③学校生活を豊かにし，明るい社交性及び協同の精神を養うこと。④食生活が自然の恩恵の上に成り立つものであることについての理解を深め，生命及び自然を尊重する精神並びに環境の保全に寄与する態度を養うこと。⑤食生活が食にかかわる人々の様々な活動に支えられていることについての理解を深め，勤労を重んずる態度を養うこと。⑥我が国や各地域の優れた伝統的な食文化についての理解を深めること。⑦食料の生産，流通及び消費について，正しい理解に導くこと」と明記し，「国民の食生活の改善」への「寄与」

などの言葉が削除され，従来の目標をより具体的に示すことになった。

　学校給食のあり方は，栄養の摂取基準がそろっていることはもちろん，一食の望ましいモデルにすることであり，それが家庭での不足しがちな栄養素を学校給食で補う役割は残しつつも，厚生労働省の「日本人の食事摂取基準」の考え方を踏まえ，一部栄養素の摂取基準に範囲を設けたり，児童・生徒の食生活実態調査を踏まえたりして，より実態に即した基準[2]とするなどしている。このことは，国民の食生活の改善に寄与できることが学校給食の目標の文面上からは削除されても，献立を通して示すことになる。

　学校における食に関する指導は，児童・生徒の食に関する知識を教えるだけではなく，知識を望ましい食習慣の形成につなげられるような実践的な態度を育成することにある。したがって，各教科の時間に取り上げた食に関する課題を給食の時間の指導につなげるにあたり，指導教材として学校給食が活用できれば，繰り返し望ましい食事の一食を見たり，味わって食べたりすることになり，実践的な指導につなげやすい。

　2010（平成22）年には『食に関する指導の手引（第一次改訂版）』も発行され，学校における食育の推進の様々な具体例や6つの指導の目標，すなわち，食事の重要性，心身の健康，食品を選択する能力，感謝の心，社会性，食文化が示されるなど，より具体的な環境整備が行われてきた。さらに2019（平成31）年に公表の『食に関する指導の手引（第二次改訂版）』では，6つの指導の目標が「食育の視点」としてより具体的に再整理され，また，食に関する指導を通して身につけさせたい「食に関わる3つの資質・能力」として「知識及び技能」，「思考力，判断力，表現力等」，「学びに向かう力，人間性等」が示された。学校給食が，児童・生徒の食に関する指導の重要な部分を占め，ますます教育的な意義が高まり，その役割を果たすことが期待されている。

　食育の推進に取り組む学校組織の中では，栄養教諭の役割は大きい。2017（平成29）年3月には「栄養教諭を中核としたこれからの学校の食育」が文部科学省から出され，その必要性と実践方法が紹介されている。

　さらに中央教育審議会答申では，「学校組織が地域と連携を図りながらチームとしての学校の在り方と今後の改善方策について」の中間報告を出した。学校組織として縦断的・横断的なつながりを地域と保護者，ステークホルダー（利害と行動に直接・間接的な利害関係を有する者）とともに持つことが求められている。

　学校組織は多種多様な職種・専門性により構成された組織である。それぞれの役職や役割において，児童・生徒の教育を行い「教育の目的」を達成しなければならない。学校教育法では第37条に小学校教職員の職務について以下のように示している。中学校や高等学校，義務教育学校等においてはこれを準用することとなっている。

　「④校長は，校務をつかさどり，所属職員を監督する。⑤副校長は，校長を助け，命を受けて校務をつかさどる。⑥副校長は，校長に事故があるときはその職務を代理し，校長が欠けたときはその職務を行う。この場合において，副校長が2人以上あるときは，あらかじめ校長が定めた順序で，その職務を代理し，又は行う。⑦教頭は，校長（副校長を置く小学校にあつては，校長及び副校長）を助け，校務を整理し，及び必要に応じ児童の教育をつかさ

どる。⑧教頭は，校長（副校長を置く小学校にあつては，校長及び副校長）に事故があるときは校長の職務を代理し，校長（副校長を置く小学校にあつては，校長及び副校長）が欠けたときは校長の職務を行う。この場合において，教頭が2人以上あるときは，あらかじめ校長が定めた順序で，校長の職務を代理し，又は行う。⑨主幹教諭は，校長（副校長を置く小学校にあつては，校長及び副校長）及び教頭を助け，命を受けて校務の一部を整理し，並びに児童の教育をつかさどる。⑩指導教諭は，児童の教育をつかさどり，並びに教諭その他の職員に対して，教育指導の改善及び充実のために必要な指導及び助言を行う。⑪教諭は，児童の教育をつかさどる。⑫養護教諭は，児童の養護をつかさどる。⑬栄養教諭は，児童の栄養の指導及び管理をつかさどる。⑭事務職員は，事務をつかさどる」

　この法令に従い，栄養教諭の職務は第13項に示された「児童の栄養の指導及び管理をつかさどる」こととあり，この職務のために必要で多様な活動を行うことになる。

2）校務分掌と栄養教諭

　文部科学省の中央教育審議会初等中等教育分科会教職員給与の在り方に関するワーキンググループ資料5（平成18年11月）には，「校務とは（1）教育課程に基づく学習指導などの教育活動に関すること（2）学校の施設設備，教材教具に関すること（3）文書作成や人事管理事務，会計事務などの学校の内部事務に関すること（4）教育委員会などの行政機関やPTA，社会教育団体などとの渉外に関すること」とある。校内では校務を分担し，主任等の責任者を決め業務を進める組織作りが行われる。それを「校務分掌」といい，「学校長の専決事項」（学校長が決定し教育委員会に報告する。各市町村教育委員会により規程）とされている。

　校務分掌の実際は，**図2－1**のような組織図で示される。栄養教諭が関わる校務は，基本的には学習指導要領に示されたとおり，全教育活動を通じて行うものなので，すべてに関わることが求められるが，実際には食育推進，学校給食や学校保健に関わるもの，教科に関わるもの，特別活動等の領域に関わるものなどが挙げられる。

　栄養教諭は栄養士・管理栄養士を基礎資格として教育の専門性を，教職課程を経て身につけている専門職である。その専門性を活かして特に学校教育における食育推進の役割を十分に果たす。さらに，食を通じて健康な心身の育成を図るため，学校保健委員会に参画し，養護教諭，保健主事と連携した活動を行う。具体例としては，学校給食の教育的役割を日々の教育活動に織り込んだり，食育全体計画の立案や運営に関わったりすることである。また，学校保健委員会のメンバーとして参画し，学校保健上の課題を食を通じて改善・改革する指導・助言を行う。さらに学校内外で行われる様々な研修活動への積極的な参加，食育に関する研修への対応など，研究推進委員会委員としての役割も期待される。食を巡る様々な課題を持つ児童・生徒には，心身の健全な発育・発達を心の部分でも学校給食や食という専門性を活かして支援する。そのための組織として，栄養教諭は生徒指導の役割を担うこともある。児童・生徒をどのように理解し寄り添い，支援をするか生徒指導部会等に参加し情報を収集したうえで，教員の専門性を食を通じて十分発揮する必要がある。

　給食関連の施設管理者としても調理室等の施設設備の管理，学校給食予算について遺漏な

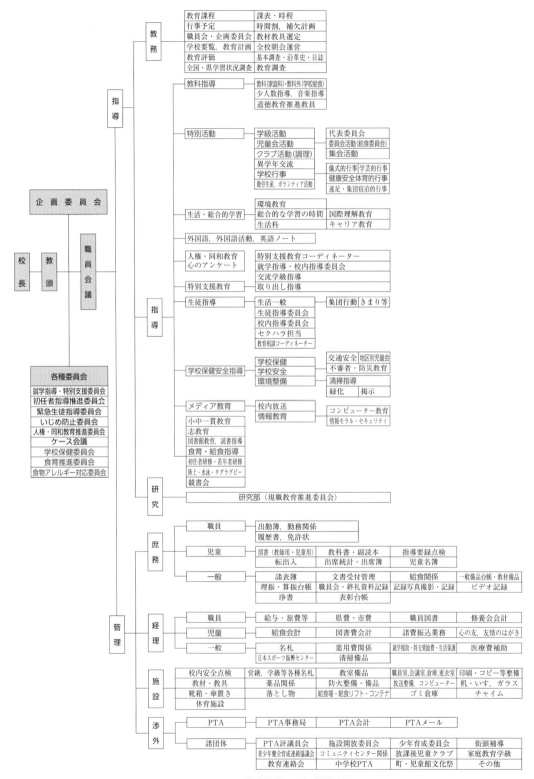

図2－1　校務分掌の例（単独校）

いように担当者としてあたる必要がある。調理室の環境については調理や食品衛生上大きく関わることもある。安全・安心が基本となる学校給食を提供する上での対処が必要である。食に関する指導では，教科において横断的な視点から，学校給食の献立を生きた教材として活用できるよう，例えば家庭科，理科，社会科，体育科，特別の教科道徳，外国語活動・外国語等の部会に参画し，各学年の年間指導計画を掌握する必要がある。他の教科が必要ないということではなく，多くの教科で食育の観点を含ませた学習活動が可能であることは言うまでもない。領域についても特別活動，総合的な学習の時間も食育推進に大きく関わる部会である。特別活動の「遠足・集団宿泊的行事」などでは，宿泊先の食事に配慮をし，アレルギー対応を求められる場面での適切な判断と指示ができるように配慮する。これは安全管理上，重要な事項であり，そのためにも分掌として参画する必要がある。

　学校給食実施について，栄養教諭は「公立義務教育諸学校の学級編制及び教職員定数の標準に関する法律」（第８条の２）に基づき，「学校給食単独調理校」「共同調理場」に定められた定数が配置される。

　「学校給食単独調理校」に勤務する栄養教諭は，当該学校の食に関する指導の中心的役割を担うことから校務分掌にしっかりと位置づけられ，給食運営の要となる職務を行う。さらに児童・生徒の食に関わる個別的な相談や家庭地域への食環境改善の助言，支援を行うことがある。日々学校現場にいるため，学校全体の教育を見渡すことができ，各学年に応じた指導や発達段階に応じた食育の実施，継続的評価による食育の成果の明確化が可能である。その成果を活かして教育課程編成に関わることもできる。学級担任等との協働により連携を図りながら食育を実践することができる。

　本務校と他校を担当する栄養教諭は，各学校の管理職や給食主任を通してできるだけ多くの教職員の協力を得ることが大切である。栄養教諭が不在であっても学校給食を生きた教材として提供することができるのか，その学校において教科領域等の活動にどのように寄与することができるのかといったことが問われる。

　「共同調理場」で勤務する栄養教諭は，複数の学校を兼務する場合と同様に各校の協力を得られるように情報を提供し，実際に学校へ赴くことが求められる。各学校に栄養教諭の存在を認識してもらうことによって活動をすることが可能になる。特に，年間計画を確認して学校保健委員会や給食試食会，食育推進に関する会議等には積極的に参画する。また，年間指導計画を掌握し，献立に反映するなど学校と共同調理場を結ぶ役割を担う。

　栄養教諭は，食に関する指導と学校給食管理を一体のものとして行い，学校教育における食育の中心と位置づけられている。校務分掌で担当する業務も食育や学校給食関連，さらには健康教育に至るまで幅広く担当することが多い。保護者や地域との連携する力が必要でありコーディネーター役が求められる。今日，コミュニティースクールやチーム学校という，従来の制度にさらに工夫を加えた新しい形態の組織が生まれている。変化の激しい時代を生き抜く「生きる力」を育成するため，組織的に教育に取り組むことは避けて通れない。学校という限られた環境だけではなく多様性のある組織でなければ目的の達成が困難である。栄

養教諭は組織の有意な人材であると同時に生きる上での基本である食をあらゆる形で児童・生徒に提供する。そのためにも献立作成等の給食管理をする力は，なくてはならないものである。学校という組織で活躍するために，教育公務員特例法（第21条：教育公務員は，その職責を遂行するために，絶えず研究と修養に努めなければならない）に示された研修を進め，学び続けることを忘れずにいる教員となることが求められる。

2．委員会活動等における栄養教諭の役割

1）学校保健委員会

　健康教育は，生涯を通じて健康・安全で活力ある生活を送るための基礎を培うことをねらいに行われている。学校の健康課題解決に向けて，体育科を中心とした各教科等だけでなく，学校行事や集会の実施，健康課題に対応する個別指導など，学校教育活動全体で計画的に実施するために，学校はもとより，家庭や地域，関係機関の連携が不可欠である。今後，児童・生徒の実態を踏まえ，健康教育の計画を立て，実施，評価，改善していくカリキュラム・マネジメントの確立が求められる。

　第4次食育推進基本計画を踏まえ，今後は，生涯を通じた心身の健康を支える食育の推進が基本的な方針として示されている。

（1）学校保健委員会の整備

　学校保健委員会は，学校における健康に関する課題を研究協議し，健康づくりを推進するための組織である。学校保健委員会は，校長，養護教諭・栄養教諭・学校栄養職員などの教職員，学校医，学校歯科医，学校薬剤師，保護者代表，児童・生徒，地域の保健関係機関の代表などを主な委員とし，保健主事が中心となって運営することとされている。

　学校保健委員会を通じて，学校内の保健活動の中心として機能するだけでなく，学校，家庭，地域の関係機関などの連携による効果的な学校保健活動を展開することが可能となることから，その活性化を図っていくことが必要である。

　また，家庭，地域社会の教育力を充実させる学校保健員会の取り組みとして，実践につながるICT（情報通信技術）を活用した効果的な情報発信の工夫も必要である。

（2）養護教諭との連携（チームとしての学校組織）

　文部科学省において，教員が指導力を発揮できる環境を整備し，チームとしての学校の力を向上させるための方策について検討がなされ，「チームとしての学校の在り方と今後の改善方策について（平成27年12月21日）中央教育審議会答申」では，「チーム学校」が提言され，教職員一人一人が力を発揮できる環境の整備が求められた。

　学校が複雑化・多様化した課題を解決し，新しい時代に求められる資質・能力を子どもに育んでいくためには，校長のリーダーシップの下，教員がチームとして取り組める体制をつくることが第一に求められている。それに加えて，多様な職種の専門性を有するスタッフが自らの専門性を十分に発揮し，「チームとしての学校」の総合力，教育力を最大化できるよ

うな体制を構築していくことが大切である。また，令和3年1月には，「令和の日本型学校教育」の方向性が示された。基本的な考え方の中には，生涯を通じて心身ともに健康な生活を送るための資質・能力（健康リテラシー等）の育成，専門家との連携，学校保健情報の電子化，食育の推進を担う養護教諭等の専門性に基づく指導の充実，栄養教諭の配置促進が挙げられている。

　養護教諭は子どもの健康管理を担っているが，栄養教諭は子どもの食のカウンセラーとしての役割も期待されている。食物アレルギー，肥満傾向，偏食，痩身願望等，子どもが抱える個々の問題についても，教育に関する資質と栄養に関する専門性を生かした適切な対応が求められる。これらの問題を解決するためには，学級担任や養護教諭，保護者，学校医等と連携することが重要である。

　a．専門的力量の向上と組織的教育力の向上（協働による学校づくり）

　健康課題の解決を図るためには，各人の専門的力量を向上させチームで取り組むことが求められる。チーム学校では，個々の教職員が有する知識や経験，スキル等を学校全体で共有することができるため，自己成長につながる効果が期待できる。今後は，専門家を入れた協働的な推進体制の構築や栄養教諭の育成が不可欠である。

　b．評価結果等を踏まえた健康教育の推進（推進体制の見直し）

　校長のリーダーシップのもと，養護教諭や栄養教諭を中核とした連携・調整体制を構築していくが，推進組織のメンバーや会議の内容が，健康管理の向上と改善，自主的な行動につながった等，評価することが必要である。一方，働き方改革においては，子どもと向き合う時間の確保とともに，健康診断情報等のICT活用，教職員の資質向上が求められている。教職員の負担を軽減し，管理職，学級担任をはじめとする全教職員が新たな日常に対応した健康教育の推進について認識を深め，チームとして取り組むことで，学校における健康教育の充実が図られることが期待される。

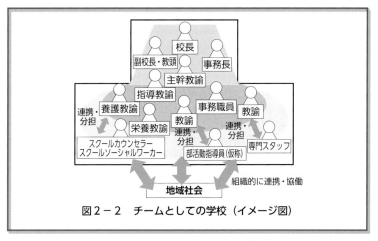

図2-2　チームとしての学校（イメージ図）

資料：文部科学省「チームとしての学校の在り方と今後の改善方策について（答申）」2015, p.14

2）食育推進委員会

　学校における食育の推進は，学習指導要領の総則に明記されており，学校教育活動全体を通じて適切に行うことが求められている。校長がリーダーシップをとり，全職員が食育の大切さを共通理解し，効果的な指導を進めるためには，組織的な取り組みが大切である。そのためには，校内に「食育推進委員会」などの校内推進組織を設置し，校務分掌に位置づけるとともに，食育推進者を定め，校内や関係機関と連携協力し，体制を整備していくことが必要である。その中で，栄養教諭は，学校における食に関する専門家として，食育を推進するうえでの連携・調整の役割を果たしていくことが望まれている。

　また，子どもたちの食に対する意識や学びの深化の程度を検証するためには，知識の習得と実践の効果等について，食を営む力として評価することが大切である。その際，栄養教諭は，専門的な立場から，評価項目や評価内容，評価方法について，中核として参画することが求められる。

（1）食育推進体制の整備

　食育を学校全体で組織として推進するには，そのための体制と仕組みづくりが必要である。学校の校務分掌では，組織として十分に機能するような手立ても講じることが重要である。食育推進委員会の組織は，各学校の職員配置や校内研究等勘案しながら整備していく。

　a．組織の編成

　・すでに設置されている学校給食委員会，学校保健委員会等を一部改変して活用する場合

　・食育推進委員会を新たに設置する場合，校内研修や研究推進担当者が中心になる場合

　b．校内体制の構成員

　栄養教諭のほか，校長，教頭，主幹教諭，指導教諭，教務主任，保健主事，学年主任，給食（食育）主任，体育主任，養護教諭，学校栄養職員等，必要に応じて共同調理場長（給食調理員），学校医・学校歯科医・学校薬剤師，保護者代表や関係機関等の参加が考えられる。

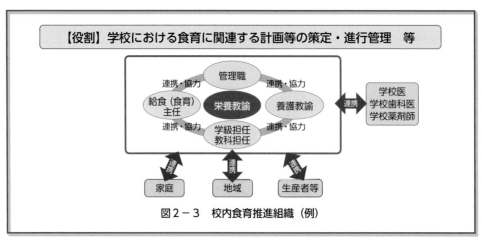

図2－3　校内食育推進組織（例）

資料：文部科学省『栄養教諭を中核としたこれからの学校の食育』2017，p.6

（2）　栄養教諭の役割

　ａ．教職員の連携・調整の要としての役割

・管理職や養護教諭，学級担任等との連絡・調整に基づく各種計画案の作成

・管理職や養護教諭，学級担任，給食調理員等と役割分担を明確にした計画推進，実践の支援

　ｂ．家庭や地域との連携・調整の要としての役割

・家庭における食生活や生活習慣等の実態把握および改善策の提示

・家庭と連携した取り組みを推進するための企画・運営

・提案・地域の食育の取り組みの情報収集・地域の関係機関・団体と連携した取り組みを推進するための企画・連絡調整

　ｃ．校内推進組織の活動内容（例）

　　食育推進の取り組みには，学校内だけでなく，保護者や学校運営協議会委員，地域関係団体など外部からの評価も必要であり，以下のPDCAサイクルに基づいた実践[3]が望まれる。

　　① 教職員の連携・協働による食育の全体計画および各学年の年間指導計画の検討

　　② 指導資料や教材等の検討（デジタルデータの作成と活用）

　　③ 保護者や地域への啓発や連携方法等の検討（ICT活用に対応した食育）

　　④ 個別指導が必要な児童・生徒の把握と対応等の検討

　　⑤ 学校給食の栄養管理・衛生管理に関すること（食物アレルギー，食中毒，異物混入，感染症対策等）

　　⑥ 食に関する実態等の調査の実施と結果の分析

　　⑦ 各学年の実践結果の検証と全校の成果や課題の検討および新たな指標の設定

　ｄ．学校における食育を推進させるための方策

　　新たな日常やデジタル化に対応した学校における食育を教育活動全体で取り組み，充実させていくためには，学校教育目標の達成をめざし，チームとして共通理解を図り，同じ方向性をもって推進することが肝要である。

【引用文献】

１）布川和恵：教育課程における学校給食指導の変遷，現代社会文化研究59，新潟大学大学院現代社会文化研究科，2014

２）文部科学省：「学校給食実施基準の一部改正について」文部科学省告示第10号，2013

３）文部科学省：『栄養教諭を中核としたこれからの学校の食育』2017

第**3**章　学校給食と日本人の食生活

戦後の混乱の中で再開された学校給食は，時代背景に応じながらその役割を果してきた。学校給食は，児童・生徒の成長・発達を支えるとともに，後の学校給食法の改正（2008〔平成20〕年）に伴い，食育の重要な教材としての役割も担うようになった。

今日，学校給食の食事内容は，地場産物を活用して，地域の郷土食や行事食を提供するなど，地域の文化や伝統に対する理解と関心を深めることで教育効果を上げる重要な教材としての役割を担っている。また，食事バランスや減塩など健康に配慮した食事内容は，家庭の食事の見本となる役割も担っている。

ここでは，学校給食が時代とともに，その役割を果たしながら発展してきた歴史的経緯を述べる。

1．学校給食の食事内容の推移

1）時代背景に応じて多様化してきた学校給食

学校給食の始まりは，明治時代にさかのぼる。1923（大正12）年に入り，文部次官通牒「小学校児童の衛生に関する件」において，児童の栄養改善のための方策としての学校給食が奨励され，昭和年代には貧困児童の救済・児童の栄養改善に向けて全国的に広がった。しかし，太平洋戦争による食糧不足のため，学校給食は中止となった。

戦後再開した学校給食は，学校給食法に位置づけられて，劇的に発展してきた。食事内容の多様化を図り，成長期の児童・生徒の健康増進に資するとともに，国民の生涯の健康を支える基礎を築くものであり，教育の一環として教育課程における食育の重要な教材として位置付けられてきた。

（1）1889（明治22）年：始まりは明治時代

わが国の学校給食は，1889（明治22）年，山形県鶴岡町の私立忠愛小学校において始まったとされている。この給食は，貧困児童を対象に宗教的な救済事業として昼食を無償で提供していた。献立内容は，おにぎり・焼き魚・漬物であったと記録されている。今日の学校給食とは異なっているが，教育の中に給食を取り入れた先駆けとして伝えられている。

（2）1947（昭和22）年～1954（昭和29）年：脱脂粉乳と1品のごった煮

戦後再開された学校給食は，試験的に1946（昭和21）年12月，東京・神奈川・千葉の3都県の小学校児童25万人に実施され，翌1947年から全国300万人の小学生に広がった。

当時は，22gの脱脂粉乳を180mLのお湯で溶いたミルクであった。

1949（昭和24）年，食糧難の日本へユニセフからミルク（脱脂粉乳）が寄贈され，その翌年アメリカから小麦が寄贈された。これにより，パンを主食としてミルク，おかずを加えた完全給食がスタートした。おかずは煮物１品で，身近な野菜等を煮込んだいわゆるごった煮のおかずだったが，物のない時代の子どもたちの空腹を満たす，おいしい給食であった。

1958（昭和33）年，文部省管理局長より「学校給食用牛乳取扱要領」が通知され，これを契機にそれまで飲用していた脱脂粉乳は徐々に牛乳に置き換わっていった。

このころ給食を食べた人は，現在70歳代になっており，今や国民のほとんどが学校給食経験者であるといっても過言ではない状況にある。

（3）1955（昭和30）年～1964（昭和39）年：思い出の給食 No. 1 のくじら

学校給食の思い出のメニューとして筆頭に上がるのが「くじら」の献立である。

捕鯨水揚げ量が最高になったのは，昭和37（1962）年で供給過多となり，学校給食用として消費されるようになり，昭和30年代から40年代前半にかけて学校給食メニューに多く登場した。鯨は戦後の食糧難であった時代にたんぱく質を摂取できる食品として利用されており，安い給食費の中で有効な食品として利用され，メニュー開発も進んだ。代表的なものに鯨の竜田揚げ，鯨のオーロラ煮，鯨の串カツなどがあげられる。

1987（昭和62）年，南極海における商業捕鯨中止により水揚げは激減し，給食にも登場しなくなった。好き，嫌いの意見は二分していたものの，給食の思い出 No. 1 として当時の子どもたちの身体を支えていた。

（4）1960（昭和35～）年代のソフト麺

ソフト麺は学校給食でしか食べられない独特の麺である。当時，学校給食の主食はパンのみであったが，主食の多様化を図る目的で学校給食向けに開発されたソフトスパゲッティー麺は，パン用の強力粉を素材にしており，一般のうどん等に比べて伸びにくく，スパゲッティーにもうどんにも使用できるように開発された。

まず，東京都で使用が始まり，全国に広がっていった。パンと同じように，１人分ずつ個包装され，温められた状態で納入業者から各学校へ納入された。

ビニール袋に個包装されたものを，教室で各自が袋から出し食器にあけ，給食調理場から届いたミートソース，あんかけなどのソースを絡めて食べた。献立内容が画一化しないよう，各地域の特色を生かした肉みそソースなど，工夫をこらした献立も登場して，人気のあるメニューとなった。

米飯給食の普及と実施回数が増えるにつれ，ソフト麺の提供日数は減っていった。また，昭和50年代後半からは，スパゲッティー，焼きそば，中華麺など，ソフト麺にかわって，本物の麺を使用する傾向もみられるようになり，焼きそばやラーメンなどは，子どもたちの人気メニューとなった。

（5）1976（昭和51）年：米飯給食の導入

学校給食は，従来パンを中心とした小麦粉食形態により実施されてきたが，昭和51年２月10日，文部省令第５号をもって「学校給食法施行規則等の一部を改正する省令」が公付され，米飯が学校給食制度上明確に位置づけられた。

　米飯給食は，食事内容の多様化を図り栄養に配慮した米飯の正しい食習慣を身に付けさせる見地から，教育上意義あるものとして普及した。1988（昭和63）年の全国における米飯給食の平均実施回数は週2〜3回であった。2018（平成30）年5月1日現在，完全給食を実施している学校のほぼ100％にあたる29,553校で米飯給食が行われており，週3.5回実施されている。

　米飯給食の導入は，家庭の食生活に大きな影響を与えている。地場産物を活用し，郷土食・行事食を導入して献立内容の充実が図られ，献立も一気に拡大していった。人気筆頭のカレーライスが登場し，ビビンバやリゾットなど国際色豊かなメニューも各地で実施されるようになった。米飯給食の導入により，地域の特色ある豊かな学校給食が実現していった。

（6）1989（平成元）年：選択できる給食（バイキング・セレクト）

　献立内容が多様化してきた中で，選択給食（バイキング給食・セレクト給食）や予約給食（リザーブ給食等）など工夫を凝らした学校給食の場がもたれるようになり，子どもたちにとって，魅力的で心に残る給食となっている。これらの給食の実施にあたっては，事前に栄養バランスのとれた食事の大切さについて指導しておき，それを踏まえた選択できる給食は自分に適した食事量やバランスのよい食べ方を体験する機会となっている。

　児童・生徒の希望献立を盛り込んだ卒業を祝うお楽しみ給食であったり，健康教育の一環として行われる給食であったりと，多様な目的をもって行われるようになった。

　今日，外食の場面でもバイキング形式は一般的になってきており，子どもたちが食事の内容と量を選んで食べることができるスキルを身につける機会になっている。

（7）1996（平成8）年〜：加熱調理の学校給食へ

　1996（平成8）年，腸管出血性大腸菌O-157による食中毒事件が多発し，児童の尊い命が奪われた。文部省（現・文部科学省）では，「学校給食における衛生管理の改善に関する調査研究協力者会議」を設置し，調理場や食材の緊急点検が行われた。翌1997（平成9）年に「学校給食衛生管理の基準」が定められ，食中毒を防止するために，給食の調理にあたっては，加熱調理が原則となった。

　この基準に対応するため，スチームコンベクションオーブンや真空冷却機等が学校給食現場に急激に普及していった。これによって，スチームコンベクションオーブンで加熱したものを真空冷却機で冷まし，和えてサラダを作ることができる等，冷たいもの，温かいものを適温で提供できるようになった。

　今日では，調理場のドライシステム化も当たり前のこととして定着しており，安全で安心な学校給食が確立されてきた。

（8）2012（平成24）年：食物アレルギー対応食

　学校における食物アレルギー対応は，従来から，各都道府県，教育委員会，学校等において行われてきていたが，その取り組みはさまざまであった。

　2012（平成24）年に起きた死亡事故を受けて文部科学省より「学校給食における食物アレルギー対応指針」が全国の教育委員会や学校等に配布され，それを受けて，食物アレルギーを有する子どもたちへの取り組みが充実されてきている。

　給食の形態としては，該当食品を除いて調理する除去食や，該当献立を別のもので対応する代替食の場合とがある。いずれの方法で行うかは，各調理場の条件を踏まえ，事故の起こらない無理のない取り組みをしている。

（9）2013（平成25）年：和食給食の充実

　「和食」がユネスコの無形文化遺産に登録されたことから，学校給食を通して和食のよさを子どもたちに伝えようとする動きが高まった。

　多様で新鮮な地場産物を活用して学校給食の充実を図り，日本人の伝統的な食文化を伝えることを意識した学校給食が行われるようになった。

　旬の食材の活用やだしのとり方等の工夫を通して，家庭の食事の手本となる学校給食が目指されるようになった。一方，学校給食を教材として，食育の充実がさらに図られてきた。

表3－1　年代別モデル献立

年号	献立内容		牛乳（ミルク）	特徴
	主食	おかず		
明治22	おにぎり	塩鮭・菜の漬物	－	貧困児救済事業（明治22年）
大正12	五色ごはん	栄養みそ汁	－	
昭和2	ごはん	ほうれん草のホワイト煮・さわらのつけ焼き	－	
昭和17	すいとんのみそ汁			
昭和20		みそ汁	ミルク（脱脂粉乳）	鯨肉の竜田揚げ（昭和27年）
昭和22		トマトシチュー	ミルク（脱脂粉乳）	
昭和25	コッペパン	ポタージュスープ・コロッケ・せんキャベツ・マーガリン	ミルク（脱脂粉乳）	
昭和27	コッペパン	鯨肉の竜田揚げ・せんきゃべつ・ジャム	ミルク（脱脂粉乳）	
昭和30	コッペパン	アジフライ・サラダ・ジャム	ミルク（脱脂粉乳）	
昭和32	コッペパン	月見フライ・せんキャベツ・ぶどう豆・マーガリン	ミルク（脱脂粉乳）	
昭和38	コッペパン	魚のすりみフライ・マカロニサラダ・マーガリン	ミルク（脱脂粉乳）	
昭和39	揚げパン	おでん	ミルク（脱脂粉乳）	ソフト麺（昭和40年）
昭和40	ソフト麺のカレーあんかけ	甘酢和え・くだもの（黄桃）・チーズ	牛乳	
昭和44	ミートスパゲッティー	フレンチサラダ	牛乳	
昭和49	ぶどうパン	ハンバーグ・せんきゃべつ・粉ふきいも・果汁	牛乳	

昭和50	バターロールパン	沖あみチーズロールフライ・八宝菜・くだもの（メロン）	牛乳	カレーライス（昭和52年）
昭和52	カレーライス	塩もみ・くだもの（バナナ）・スープ	牛乳	
昭和54	ごはん	がめ煮（郷土食）・ヨーグルトサラダ・チーズ	牛乳	
昭和56	パン	いわしのチーズ焼き・うずら豆入り野菜スープ・レタス・くだもの（オレンジ）・ヨーグルトゼリー	牛乳	
昭和58	ツイストパン	卵とほうれん草のグラタン・エビのサラダ・くだもの（みかん）	牛乳	
昭和60	ビビンバ	スープ・キムチ風漬けもの・ヨーグルトゼリー	牛乳	
昭和62	麦ごはん	巻き蒸し・高野豆腐の和え物・みそ汁・せんキャベツ	牛乳	
平成元	おにぎり 小型パン	○鶏の香味焼き・ゆで卵・えびの唐揚げ ○人参のグラッセ・ほうれん草のピーナツ和え・昆布とこんにゃくの煮物・プチトマト ○粉ふきいも・さつまいものから揚げ ○くだもの（メロン・パイナップル）・ゼリー	牛乳	バイキング給食
平成7	あんかけ焼きそば	大学芋・シャキシャキ和え物・にらたまスープ・くだもの	牛乳	H8〜 加熱調理
平成15	米粉パン	鶏肉とカシューナッツの炒め物・ツナとキャベツの冷菜・コーンスープ・くだもの	牛乳	パンの原料に米粉
平成18	キムチチャーハン	チーズ春巻き・中華風ジャコサラダ・きのこスープ・やわらか杏仁豆腐	牛乳	行事食
	★★ひな祭り ふくさ寿司	シシャモの二色揚げ・彩り和え・花麩のお吸い物・ひな祭り三色ゼリー	牛乳	

資料：日本スポーツ振興センターホームページ

2）学校給食の食事環境

　学校給食の食事環境については，1970（昭和45）年の保健体育審議会の答申を受けて，1972（昭和47）年から食堂補助が開始された。1988（昭和63）年から余裕教室を改修してランチルームに整備する事業も国庫補助になったことが大きな推進力となった。

　1988（昭和63）年に日本体育学校健康センター（現・日本スポーツ振興センター）に「望ましい食事環境づくり研究委員会」が設置され，1990（平成2）年に報告書が出された。このような国の動きを受けて，ランチルーム建設への気運が高まり，全国各地にランチルームが建設されている。

　1980年代後半から1990年代にかけては，ランチルームを利用したバイキング給食や異学年児童・生徒の交流給食など，教室で一斉に同じものを食べるという従来のスタイルにこだわらない食事環境が導入された。

3）学校給食用食器具の変遷

（1）アルマイト食器から強化磁器食器へ

　戦後の学校給食では，安い，軽い，洗浄に耐えるなどの理由で，長きにわたってアルマイト食器が使用されてきた。しかし，アルミは傷がつきやすく，また，熱が伝わりやすいため，熱くて持てないといった欠点があった。そのため，食べ方が犬食いになるとの指摘があり，不評な面もあった。

　1976（昭和51）年に米飯給食が開始された頃より，従来のアルマイト食器に代わり，手に持っても熱くないポリプロピレン食器が導入された。次に，陶器に似た質感のメラミン樹脂が導入されたが，発がん性物質のホルムアルデヒドが溶出して問題となり，さらにポリカーボネートが登場した。しかしこれも，環境ホルモン内分泌攪乱物質が溶出されるとのことで問題になった。

　そのため，近年，家庭で使用されている一般磁器を強くし，割れにくくした強化磁器の使用が増加している。

　また，その土地の産業と文化を大切にして子どもたちに受け継いでいく考えから，有田焼（佐賀），美濃焼（多治見市・土岐市），波佐見焼（長崎），瀬戸焼（瀬戸市），益子焼（栃木）などが学校給食用に使用されているところもある。

（2）木・漆器など特産物を活用した食器具

　日本食の食文化として漆があげられる。川連漆器（秋田），会津塗（福島），輪島塗（石川）のご飯茶碗や汁椀が使用されている。給食用食器としては高価になるが，地域の食文化を次代を担う子どもたちに伝えたいという教育的意味が込められた対応といえる。

（3）先割スプーンから箸

　先割スプーンは，刺す，すくう，切るなど万能に可能な食器具として，一定の役割を果たしてきた。その後，米飯給食が始まったことから，先割スプーンも見直しが図られ，カレーライスやピラフなど以外は，献立に応じて，箸が使用されるようになった。また，献立の多様化により，フォークやスプーンなどを使い分けるようになった。

2．地場産物の活用と郷土食

1）学校給食における地場産物の活用

　地場産物を活用することの意義は，「生産者の顔が見え，安全，安心な食材である」「収穫してすぐ届けられ，新鮮で旬を味わうことができる」，「自分たちが住んでいる地域の身近な食材に愛着をもつことができる」などから，地場産物を活用した毎日の給食を生きた教材と

して，食に関する指導を行うことにより，子どもたちの興味・関心を引き出す教育的な効果を期待できることにある。

　2005（平成17）年に成立した食育基本法に基づく食育推進基本計画では，学校給食における地場産物の活用割合を，食材ベースで都道府県平均30％以上とするとの目標が示され，第1次～第3次計画（2015～2020年）にかけて，推進が図られてきた。

　第4次食育推進基本計画（2021～2025年）では，生産者や学校給食関係者の努力がより適切に反映される形として見直しが図られ，「学校給食における地場産物を使用する割合（金額ベース）を現状値から維持・向上した都道府県の割合」を90％以上とすることが目標値として示された。学校給食における国産食材の使用割合についても同様に設定されている。

　また，学校給食法（第10条）においても，学校給食を活用した食に関する指導を行うにあたり，栄養教諭の役割として「当該義務教育諸学校が所在する地域の産物を学校給食に活用することその他の創意工夫を地域の実情に応じて行い，当該地域の食文化，食に係る産業又は自然環境の恵沢に対する児童又は生徒の理解の増進を図るよう努める」と示されている。このことを踏まえ，第4次食育推進基本計画では，「栄養教諭による地場産物に係る食に関する指導の平均取り組み回数を，月12回以上とする」目標値も追加設定された。

　今後，さらに給食現場と生産の現場をつなぐ地産地消コーディネーターの養成など，学校給食における地場産物等の安定的な生産・供給体制の構築を図ることが求められている。

2）米飯給食の普及と郷土食

　学校給食に米飯給食が導入された1976（昭和51）年以来，地場産物を活用した行事食，郷土食が積極的に献立に取り入れられてきた。食育基本法や学校給食法においても，各地域の産物や食文化を理解することなどが示されており，これを受けて充実した取り組みと魅力的な給食提供がなされている。

　郷土食は，その土地の気候や風土から生まれた産物や食材を使って，独自の料理法で作られ食べ継がれてきたものである。そのため，毎日食べる学校給食を通して，児童・生徒が自ら住んでいる地域の郷土料理を知ることは，その地域への関心を深め，気候風土や歴史を理解することにつながる。

　家庭における食文化を継承する機会がなくなりつつある昨今において，学校給食での取り組みと家庭への発信は大変意義深いと思われる。

　（公社）全国学校栄養士協議会では，平成21年度文部科学省委託事業「郷土料理等を活用した学校給食情報化推進事業」を受け，全国の学校給食において活用されている郷土料理を取り入れた献立とそれを活用した指導事例をまとめた。その事例集の中から抜粋し，**表3−2**に紹介する。

表3-2　地場産物を生かした郷土料理の学校給食

県名	献立名
北海道	ごはん，鮭のごまみそかけ，おひたし，芋団子汁
青森県	ごはん，きんぴら肉団子，すき昆布炒め，けの汁
岩手県	雑穀ごはん，鮭のごまみそ焼き，わかめの菊花あえ，ひっつみ，りんご
宮城県	ごはん，仙台雑煮，笹かまぼこのゆずみそかけ，いちご
秋田県	きりたんぽ，たらのマヨネーズやき，菊花あえ，りんご
山形県	ごはん，鯉のピリカラソース，冷汁，なめこのみそ汁
福島県	赤飯，鮭の唐揚げ，くるみあえ，こづゆ，身知らず柿
茨城県	ごはん，納豆，煮合い，鮭汁，青梅ゼリー
栃木県	赤飯，豚肉のみそづけ焼き，おひたし，しもつかれ，みかん
群馬県	豆腐めし，鮭の塩焼き，磯あえ，田舎汁，りんご
埼玉県	かてめし，豚ロースのスタミナソースかけ，ごまあえ，小玉すいか
千葉県	ごはん，あじのさんが焼き，肉じゃが，みそ汁，みかん
東京都	深川めし，みそ汁，ちぐさ焼き，みかん
神奈川県	胚芽ごはん，牛なべ（すき焼き風煮），おひたし，ぶどう豆
新潟県	ごはん，車麩のフライ，きりざい，豆腐だんご汁，みかん
富山県	麦ごはん，ぶり大根，ごまあえ，かみなり汁，りんご
石川県	麦ごはん，ぶりのみそ焼き，おひたし，いしる煮，うち豆汁
福井県	ごはん，ちくわののり揚げ，こっぱなます，みそ汁，とろろこんぶ
山梨県	かぼちゃぼうとう，人参蒸しパン，おでん煮，野沢菜炒め，みかん
長野県	おやき，揚げ出し豆腐のきのこあんかけ，青菜のくるみみそあえ，秋野菜のすいとん汁，なし
岐阜県	朴葉ずし，煮豆，えごまあえ，すまし汁，岐阜のトマトゼリー
静岡県	うなぎちらし，おひたし，すまし汁，メロン
愛知県	きしめん，天ぷら，おひたし
三重県	さぶらぎごはん，新じゃがのうま煮，キャベツのツナあえ
滋賀県	麦ごはん，びわますのフライ，赤こんにゃくのかつお煮，ブロッコリーのごまあえ，なすのみそ汁
京都府	ちらし寿司，葉っぱのおかず，お講汁，刻みのり
大阪府	かやくごはん，水菜の煮びたし，船場汁，みかん
兵庫県	麦ごはん，肉とじゃがいものうま煮，ほうれん草のからししょうゆあえ，いかなごのくぎ煮，わかめのみそ汁
奈良県	菜飯，さわらのあんかけ，キャベツの煮浸し，みそ汁
和歌山県	さつまいもごはん，魚のホイル焼き，すろっぽ，みそ汁
鳥取県	どんどろけめし，魚の照り焼き，野菜のごま和え，親ガニのみそ汁，柿
島根県	ごはん，若鶏のなめこおろしあえ，ごまあえ，しじみ汁，みかん
岡山県	しょうがごはん，ままかりの南蛮漬け，小松菜のあえもの，さつまいものみそ汁
広島県	広島菜のおむすび，お好み焼き，元気汁，みかん
山口県	ごはん，あじのはなっこりーあんかけ，はすのさんばい，いも汁，みかん
徳島県	ごはん，鮭の塩焼き，小松菜としめじのごまあえ，そば粉汁，みかん
香川県	大根めし，いわしの揚げかまぼこ，さぬき菜のごまドレッシングあえ，打ち込み汁

愛媛県	ごはん，せんざんき，いぎす豆腐，おひたし，なすのみそ汁，冷凍みかん
高知県	ごはん，土佐はちきん地鶏のゆずサラダ，どろめのぬた，けんちん汁，いちご
福岡県	ごはん，さんまの煮つけ，がめ煮，小松菜としめじのおひたし
佐賀県	ごはん，魚の塩焼き，およごし，うったち汁
長崎県	ちゃんぽん，さつまいもと小魚の揚げ煮，くきわかめのサラダ，みかん
熊本県	赤飯，ぶりの照り焼き，かぶの柚香あえ，つぼん汁，みかん
大分県	黄飯とかやく，白菜のおひたし，みかん
宮崎県	麦ごはん，飫肥天，きゅうりのしらすあえ，けんちん汁，みかん
鹿児島県	奄美の鶏飯，きびなごのごま揚げ，ほうれん草の煮びたし，たんかん
沖縄県	麦ごはん，ゴーヤーチャンプルー，もずくの酢の物，ヘチマのみそ汁

資料：㈳全国学校栄養士協議会『郷土料理を活用した指導事例集』2009

【参考文献】

・日本スポーツ振興センターホームページ：年代別モデル献立資料
・㈳全国学校栄養士協議会『郷土料理を活用した指導事例集』2009

第4章 子どもの発達と食生活

本章では，現在の児童・生徒の体位，体力，健康状態，栄養摂取状況，食生活の実態を把握し，成人期までの成長を見通した食育を実施できるように，学校における給食の位置づけと食育の重要性の理解を目的とする。特に，学童期・思春期が将来の食生活の基礎づくりの時期であることを理解し，成人の抱える健康や食生活の問題を見据えながら，学校での食育のあり方，栄養教諭が学校給食を教材とした食育を実施する観点について理解する。

1．体位と健康

1）体　位

文部科学省が毎年実施している学校保健統計調査項目である身長の年次推移統計のうち，10歳と14歳の男女の身長の年次推移を**図4−1**に示した。戦前までは10歳，14歳男女ともに緩やかな伸びを示しているが，戦後は，1980（昭和55）年頃まで急激な伸びを示している。1980年頃から1990年頃まで緩やかになり，それ以降はほぼ横ばいとなっている。身長の伸びでの10歳男女間で身長の年次推移の伸びに大きな差は認められない。14歳においては，1940年までは男女とも同じような伸びを示していたが，戦後は，男子の伸びの方が女子よりも大きく，男女間での身長の差が広がってきた。

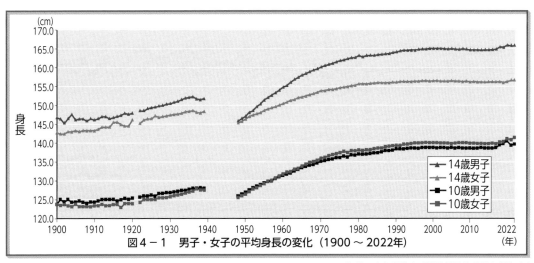

図4−1　男子・女子の平均身長の変化（1900〜2022年）

資料：文部科学省「学校保健統計調査報告書」

2）体　　力

　文部科学省は，小学生から高齢者までの幅広い年齢層を対象として1964（昭和39）年から「体力・運動能力調査」を実施している。基礎的運動能力の検査項目である握力と持久走（男子1500m，女子1000m）について年次推移をみると，握力，持久力は，1970〜1980年中頃に比較して低い状況が続いている（図4−2，4−3）。握力は11歳の頃には男女の差はほとんどないが，16歳では男子のほうが女子に比べ高くなっている。年次推移では減少傾向にある。握力は高齢期におけるサルコペニアの筋力低下の診断項目としても使用されており，身体の筋力の指標としてとらえられている。持久力は，男女ともに13歳に比べ16歳の時間が短くなっており，近年短縮傾向にある。

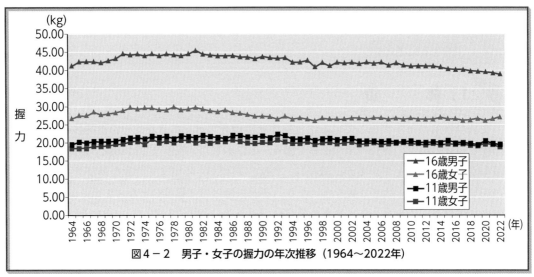

図4−2　男子・女子の握力の年次推移（1964〜2022年）

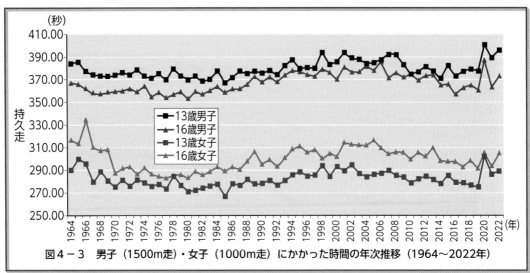

図4−3　男子（1500m走）・女子（1000m走）にかかった時間の年次推移（1964〜2022年）

資料：スポーツ庁「体力・運動能力調査報告書」

２．食習慣と健康

１）健康状態（肥満とやせ）

　2019（令和元）年の「国民健康・栄養調査結果」によると，成人男性の30.0％，女性の22.3％が肥満（BMI ≧25kg/m²）であり，男性において2013（平成25）年以降，有意に増加している。一方，やせ（BMI<18.5kg/m²）の割合は，男性3.9％，女性11.5％で，この10年間に有意な増減はないが，35年間では20〜50歳代の女性のやせの割合は増加しており，20歳代女性のやせの割合は20.7％である。また，65歳以上の高齢者の低栄養傾向（BMI ≦20kg/m²）の割合は，男性12.4％，女性20.7％である。特に85歳以上では，男性17.2％，女性27.9％と他の年代より多い。わが国では，生活習慣病の要因となる成人期の肥満と20歳代女性のやせや高齢者で増加する低栄養という２極性の健康課題がある。妊娠期の低栄養状態が低出生体重児の要因の一つであることや，低体重で出生した子どもにおいて将来の慢性疾患リスクが高いという DOHaD 説（Developmental Origins of Health and Disease：成人病胎児期発症起源説）が注目されている。高齢期の低栄養は，フレイルやサルコペニアのリスクを高める。この２極性の健康課題に対処するためには，生涯を通じて適正体重を維持するという意識をもつことが重要であり，子どものころから適正体重に対する意識付けが必要である。1977年以降からの10歳，13歳の肥満傾向児と痩身傾向児の割合の年次推移を示す（**図4−4，図4−5**）。肥満傾向児の割合は，男女ともに2006年まで緩やかに増加し，2006年以降はおおむね減少傾向にあったが，2019年以降の増加が目立つ。痩身傾向児の割合は10歳男女間で大きな差は認められないが，13歳で女子の痩身傾向児の割合が3.28％と男子より多くなっていることは，女子のやせ志向が20歳代女性のやせに関連すると考えられる。思春期にみられる神経性やせ症（拒食症）や過食症は「やせ願望」を発端として発症することもある。

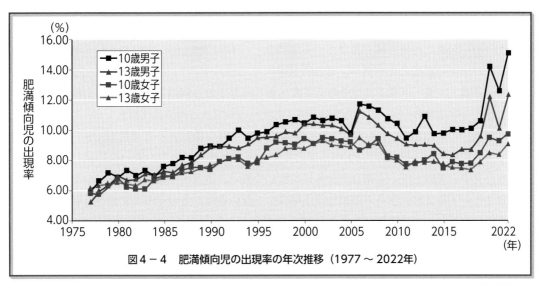

図4−4　肥満傾向児の出現率の年次推移（1977〜2022年）

資料：文部科学省「学校保健統計調査報告書」

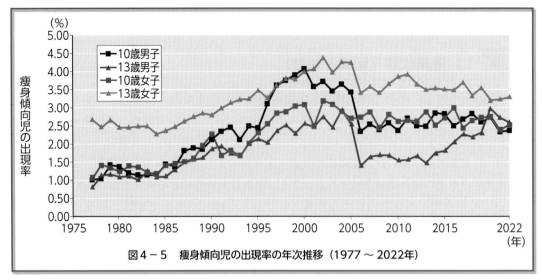

図４－５　痩身傾向児の出現率の年次推移（1977 ～ 2022年）

資料：文部科学省「学校保健統計調査報告書」

2）食生活状況

　農林水産省が成人を対象に実施している「食育に関する意識調査」によると，日頃から健全な食生活を実践することを心掛けている者の割合は全体の75.6％であり，4人に3人は心掛けていると答えている（図4－6）。図には示されてないが，男女別にみると男性67.8％，女性81.7％で，男性のほうが女性よりも健全な食生活を実践することを心掛けている者が少ない。若い世代（20～39歳）の男性は心掛けている者の割合がほかの世代に比べ低い。毎日の食事

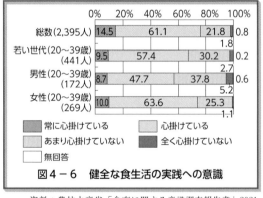

図４－６　健全な食生活の実践への意識

資料：農林水産省「食育に関する意識調査報告書」2021

で，主食・主菜・副菜を3つそろえて食べることが1日2回以上ある日数は，ほぼほぼ毎日と答えたのは全体の56.1％，男性49.3％，女性61.5％であった。世代間別では，若い世代（20～39歳）の37.3％が，「ほぼ毎日」と答えており，男女別にみると男性33.3％，女性40.5％であった。また，男性の8.8％が「ほとんどない」と答えていた。若い世代はバランスの取れた食事を実践している割合が全体に比較して低い。主食・主菜・副菜を3つそろえて食べることが1日2回以上あるのが「ほぼ毎日」でない者は，3つそろえて食べる回数を増やすための項目として，「時間があること」「手間がかからないこと」「食費に余裕があること」「自分で用意することができること」「食欲があること」を上位としてあげている（図4－7）。また，「3つそろえて食べるメリットを知っていること」と答えていた者が18.9％おり，バランスの取れた食事を食べるメリットを意識づけする必要がある。

2010（平成22）年度「食生活実態調査」の中で，「食事の時にどんなことに気をつけて食事をしているか」の質問に対して「栄養のバランスを考えて食べる」と答えた児童・生徒は，小学校では男子41.7％，女子41.5％であるのに対し，中学校では男子32.8％，女子30.0％と小学生児童に比べ低い割合である（図4−8）。一方で，「わからない」と答えている児童・生徒が小・中学校ともに3割以上いる。「栄養のバランスを考えて食べる」ことの大切さを日々の給食体験を通じて，栄養教諭は学級担任等と連携を図り，小学校での学びが中学校ひいては成人になった際にも維持できるような意図的な意識付けや知識の定着を図る必要がある。また，バランスを配慮した食事の回数を増やすためには，食事をする時間の確保のための生活リズムを整えることに加え，バランスのとれた簡単な食事を考え，その食事を作る技術を身に付ける必要があり，小中学校の頃から教科と連携をとって，簡単な食事を考えられる知識や食事を作る技術の定着を図る必要がある。

　朝食は一日の始まりの重要な食事である。成人を対象とした「食育に関する意識調査」

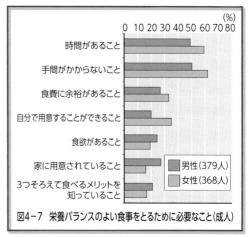

図4-7　栄養バランスのよい食事をとるために必要なこと（成人）

資料：農林水産省「食育に関する意識調査報告書」2020

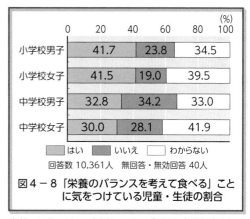

図4−8　「栄養のバランスを考えて食べる」ことに気をつけている児童・生徒の割合

資料：日本スポーツ振興センター「平成22年度児童生徒の食事状況等調査報告書（食生活実態調査編）」

で，朝食を「ほとんど毎日食べる」と答えていたのは全体の81.3％で，そのうち男性77.4％，女性84.2％と8割の人が朝食を食べている。朝食欠食がほかの世代より多いことが報告されている若い世代（20〜39歳）では，「ほとんど毎日食べる」と答えたのは，全体の68.3％，男性61.6％，女性72.5％と，ほかの世代より少ない。女性より男性のほうが朝食欠食をしている割合が高いが，朝食を食べるためには，「朝，食欲があること」「朝食を食べる習慣があること」「朝，早く起きられること」「自分で朝食を用意する手間がかからないこと」「自分で朝食を用意する時間があること」などを上位にあげている。朝食を毎日食べるためには，食欲・時間・習慣・簡単な調理等の整備が必要であり，朝食への環境整備は，食習慣のみならず生活習慣全体の整備が必要であることを示している。

　児童・生徒の朝食欠食状況は，2010（平成22）年度「食生活実態調査」で「毎日朝食を食べる」と答えているのは，小学生では男子89.9％，女子91.1％，中学生では男子85.9％，女子87.3％である（図4−9）。児童・生徒の朝食欠食の理由は，「食欲がない」「食べる時間がない」「朝食が用意されていない」「いつも食べない」「太りたくない」があげられている。

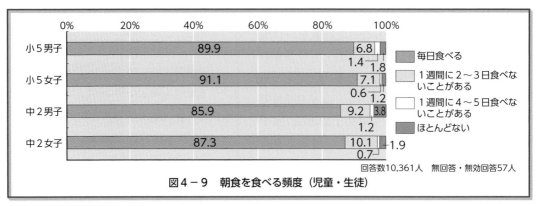

図4-9　朝食を食べる頻度（児童・生徒）

資料：日本スポーツ振興センター「平成22年度児童生徒の食事状況等調査報告書（食生活実態調査編）」

　小・中学生，高校生，成人に向けて朝食欠食の割合が高くなる。朝食を食べるためには，子どもの頃からの早起き等の生活習慣の確立と必ず食べるという習慣化に加え，成人するまでに簡単な朝食を自分で作るなどの調理技術の獲得が必要である。自分だけで料理ができるかについて，小学生では，男子64.8％，女子80.4％，中学生では男子56.4％，女子72.8％が「自分だけで料理が作れる」と答えており，男女ともに小学生より中学生のほうができる割合が低い。小中学校での食の自立に向けたさらなる取り組みと教育の定着へ向けた学校と家庭での連携した取り組みが必要である。

　児童・生徒への食育は，将来の成人期，ひいては高齢期の食生活や健康維持を見据えながら，食に関して成人までに何ができていればよいのか，何が習慣化されているとよいのか等の将来的観点を持ち，発達に応じた段階的で継続的な食育を実施する必要がある。

3. 調査から見える食生活の課題

　2014（平成26）年度よりはじまった，「食事摂取基準を用いた食生活改善に資するエビデンスの構築に関する研究」（研究代表者：佐々木敏）」（以下「食事状況調査」）において，小学校3・5年，中学校2年の児童・生徒を対象として食事状況調査を実施している。小学5年の男女での平日と休日の栄養素摂取量について，「日本人の食事摂取基準（2015年版）」に示す推定平均必要量（Estimated average requirement：EAR）を達成していない者（不適合率）の割合を報告している。全体では，男女ともに，食塩と脂質の摂取過剰や食物繊維の摂取不足など生活習慣病に関連する栄養素に不適合率が高い。ビタミン・ミネラルについては，特にカルシウムと鉄について不適合率が高いが，これら以外の栄養素の摂取状況はおおむね良好である。男子は，レチノール，ビタミンB₁，B₂，B₆，C，ナイアシン，カルシウム，鉄は平日，休日ともにEARに達しない者がおり，休日の方が平日に比べEARに達しない者の割合が高い（図4-10）。たんぱく質，銅については，平日・休日ともに満たさない者はほとんどいない。ビタミンB₁₂，葉酸，マグネシウム，亜鉛では，平日に満たしていない者はいないが，休日は満たさない者がいる。女子も同様な傾向が認められ（図4-11），給食

がある平日のほうに EAR を満たさない者の割合が低いことは、児童・生徒の栄養摂取に学校給食が果たす役割は大きい。特にカルシウムは平日と休日の摂取量に大きな差が認められる（**図４-12**）。カルシウムの１日の平均摂取量は、平日では小５男子で764.4mg、女子で706.5mg であり、休日では男子480.8mg、女子で453.8mg であり、休日のほうが男子で約284mg、女子で約253mg 摂取量が少ない。また、一日の３食からの摂取状況をみると、平日は50％以上を昼食から摂取している。休日は朝食からの摂取が約３割を占めるが、休日は摂取量自体が少ないことから、朝食時の摂取量は平日・休日であまり大きな差は認められない。給食時に摂取している牛乳からのカルシムの摂取が一日のカルシウムの摂取に果たす役割は大きく、休日にも平日と同様な牛乳等の摂取を習慣づける必要がある。

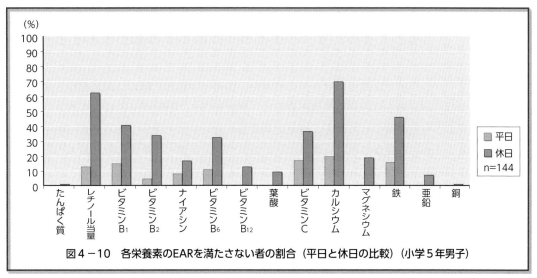

図４-10　各栄養素のEARを満たさない者の割合（平日と休日の比較）（小学５年男子）

資料：佐々木敏研究代表「食事摂取基準を用いた食生活改善に資するエビデンスの構築に関する研究」2016

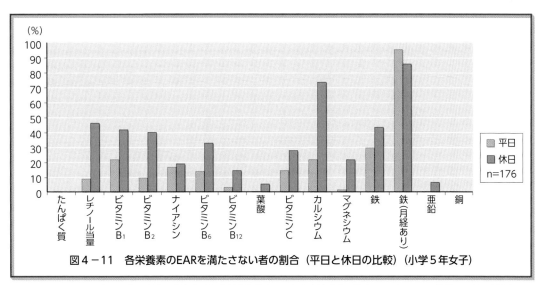

図４-11　各栄養素のEARを満たさない者の割合（平日と休日の比較）（小学５年女子）

資料：佐々木敏研究代表「食事摂取基準を用いた食生活改善に資するエビデンスの構築に関する研究」2016

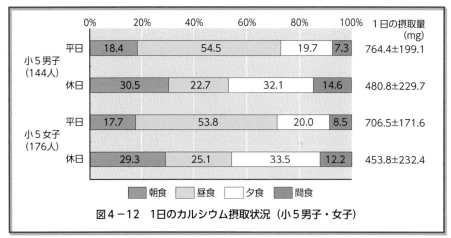

図4−12　1日のカルシウム摂取状況（小5男子・女子）

資料：佐々木敏研究代表「食事摂取基準を用いた食生活改善に資するエビデンスの構築に関する研究」2016

　これまで，わが国では減塩に取り組んできた。2019（令和元）年の「国民健康・栄養調査結果」では，国民の1日の平均食塩摂取量は，男性10.5g，女性9.0gとなっており，この10年間で見ると有意に減少している。減塩は循環器疾患のリスク因子である高血圧の予防に有効であることから，健康日本21（第2次）においても，栄養・食生活の取り組みの柱として食塩摂取量の減少がある。食嗜好が確立する子どものころから薄味になれることは，将来の高血圧，循環器疾患予防につながる食生活を築くことにつながる。

　食事状況調査での小学校5年生の食塩（相当量）の1日摂取量については，平日（男子：10.0±2.6g，女子：9.3±2.6g）と休日（男子：10.1±4.0g，女子：9.2±3.2g）で男女とも平日と休日間で平均摂取量は変わらないが，標準偏差は休日のほうが大きい。各摂取量での度数分布では，男子，女子ともに休日の分布にばらつきがより大きく，給食のある平日は，その分布が中央値付近に収束する傾向がみられる。特に15g以上摂取している児童・生徒もおり，家庭によって食塩の摂取量には差がある（**図4−13，4−14**）。

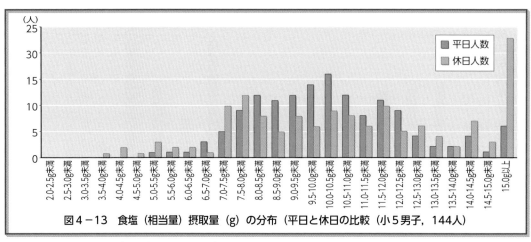

図4−13　食塩（相当量）摂取量（g）の分布（平日と休日の比較（小5男子，144人）

資料：佐々木敏研究代表「食事摂取基準を用いた食生活改善に資するエビデンスの構築に関する研究」2016

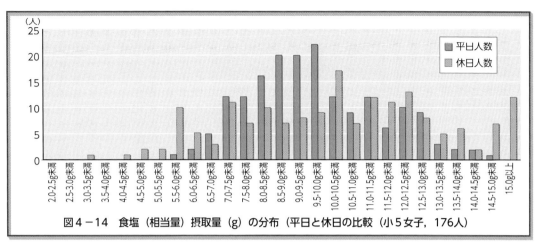

図４−14　食塩（相当量）摂取量（g）の分布（平日と休日の比較（小５女子，176人）

資料：佐々木敏研究代表「食事摂取基準を用いた食生活改善に資するエビデンスの構築に関する研究」2016

４．学校給食でのエネルギーおよび栄養素の摂取量

　文部科学省は2018（平成30）年に学校給食摂取基準を一部改正した。これまで設定されていた栄養素（基準値：エネルギー，たんぱく質，脂質，ナトリウム（食塩相当量），カルシウム，鉄，ビタミンA，B₁，B₂，C，食物繊維，参考値：マグネシウム，亜鉛）が見直され，ビタミンB₁，B₂を除くエネルギーや栄養素について改正され，食事状況調査において中学生のマグネシウム摂取量が不足していたため，マグネシウムは基準値として設定された。

　また，厚生労働省による「日本人の食事摂取基準（2020年版）」の策定を受け，2021（令和３）年２月12日に，学校給食摂取基準が一部改正された（**表４−１**）。

　基準値設定に際しては，食事摂取基準が定めた目標量または推奨量の３分の１とすることを基本とし，不足または摂取過剰が考えられる栄養素については，学校給食での摂取が望まれる栄養摂取量を算出（食事摂取基準により定められた栄養素の目標量または推奨量から，食事状況調査結果における昼食以外（家庭での朝食，夕食，間食）での栄養摂取量を差し引いたもの）し，小学３・５年生，中学２年生が昼食において摂取が期待される栄養量（昼食必要摂取量）の中央値程度を学校給食で摂取することとして，食事摂取基準の推奨量または目標量に対する割合を定め，基準値が設定された。ただし，中央値程度の基準値設定が困難な場合には，昼食必要摂取量の四分位範囲内，さらには献立作成上支障をきたさない範囲内で基準値設定された。特に食塩相当量については，四分位範囲の最高値を用いても，献立作成上の味付けが困難となることから，食事摂取基準の３分の１未満を基準値とした。

　カルシウムは，昼食必要摂取量の中央値が，食事摂取基準の推奨量の50％を超えているが，献立作成の実情を鑑み，四分位範囲内で，食事摂取基準の推奨量の50％に設定された。

　ビタミンCは食事摂取基準の推定平均必要量と推奨量が引き上げられ，ナトリウム（食塩相当量）は目標量が引き下げられたことから，学校給食摂取基準値がそれぞれ設定された。

　食事内容についても，食育の観点からの学校給食を活用した食に関する指導を，学級担任

表4－1　改正後の学校給食摂取基準（令和3年4月1日施行）

	児童（6歳～7歳）の場合	児童（8歳～9歳）の場合	児童（10歳～11歳）の場合	生徒（12歳～14歳）の場合
エネルギー（kcal）	530	650	780	830
たんぱく質（%）	学校給食による摂取エネルギー全体の13～20%			
脂質（%）	学校給食による摂取エネルギー全体の20～30%			
ナトリウム（食塩相当量）（g）	1.5未満	2未満	2未満	2.5未満
カルシウム（mg）	290	350	360	450
マグネシウム（mg）	40	50	70	120
鉄（mg）	2	3	3.5	4.5
ビタミンA（μgRAE）	160	200	240	300
ビタミンB$_1$（mg）	0.3	0.4	0.5	0.5
ビタミンB$_2$（mg）	0.4	0.4	0.5	0.6
ビタミンC（mg）	20	25	30	35
食物繊維（g）	4以上	4.5以上	5以上	7以上

(注)　1　表に掲げるもののほか，次に掲げるものについても示した摂取について配慮すること。
　　　　　亜鉛……児童（6歳～7歳）2mg，児童（8歳～9歳）2mg
　　　　　　　　　児童（10歳～11歳）2mg，生徒（12歳～14歳）3mg
　　　2　この摂取基準は，全国的な平均値を示したものであるから，適用に当たっては，個々の健康及び生活活動等の実態並びに地域の実情等に十分配慮し，弾力的に運用すること。
　　　3　献立の作成に当たっては，多様な食品を適切に組み合わせるよう配慮すること。

や教科担任と連携しつつ効果的に行い，地場産物の活用や食物アレルギーへの配慮，食品衛生に基づいた食材の使用が述べられている。児童・生徒が学校給食を通してバランスのとれた食事構成を知り，また食体験することで日常や将来の食事作りにつながるよう，献立名や食品名が明確な献立を作成する必要がある。カルシウムなどの栄養素においては，学校給食で不足をある程度補完できるが，ナトリウム（食塩相当量）の摂取過剰や鉄の摂取不足などは学校給食の対応のみでは限界がある。例えば，6～7歳の食塩相当量は1.5g未満に設定されており，減塩のための味付けや献立の組み合わせなどよりいっそうの工夫が求められるが，学校給食をモデル献立とし，家庭での食塩の摂取量を減らす取り組みにつながる指導は，わが国の減塩推進にも重要である。児童・生徒への食に関する指導のみならず，家庭への情報発信を行い，家庭との連携によって児童・生徒の食生活全体の改善を促す必要がある。

　学校給食は，児童・生徒にとって成長に必要な栄養摂取に寄与するものであり，バランスのよい食事摂取の体験の場である。学校給食が，将来バランスのよい食事を自ら摂取することへの意識づけとなるためには，給食時間が楽しい共食の食事場面であると同時に，成長に必要な食事とはどのような食事か，バランスのよい食事とはどのようなものか，それはどのような食品が食事として構成されているのかについて意識付けする必要がある。栄養教諭は，バランスのとれたおいしい給食を安全に児童・生徒に提供することに加え，献立を教材とするためにその献立に意味づけをし，毎日の給食時間の食体験としての授業を全校的に実施する必要があり，学校における食育の専門職としての役割は大きいのである。

第5章　学習指導要領の意義と食育のあり方

平成28年12月に中央教育審議会（中教審）答申「幼稚園，小学校，中学校，高等学校及び特別支援学校の学習指導要領等の改善及び必要な方策について」が出され，その中で食に関する内容は，「現代的な諸課題に対応して求められる資質・能力」の中の「健康・安全・食に関する資質・能力」として示され，学習指導要領および解説に反映させることとされた。平成29年3月には小・中学校，平成30年3月には高等学校の学習指導要領が告示され，小・中・高でそれぞれ令和2年度，令和3年度，令和4年度から順次実施されることとなった。

学校において食育を推進するにあたっては，学習指導要領の趣旨や内容などをよく理解した上で，教育課程に位置付け，組織的・計画的な取り組みを行うことが大切である。

1. 学習指導要領改訂の趣旨

1）6つの改善すべき事項

学校における教育課程の基準となる学習指導要領等には，学校教育を通じて育む「生きる力」とは何かを資質・能力として明確にし，教科等を学ぶ意義を大切にしつつ教科等横断的な視点で育んでいくこと，そして，社会とのつながりや各学校の特色づくり，子どもたち一人一人の豊かな学びの実現に向けた教育改善が期待されている。

平成20年に改訂された学習指導要領については，言語活動の導入に伴う思考力等の育成に一定の成果は得られつつあるものの，全体としてはなお，各教科等において「教員が何を教えるか」という観点を中心に組み立てられており，そのことが，教科等の縦割りを越えた指導改善の工夫や，指導の目的を「何を知っているか」にとどまらず「何ができるようになるか」にまで発展させることを妨げているのではないかとの指摘があった。

平成29年の改訂では，6つの改善すべき事項が以下のように具体的に示されたが，その一つ目に「育成を目指す資質・能力」として「何ができるようになるか」を明確にすることがあげられている（中教審答申）。

①「何ができるようになるか」（育成を目指す資質・能力）
②「何を学ぶか」（教科等を学ぶ意義と，教科等間・学校段階間のつながりを踏まえた教育課程の編成）
③「どのように学ぶか」（各教科等の指導計画の作成と実施，学習・指導の改善・充実）
④「子供一人一人の発達をどのように支援するか」（子供の発達を踏まえた指導）
⑤「何が身に付いたか」（学習評価の充実）
⑥「実施するために何が必要か」（学習指導要領等の理念を実現するために必要な方策）

2）中教審答申で示された資質・能力

　学習指導要領の改訂を契機に子どもたちが「何ができるようになるか」を重視する視点が共有され，学校や教職員の創意工夫による多様で質の高い指導の充実が図られることが求められている。中教審答申において，学校教育で子どもたちに身に付けさせる資質・能力について，「各教科等において育まれる資質・能力」，「教科等を越えた全ての学習の基盤として育まれ活用される資質・能力」，「現代的な諸課題に対応して求められる資質・能力」の３つに整理された。そして，「現代的な諸課題に対応して求められる資質・能力」の例示の筆頭に示されたのが，以下に示すように「健康・安全・食に関する力」である（中教審答申）。

○各教科等において育まれる資質・能力
○教科等を越えた全ての学習の基盤として育まれ活用される資質・能力
　・言語能力の育成
　・情報活用能力（情報技術を手段として活用する力を含む）の育成
○現代的な諸課題に対応して求められる資質・能力
　・健康・安全・食に関する力
　・主権者として求められる力
　・新たな価値を生み出す豊かな創造性
　・グローバル化の中で多様性を尊重するとともに，現在まで受け継がれてきた我が国固有の領土や歴史について理解し，伝統や文化を尊重しつつ，多様な他者と協働しながら目標に向かって挑戦する力
　・地域や社会における産業の役割を理解し地域創生等に生かす力
　・自然環境や資源の有限性等の中で持続可能な社会をつくる力
　・豊かなスポーツライフを実現する力

（下線は中教審答申に具体的に例示されているもの）

3）資質・能力の３つの柱

　平成29年の学習指導要領改訂において，育成すべき資質・能力の要素について，**図５－１**のとおり３つの柱として整理された。この資質・能力の３つの柱は，「各教科等において育まれる資質・能力」や，「教科等を越えた全ての学習の基盤として育まれ活用される資質・能力」，「現代的な諸課題に対応して求められる資質・能力」の全てに共通する要素である。教科等と教育課程全体の関係や，教育課程に基づく教育と資質・能力の育成の間をつなぎ，求められる資質・能力を確実に育むことができるよう，育成すべき資質・能力はこの３つの柱で整理するとともに，教科等の目標や内容についても，この３つの柱に基づき再

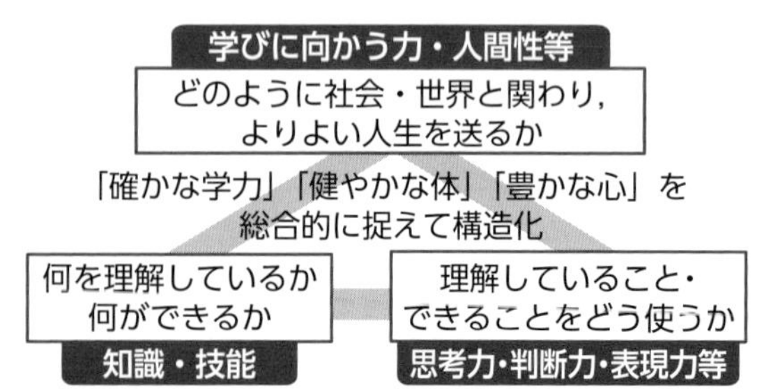

図５－１　育成すべき資質・能力の３つの柱

整理を図った。

2．学校における体育・健康に関する指導と食育の推進

　教育基本法第2条では，教育の目的として「健やかな身体を養う」ことを規定している。それらを踏まえ，学習指導要領では，「体育・健康に関する指導」を，児童・生徒の発達の段階を考慮して学校の教育活動全体として取り組むことにより，健康で安全な生活と豊かなスポーツライフの実現を目指した教育の充実に努めることを示している。健やかな体の育成は，心身の調和的な発達の中で図られ，心身の健康と安全や，スポーツを通じた生涯にわたる幸福で豊かな生活の実現と密接に関わることから，体育・健康に関する指導のねらいとして，心身ともに健康で安全な生活と豊かなスポーツライフの実現を一体的に示している。

　学校における食育の推進にあたっては，食に関わる様々な課題に適切に対応するため，子どもたちが食に関する正しい知識と望ましい食習慣を身に付けることにより，生涯にわたって健やかな心身と豊かな人間性を育んでいくための基礎が培われるよう，栄養のバランスや規則正しい食生活，食品の安全性などの指導が一層重視されなければならない。食に関する指導にあたっては，体育科，保健体育科における望ましい生活習慣の育成や，家庭科，技術・家庭科における食生活に関する指導，特別活動における給食の時間を中心とした指導などを相互に関連させながら，学校教育活動全体として効果的に取り組むことが重要である。

小学校学習指導要領（平成29年3月告示）「第1章　総則」
第1　小学校教育の基本と教育課程の役割，2
（3）　学校における体育・健康に関する指導を，生徒の発達の段階を考慮して，学校の教育活動全体を通じて適切に行うことにより，健康で安全な生活と豊かなスポーツライフの実現を目指した教育の充実に努めること。特に，<u>学校における食育の推進並びに体力の向上に関する指導，安全に関する指導及び心身の健康の保持増進に関する指導</u>については，<u>体育科，家庭科及び特別活動の時間はもとより，各教科，道徳科，外国語活動及び総合的な学習の時間など</u>においてもそれぞれの特質に応じて適切に行うよう努めること。また，それらの指導を通して，家庭や地域社会との連携を図りながら，日常生活において適切な体育・健康に関する活動の実践を促し，生涯を通じて健康・安全で活力ある生活を送るための基礎が培われるよう配慮すること。

※中学校，高等学校にも同様の記載あり

3．現代的な諸課題に対応して求められる資質・能力

　これからの社会を生きるために必要な力である「生きる力」とは何かを，将来の予測が困難となっていく現在とこれからの社会の中で捉え直し，資質・能力として具体化して教育課程を通じて育んでいくことが課題の一つとなっている。中教審答申には，「現代的な諸課題に対応して求められる資質・能力」として7つの内容が示されており，そのうち「健康・安全・食に関する力」と「主権者として求められる力」については具体的な内容が例示されている。

　中教審答申の中で「健康・安全・食に関する力」についての資質・能力は，下記のとおり整理されたが，心身の健康や安全に関する課題に加えて，食に関する課題として「食を取り巻く社会環境が変化し，栄養摂取の偏りや朝食欠食といった食習慣の乱れ等に起因する肥満や生活習慣病，食物アレルギー等の健康課題が見られるほか，食品の安全性の確保や食料自給率向上，食品ロス削減等の食に関わる課題が顕在化している」と言及されている。

○健康・安全・食に関する資質・能力を，「知識・技能」，「思考力・判断力・表現力等」，「学びに向かう力・人間性等」の三つの柱に沿って整理すると，以下のようになると考えられる。

（知識・技能）

　様々な健康課題，自然災害や事件・事故等の危険性，健康・安全で安心な社会づくりの意義を理解し，健康で安全な生活や健全な食生活を実現するために必要な知識や技能を身に付けていること。

（思考力・判断力・表現力等）

　自らの健康や食，安全の状況を適切に評価するとともに，必要な情報を収集し，健康で安全な生活や健全な食生活を実現するために何が必要かを考え，適切に意思決定し，行動するために必要な力を身に付けていること。

（学びに向かう力・人間性等）

　健康や食，安全に関する様々な課題に関心を持ち，主体的に，自他の健康で安全な生活や健全な食生活を実現しようとしたり，健康・安全で安心な社会づくりに貢献しようとしたりする態度を身に付けていること。

※中教審答申　別添資料（別紙4）より

4．カリキュラム・マネジメント

1）カリキュラム・マネジメントの重要性

　学校教育においては，子どもたちや学校，地域の実態を適切に把握し，教育の目的や目標の実現に必要な教育の内容等を教科等横断的な視点で組み立てていくこと，教育課程の実施状況を評価してその改善を図っていくことなどを通して，教育課程に基づき組織的かつ計画的に各学校の教育活動の質の向上を図っていくこと，いわゆるカリキュラム・マネジメントに努めることが求められている。

　「健康・安全・食に関する力」は，各学校が編成する教育課程を軸に，教育活動や学校経営などの学校の全体的なあり方をどのように改善していくのかが重要となるが，教育課程の編成・実施にあたり，法令等の定めにより学校が策定すべき各分野の全体計画等と関連づけて，当該全体計画等に示す教育活動が効果的に実施されるようにしなければならない。

　各学校では，学校保健計画，学校安全計画，食に関する指導の全体計画，いじめの防止等のための対策に関する基本的な方針など，各分野における学校の全体計画等を策定することとされ，これらには児童・生徒への指導に関する事項や学校運営に関する事項を位置付けることとなる。そのため，教育課程の編成・実施にあたり，これらの全体計画等との関連付けを十分に行うことで，カリキュラム・マネジメントの充実が図られ，効果的な指導を実現することにつながる。

小学校学習指導要領（平成29年3月告示）「第1章　総則」
第5　学校運営上の留意事項
1　教育課程の改善と学校評価等
　イ　教育課程の編成及び実施に当たっては，学校保健計画，学校安全計画，食に関する指導の全体計画，
　いじめの防止等のための対策に関する基本的な方針など，各分野における学校の全体計画等と関連付
　けながら効果的な指導が行われるように留意するものとする。
　＊中学校，高等学校の学習指導要領にも同様の記述あり。

　食に関する内容についても，一つの教科等で身に付くものではなく，教育課程全体を通した取り組みを通じて身に付いていくものである。そのため教科等横断的な視点から教育活動の改善を行っていくことや，学校全体としての取り組みを通じて，教科等や学年を越えた組織運営の改善を行っていくことが求められており，体育科（保健体育科），家庭科（技術・家庭科），特別活動，総合的な学習（探究）の時間など関連する教科等がそれぞれの特質に応じて行われた上で，相互に関連づけて指導していく必要がある。

2）カリキュラム・マネジメントの3つの側面

　「カリキュラム・マネジメント」とは，教育課程に基づき組織的かつ計画的に各学校の教育活動の質の向上を図っていくことである。学習指導要領を受け止めつつ，子どもたちの姿や地域の実情等を踏まえて，各学校が設定する学校教育目標を実現するために，教育課程を編成し，それを実施・評価し改善していくことが求められている。
　「社会に開かれた教育課程」の実現を通じて子どもたちに必要な資質・能力を育成するという，現行学習指導要領等の理念を踏まえれば，これからの「カリキュラム・マネジメント」については，以下のとおり，の3つの側面から捉えることができる。

①　児童や学校，地域の実態を適切に把握し，教育の目的や目標の実現に必要な教育の内容等を教科等横断的な視点で組み立てていくこと。
②　教育課程の実施状況を評価してその改善を図っていくこと。
③　教育課程の実施に必要な人的または物的な体制を確保するとともにその改善を図っていくこと。
小学校学習指導要領（平成29年3月告示）
第1章総則　第1小学校教育の基本と教育課程の役割　4より抜粋
　＊中学校，高等学校の学習指導要領にも同様の記述あり。

3）食育とカリキュラム・マネジメント

　平成28年の中教審答申の中で，「健康・安全・食に関する力」は，「現代的な諸課題に対応して求められる資質・能力」の一つに位置付けられている。その中でも食に関する内容は単独の教科等ではなく，複数の教科等にまたがっていることから，教科等横断的な視点に立った学習が不可欠であり，「カリキュラム・マネジメント」が重要になる。そこで，学習指導要領等に基づき，子どもたちの姿や地域の実情等を踏まえた上で各学校が教育課程を編成し，それを実施・評価し改善していくことが求められている。

　つまり，学習指導要領の枠組みを生かしながら地域の実情や子どもたちの姿と指導内容とを見比べ，また関連付けながら効果的な年間指導計画や学習時程などについて研究していく必要がある。それは学習指導要領の中において示されている3つの資質・能力を子どもたちに身に付けさせる際に，食の視点でつないでいくということになる。その際，食に関する内容を学習すれば何でも「カリキュラム・マネジメント」だということではなく，食に関する指導の全体計画や年間指導計画を立てる段階で，教科の内容と学級活動の内容を関連づけたり，それらを学校給食における食に関する指導と関連づけたりする。そして，食に関する内容について必要な教育内容を意図的に配列した教育課程を全教職員で組織的に実施できる体制を構築し，PDCAサイクルに基づき進めていくことが必要となる。

　また，その際，教育活動に必要な外部講師の活用や，地域等の関係機関等との連携についても検討し，より効果的に食育が推進できるようにすることが大切である。

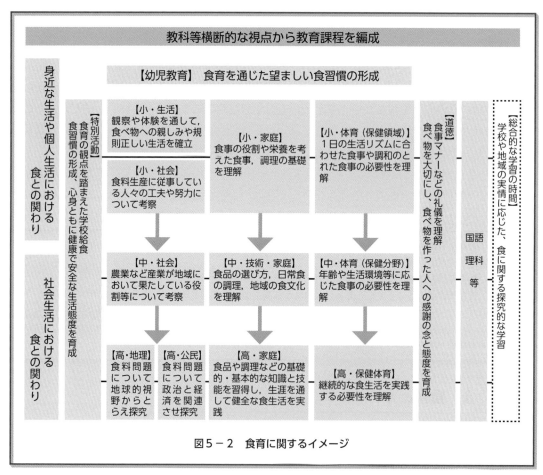

図5-2　食育に関するイメージ

資料：文部科学省中央教育審議会答申「幼稚園，小学校，中学校，高等学校及び特別支援学校の学習指導要領等の改善及び必要な方策について」別紙4，2016

5．栄養教諭に求められるもの

1）栄養教諭を中核としたPDCAサイクルの構築

　栄養教諭は，児童・生徒等の「栄養の指導及び管理をつかさどる」教員として，その専門性を生かし，食に関する指導の全体計画作成や実践等で中心的な役割を果たすとともに，学校給食の管理において，栄養管理や衛生管理等に取り組み，学校内における教職員間および家庭や地域との連携・調整で要としての役割を果たすことが求められている。

　学校における食育を推進するためには，学習指導要領に基づき，学校の教育課程に「給食の時間の指導」，「教科等の指導」，「個別的な相談指導」など食に関する指導をしっかりと位置づけ，PDCAサイクルに沿って学校全体で進める体制を構築することが大切である。

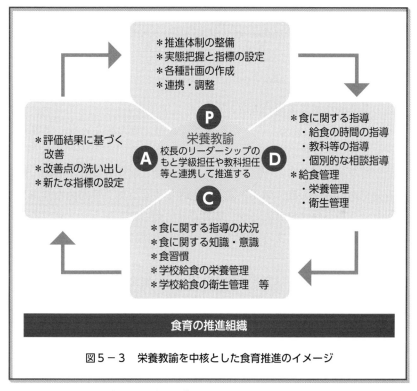

図5−3　栄養教諭を中核とした食育推進のイメージ

資料：文部科学省『栄養教諭を中核としたこれからの学校の食育』2017，p.5

2）栄養教諭の授業参画

　平成29年告示の小・中学校学習指導要領において，学習指導の改善・充実は，改訂の大きなポイントとして示されている。そのため，各教科等において多様な指導の工夫を図ることが求められており，栄養教諭に期待されるものは大きい。

　食に関する指導の充実を図る上で，中核となる教科等として考えられる家庭科（技術・家

庭科），体育科（保健体育科），特別活動，総合的な学習の時間については，栄養教諭の授業参画について，それぞれの小学校および中学校学習指導要領解説に，以下のように記載されている。

【家庭科，技術家庭科】
○「…必要に応じて，<u>栄養教諭</u>や地域の人々等の協力を得るなど，食育の充実を図るようにすること…」
【体育科（保健領域），保健体育科（保健分野）】
○「…必要に応じて地域の人材の活用や養護教諭，<u>栄養教諭</u>，学校栄養職員などとの連携・協力を推進することなど，多様な指導方法の工夫を行うよう配慮すること…」
【特別活動（学級活動）】
○「…指導の効果を高めるために，各教科担任の専門性を生かした指導や，養護教諭，<u>栄養教諭</u>，学校栄養職員などの専門性を生かした指導が行えるよう配慮すること…」
【総合的な学習の時間】
○「…校長，副校長，教頭，養護教諭，<u>栄養教諭</u>，講師などもこの時間の指導に関わる体制を整え，全教職員がこの時間の学習活動の充実に向けて協力する」

（小学校学習指導要領（平成29年告示）解説，中学校学習指導要領（平成29年告示）解説，「内容の取扱い」より抜粋）

　栄養教諭の具体的な授業参画の方法としては，「ティーム・ティーチング」，「教材研究（提供）」，「指導計画作成時の協力」などが想定されるが，そのあり方は，栄養教諭の経験や配置環境などにより大きな差が生じるものである。

　栄養教諭が授業に参画することは，子どもたちの食に関する意欲を高め，理解を深める上でとても有効である。その際，栄養教諭の専門性を生かして「専門的な知識を子どもたちに伝達する」という場面が想定されるが，そこだけに頼ってしまうと，平成29年の学習指導要領改訂の主旨と少し離れてしまう。そこで，栄養教諭が授業に参画するねらいは何かを考える必要がある。

　これまでの食に関する指導は，どちらかというと「何を知っているか」を中心に進められてきたが，今後はそうした知識を基にして，食に関する課題を見付け，その課題をどのように解決するのか，身に付けた知識はどのような意味があって，将来どのようなことに役立つのか，などを考えるべきである。例えば，自分の学校やクラスで残食が多いという課題に対して，どう解決したらよいのかを友だちと話し合いながら考えていく。そして，それが食品ロスや流通などの問題と関連があることに気付き，新しい課題の解決に取り組んでいく。さらに，それらの課題の社会的な影響等についても考えを深めていくことが考えられる。

第6章　食に関する指導の全体計画

食に関する指導の実施にあたっては，各学校が「食に関する指導の全体計画」（以下「全体計画」）を作成し，全教職員が共通理解の下，学校教育活動全体として取り組むことが重要である。しかしながら，全体計画については形式的になりがちで，作成の意図やどのように活用するかがよく理解されていない現状も見受けられる。そこで，本章では全体計画の必要性や考え方，そして，計画に盛り込むべき内容や作成の手順などについて紹介する。

1．「食に関する指導の全体計画」の作成の必要性

学校全体で食育を組織的，計画的に推進するには，各学校において全体計画を作成することが不可欠である。法的な根拠としては，学校給食法第10条に「校長は，当該指導が効果的に行われるよう，学校給食と関連付けつつ当該義務教育諸学校における食に関する指導の全体的な計画を作成することその他の必要な措置を講ずるものとする」と規定されている。

また，国の第4次食育推進基本計画（令和3年3月策定）においても，「食に関する指導の時間が十分確保されるよう，栄養教諭を中心とした教職員の連携・協働による学校の食に関する指導に係る全体計画の作成を推進する」と，各学校で全体計画を作成することの必要性を挙げている。

さらに，小学校学習指導要領および中学校学習指導要領（平成29年告示）第1章第5の1のイ，特別支援学校学習指導要領（平成29年告示）第1章第6の1（2）に，「教育課程の編成及び実施に当たっては，学校保健計画，学校安全計画，食に関する指導の全体計画，いじめの防止のための対策に関する基本的な方針など，各分野における学校の全体計画等と関連付けながら，効果的な指導が行われるように留意するものとする」と，当該全体計画等に示す教育活動が効果的に実施されるようにすることが示されている。

2．食に関する指導の目標と内容

本書の第5章において，中教審答申で「健康・安全・食に関する資質・能力」が3つの資質・能力に整理されたことは解説したが，さらに，『食に関する指導の手引（第二次改訂版）』では，その中から食に関わる資質・能力を抽出して示すとともに，6つの食育の視点に沿って，子どもたちに身に付けさせたい資質・能力の具体的な内容を示している。本章ではその具体例についても紹介する。

1）食に関する指導の目標

　『食に関する指導の手引（第二次改訂版）』では，学校教育活動全体において，食に関する指導を通して子どもたちに身に付けさせたい資質・能力を次のように示した。

食に関わる3つの資質・能力（例）

〔知識・技能〕
　食事の重要性や栄養バランス，食文化等についての理解を図り，健康で健全な食生活に関する知識や技能を身に付けるようにする。
〔思考力・判断力・表現力等〕
　食生活や食の選択について，正しい知識・情報に基づき，自ら管理したり判断したりできる能力を養う。
〔学びに向かう力・人間性等〕
　主体的に，自他の健康な食生活を実現しようとし，食や食文化，食物の生産等に関わる人々に対して感謝する心を育み，食事のマナーや食事を通じた人間関係形成能力を養う。

　各学校における食に関する指導の目標は，学校教育目標に基づき児童・生徒や学校・家庭・地域の実態，国・都道府県・市町村の食に関する指導の目標や食育推進計画を考慮した上で独自に設定し，各教科等において指導を行う。その際，「食事の重要性」「心身の健康」「食品を選択する能力」「感謝の心」「社会性」「食文化」の6つの視点に基づいて具体的な目標を設定することが重要であり，6つの視点はどれも大切なもので，実態に応じて軽重を付けつつ，視点のすべてを目標の中に位置付ける必要がある。

2）食育の視点

　『食に関する指導の手引（第一次改訂版）』では，前述した6つを「食に関する指導の目標」として示したが，教科等にはそれぞれの目標があり，指導する際，それらが曖昧になることも見受けられた。そのため『食に関する指導の手引（第二次改訂版）』では，これらの6つを「食育の視点」とし，食に関する指導がさらに実践しやすいよう次のとおり再整理した。

6つの食育の視点

◇食事の重要性，食事の喜び，楽しさを理解する。【食事の重要性】
◇心身の成長や健康の保持増進の上で望ましい栄養や食事のとり方を理解し，自ら管理していく能力を身に付ける。【心身の健康】
◇正しい知識・情報に基づいて，食品の品質及び安全性等について自ら判断できる能力を身に付ける。【食品を選択する能力】
◇食物を大事にし，食物の生産等に関わる人々へ感謝する心をもつ。【感謝の心】
◇食事のマナーや食事を通じた人間関係形成能力を身に付ける。【社会性】
◇各地域の産物，食文化や食に関わる歴史等を理解し，尊重する心をもつ。【食文化】

　この6つの食育の視点の詳細については，『食に関する指導の手引（第二次改訂版）』において，次の通り示されている。

◇食事の重要性（食事の重要性，食事の喜び，楽しさを理解する）

　子供たちが豊かな人間性を育み，生きる力を身に付けていくためには何よりも食が大切であるという視点である。
　食は人間が生きていく上での基本的な営みの一つであり，健康な生活を送るためには，健全な食生活や食環境が欠かせないものであり，その営みを大切にすることが重要である。

◇心身の健康（心身の成長や健康の保持増進の上で望ましい栄養や食事のとり方を理解し，自ら管理していく能力を身に付ける）

　生涯にわたって健全な食生活を実現することが，心身の健康の増進と豊かな人間形成に資するという視点である。そのために，望ましい栄養や食事のとり方を理解する必要がある。
　また，食事を規則正しく３食とるなど望ましい生活習慣を形成し，食の自己管理能力を身に付けることが，心身の健康にとって重要である。

◇食品を選択する能力（正しい知識・情報に基づいて，食品の品質及び安全性等について自ら判断できる能力を身に付ける）

　正しい知識・情報に基づいて食品の品質及び安全等について自ら判断し，食品に含まれる栄養素や衛生に気を付けていくことが重要であるという視点である。
　正しい知識・情報とは，食品や料理の名前，形，品質や栄養素及び安全面，衛生面等に関する事項である。それらの情報について関心をもち，得た情報を整理・分析した上で，食品の適切な選択ができる能力が求められている。

◇感謝の心（食物を大事にし，食物の生産等に関わる人々へ感謝する心をもつ）

　人の食生活が自然の恩恵の上に成り立っており，また，食に関わる人々の様々な活動に支えられていることに対して感謝する心が大切であるという視点である。
　人々の生活は昔から動植物などの自然の恩恵に支えられて成り立っていることや生産・流通・消費など食に関わる人々の様々な活動に支えられていることに気づき，環境保全や食品ロスの視点も含めて，感謝の気持ちや食物を大事にする心を育むことが求められている。

◇社会性（食事のマナーや食事を通じた人間関係形成能力を身に付ける）

　協力して食事の準備から後片付けをしたり食事のマナーを身に付けたりすることで，人間関係形成能力を身に付けることが大切であるという視点である。
　食器の使い方や食事の時の話題選びなどの食事のマナーを身に付けることが，楽しい共食につながることや，一緒に調理したり食事をしたりすることを通してコミュニケーションを図り，心を豊かにすることが大切である。

◇食文化（各地域の産物，食文化や食に関わる歴史等を理解し，尊重する心をもつ）

　日本の伝統ある優れた食文化や食に関わる歴史，地域の特性を生かした食生活（地場産物の活用），食料自給率等を理解し尊重しようとする視点である。
　地域の特性を生かした食生活や食料自給率を考えることは，地域や日本を知り，大切にする心を育むとともに，他の国々の食文化を理解することにもつながっていく。また，食料の生産はそれぞれの国や地域の気候風土と深く結びついており，それらの特質を理解し継承・発展させていくことが求められている。

　さらに，6つの食育の視点に沿って，発達段階別に子どもたちに身に付けさせたい資質・能力を具体的な内容で例示したのが**表6－1**であり，学習指導案を作成する際の参考にすることができる。

表6－1　学年段階別に整理した資質・能力（例）

学年		①食事の重要性	②心身の健康	③食品を選択する能力	④感謝の心	⑤社会性	⑥食文化
小学校	低学年	○食べ物に興味・関心をもち，楽しく食事ができる。	○好き嫌いせずに食べることの大切さを考えることができる。 ○正しい手洗いや，良い姿勢でよく噛んで食べることができる。	○衛生面に気を付けて食事の準備や後片付けができる。 ○いろいろな食べ物や料理の名前が分かる。	○動物や植物を食べて生きていることが分かる。 ○食事のあいさつの大切さが分かる。	○正しいはしの使い方や食器の並べ方が分かる。 ○協力して食事の準備や後片付けができる。	○自分の住んでいる身近な土地でとれた食べ物や，季節や行事にちなんだ料理があることが分かる。
	中学年	○日常の食事に興味・関心をもち，楽しく食事をすることが心身の健康に大切なことが分かる。	○健康に過ごすことを意識して，様々な食べ物を好き嫌いせずに3食規則正しく食べようとすることができる。	○食品の安全・衛生の大切さが分かる。 ○衛生的に食事の準備や後片付けができる。	○食事が多くの人々の苦労や努力に支えられていることや自然の恩恵の上に成り立っていることが理解できる。 ○資源の有効利用について考える。	○協力したりマナーを考えたりすることが相手を思いやり楽しい食事につながることを理解し，実践することができる。	○日常の食事が地域の農林水産物と関連していることが理解できる。 ○地域の伝統や気候風土と深く結び付き，先人によって培われてきた多様な食文化があることが分かる。
	高学年	○日常の食事に興味・関心をもち，朝食を含め3食規則正しく食事をとることの大切さが分かる。	○栄養のバランスのとれた食事の大切さが理解できる。 ○食品をバランスよく組み合わせて簡単な献立をたてることができる。	○食品の安全に関心をもち，衛生面に気を付けて，簡単な調理をすることができる。 ○体に必要な栄養素の種類と働きが分かる。	○食事にかかわる多くの人々や自然の恵みに感謝し，残さず食べようとすることができる。 ○残さず食べたり，無駄なく調理したりしようとすることができる。	○マナーを考え，会話を楽しみながら気持ちよく会食をすることができる。	○食料の生産，流通，消費について理解できる。 ○日本の伝統的な食文化や食に関わる歴史等に興味・関心をもつことができる。
中学校		○日常の食事に興味・関心をもち，食環境と自分の食生活との関わりを理解できる。	○自らの健康を保持増進しようとし，自ら献立をたてて調理することができる。 ○自分の食生活を見つめ直し，望ましい食事の仕方や生活習慣を理解できる。	○食品に含まれている栄養素や働きが分かり，品質を見分け，適切な選択ができる。	○生産者や自然の恵みに感謝し，食品を無駄なく使って調理することができる。 ○環境や資源に配慮した食生活を実践しようとすることができる。	○食事を通してより良い人間関係を構築できるよう工夫することができる。	○諸外国や日本の風土，食文化を理解し，自分の食生活は他の地域や諸外国とも深く結びついていることが分かる。

資料：文部科学省『食に関する指導の手引（第二次改訂版）』2019，p.21～22

3.「食に関する指導の全体計画」作成の手順および内容

1）実態の把握

　食に関する子どもの実態は，それぞれの学校で実施している既存の調査を有効に活用しつつ，必要に応じて「食習慣」や「食に対する意識」，「体力や学力」，「健康状態や体格」，「食に関する態度や意識」などの調査を行い実態把握に努める。そして，課題を明らかにした上で，各学校が「食に関する指導の目標」を設定する。

　また，保護者や地域に関しても各学校が実施している学校評価や保護者アンケートなどから実態を明らかにする。その結果などは，学校運営協議会などにおいて，地域や保護者などの食育の取り組み状況を協議する際に活用することができる。

　さらに，自校の教職員についても食に関する指導に対する考え方や授業の実施状況，地場産物を活用した献立や栄養管理に配慮した献立の作成状況，適切な給食時間の設定等の環境整備にかかる内容，給食の時間，教科等における指導および個別的な相談指導における教職員間の連携状況など，その取り組み状況を評価し課題を明らかにすることも大切である。

2）評価指標の設定

　これらの実態把握を通して，子どもたちの食に関する課題を解決するために，評価指標を設定する。評価指標を設定することによって，年度内に子どもたちの目指す姿がより具体化される。評価指標の設定にあたっては，学校の教育目標や子どもたちの実態調査の結果に照らして段階的に設定する方法がある。子どもの実態を把握する上では，6つの「食育の視点」を踏まえるとよい。

　また，食に関する自校の教職員，組織，家庭・地域の実態に照らして，課題を生み出している原因の中から，課題性（自校の食育を推進するために改善しなければならないことは何か），緊急性（すぐに改善しなければならないことは何か），方向性（教職員が食育推進のために実践することは何か）の観点から焦点化して評価指標を設定する。

3）食に関する指導の目標の設定

　各学校において学校の教育目標に基づき，子どもたちに育成しなければならない「食に関する指導の目標」を設定する。その際，学習指導要領で各教科等に示された3つの資質・能力や国が『食に関する指導の手引（第二次改訂版）』で示す6つの「食育の視点」を踏まえて設定する。

　また，学校における食に関する指導の目標を踏まえ，各学年の目標を設定する必要がある。その際，各学年の児童・生徒の実態や発達の段階などを考慮する。具体的には，小学校の低学年の場合は，基本的な生活習慣が定着するよう，適切な題材の設定が求められる。

　また，中学年の場合は，問題を自分のものとして真剣に考えることができるようにし，具体的な解決方法や目標を決めて，一定の期間継続して取り組めるように設定する。

　高学年の場合は，思春期に差し掛かり，心身ともに大きく変化する時期なので，食育などに関する悩みの解消などを重視し，自己の問題について真剣に受け止め，資料などを参考に自己に合った実現可能な解決方法を決め，目標をもって粘り強く努力できるよう設定する。

　そして，中学校においては，小学校の段階で生徒が，どのような食育を経験してきているのかを生徒が入学してくる小学校と十分に連携を図り，情報を収集して，生徒のこれまでの学びの上に目標を設定していくことが大切である。

4）食育推進組織

　全校体制で組織的に食育が推進できるよう，校長を責任者として，食育・学校給食に関する各種計画の策定および進行管理をする委員会等を設置することが望ましい。委員会等の設置が難しい場合は，学校給食委員会，学校保健委員会等既存の委員会等を活用する。全体計画に推進組織を明記することにより全校体制で食育を推進することが確認できる。

5）食に関する指導の体系

　食に関する指導は，「教科等における食に関する指導」，「給食の時間における食に関する指導」，「個別的な相談指導」の3つに体系化されている。全体計画を作成するに当たり，それぞれを関連づけ，この3つをしっかり位置づける必要がある。

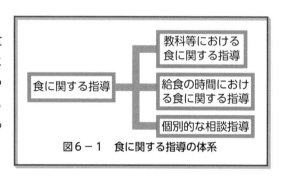

図6－1　食に関する指導の体系

6）地場産物の活用

　物資選定委員会について，構成委員や活動内容，開催回数などを明確に示す。また，給食の時間や教科等における食に関する指導，体験活動等において，地場産物と関連づけた指導ができるようにする。

7）家庭・地域との連携

　地域食育推進委員会や学校運営協議会など学校と地域のネットワークを活用し食育を推進するとともに，学校のホームページや学校だより，自治会の広報誌など学校から家庭や地域への情報発信の具体的な手段について明確に示す必要がある。

8）食育推進の評価

　自校の全体計画に基づいて，食に関する指導が計画どおりに推進されたのか，学校給食の管理，連携・調整がどの程度充実したのかなどについて評価を行い，その結果を次年度に生かすようにする。その際，定性的な評価と成果指標を設定した定量的評価を行うことが大切である。

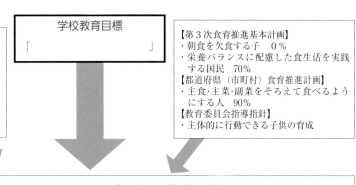

【児童の実態】
・朝ごはんを毎日食べる児童　○%
・好き嫌いがある児童　○%
・肥満傾向の児童　○%
・給食残食率　○%
【保護者・地域の実態】
・朝ごはんを毎日食べる　○%
・野菜摂取量　○g　（○○○）調査

【第3次食育推進基本計画】
・朝食を欠食する子　0%
・栄養バランスに配慮した食生活を実践する国民　70%
【都道府県（市町村）食育推進計画】
・主食・主菜・副菜をそろえて食べるようにする人　90%
【教育委員会指導指針】
・主体的に行動できる子供の育成

学校教育目標
「　　　　　　　　　　　　　　」

食育の視点

◇食事の重要性
◇心身の健康
◇食品を選択する能力
◇感謝の心
◇社会性
◇食文化

食に関する指導の目標

（知識・技能）○○○を理解し，○○○を身に付けている。
（思考力・判断力・表現力等）●●●について考え，●●●ができる。
（学びに向かう力・人間性等）□□□を実現したり，□□□しようとしたりする態度を身に付けている。

幼稚園・保育所 幼保連携型 認定こども園	各学年の食に関する指導の目標			中学校
	1，2年	3，4年	5，6年	
幼稚園・保育所・幼保連携型認定こども園のねらいや連携に関する方針等を記述する	○○が分かる。 ●●できる。 □□ができる。	○○○が分かり，○○○しようとする。 ●●●できる。 □□□ができる。	○○○○を理解し，○○○○できる。 ●●●●し，●●●●できる。 □□□□して，□□□□ができる。	中学校の目標や連携に関する方針等を記述する

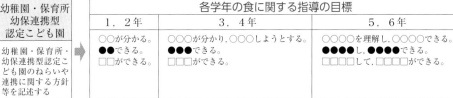

食育推進組織（○○委員会）
　委員長：校長（副委員長：副校長・教頭）
　委員：栄養教諭，主幹教諭，教務主任，保健主事，養護教諭，学年主任，給食（食育）主任，体育主任，学級担任
　　　　※必要に応じて，保護者代表，学校医・学校歯科医・学校薬剤師の参加

食に関する指導
┬教科等における食に関する指導：関連する教科等において食に関する指導の視点を位置付けて指導
│　　　　　　　　　　　　　　社会，理科，生活，家庭，体育，道徳，総合的な学習の時間，特別活動　等
├給食の時間における食に関する指導：┬食に関する指導：献立を通して学習，教科等で学習したことを確認
│　　　　　　　　　　　　　　　　　└給食指導：準備から片付けまでの一連の指導の中で習得
└個別的な相談指導：肥満・やせ傾向，食物アレルギー・疾患，偏食，スポーツ，○○

地場産物の活用
　物資選定委員会：年○回，構成委員（○○，○○），活動内容（年間生産調整及び流通の確認，農場訪問（体験）計画）
　地場産物等の校内放送や指導カードを使用した給食時の指導の充実，教科等の学習や体験活動と関連を図る，○○

家庭・地域との連携
　積極的な情報発信，関係者評価の実施，地域ネットワーク（人材バンク）等の活用
　学校だより，食育（給食）だより，保健だより，学校給食試食会，家庭教育学級，学校保健委員会，講演会，料理教室
　自治体広報誌，ホームページ，公民館活動，食生活推進委員・生産者団体・地域食育推進委員会，学校運営協議会，
　地域学校協働本部，○○

食育推進の評価
　活動指標：食に関する指導，学校給食の管理，連携・調整
　成果指標：児童の実態，保護者・地域の実態

図6-2　食に関する指導の全体計画①（小学校の例）

資料：文部科学省『食に関する指導の手引（第二次改訂版）』2019，p.42

表6-2　食に関する指導の全体計画②(小学校の例)

教科等			4月	5月	6月	7月	8～9月
学校行事等			入学式	運動会	クリーン作戦	集団宿泊合宿	
推進体制	進行管理			委員会		委員会	
	計画策定		計画策定				
教科・道徳等／総合的な学習の時間	社会		県の様子【4年】,世界の中の日本,日本の地形と気候【5年】	私たちの生活を支える飲料水【4年】,高地に住む人々の暮らし【5年】	地域にみられる販売の仕事【3年】,ごみのしょりと再利用【4年】寒い土地のくらし【5年】日本の食糧生産の特色【5年】,狩猟・採集や農耕の生活,古墳,大和政権【6年】	我が国の農家における食料生産【5年】	地域に見られる生産の仕事(農家)【3年】,我が国の水産業における食料生産【5年】
	理科			動物のからだのつくりと運動【4年】,植物の発芽と成長【5年】,動物のからだのはたらき【6年】	どれくらい育ったかな【3年】,暑くなると【4年】,花から実へ【5年】,植物のからだのはたらき【6年】	生き物のくらしと環境【6年】	実がたくさんできたよ【3年】
	生活		がっこうだいすき【1年】	たねをまこう【1年】,やさいをそだてよう【2年】→		→	秋のくらし　さつまいもをしゅうかくしよう【2年】
	家庭			おいしい楽しい調理の力【5年】	朝食から健康な1日の生活を【6年】		
	体育				毎日の生活と健康【3年】		
	他教科等		たけのこぐん【2国】	茶つみ【3音】	ゆうすげむらの小さな旅館【3国】	おおきなかぶ【1国】海のいのち【6国】	
	道徳		自校の道徳科の指導計画に照らし,関連する内容項目を明記すること。				
	総合的な学習の時間			地元の伝統野菜をPRしよう【6年】―			
特別活動	学級活動 *食育教材活用		給食がはじまるよ*【1年】	元気のもと朝ごはん*【2年】,生活リズムを調べてみよう*【3年】,食べ物の栄養*【5年】	よくかんで食べよう【4年】,朝食の大切さを知ろう【6年】	夏休みの健康な生活について考えよう【6年】	弁当の日のメニューを考えよう【5・6年】
	児童会活動		残菜調べ,片付け点検確認・呼びかけ目標に対する取組等(5月:身支度チェック,12月:リクエスト献立募集・集計)掲示(5月:手洗い,11月:おやつに含まれる砂糖,2月:大豆の変身)		給食委員会発表「よく噛むことの大切さ」		
	学校行事		お花見給食,健康診断		全校集会		遠足
	給食の時間	給食指導	仲良く食べよう　給食のきまりを覚えよう　楽しい給食時間にしよう		楽しく食べよう　食事の環境について考えよう		食べ物を大切にしよう　感謝して食べよう
		食に関する指導	給食を知ろう　食べ物の働きを知ろう　季節の食べ物について知ろう				食べ物の名前を知ろう　食べ物の三つの働きを知ろう　食生活について考えよう
学校給食の関連事項	月目標		給食の準備をきちんとしよう	きれいなエプロンを身につけよう	よくかんで食べよう	楽しく食事をしよう	正しく配膳をしよう
	食文化の伝承		お花見献立	端午の節句		七夕献立	お月見献立
	行事食		入学進級祝献立,お花見献立		カミカミ献立		祖父母招待献立,すいとん汁
	その他			野菜ソテー	卵料理		
	旬の食材		なばな,春キャベツ,たけのこ,新たまねぎ,きよみ	アスパラガス,グリーンピース,そらまめ,新たまねぎ,いちご	アスパラガス,じゃがいも,にら,いちご,びわ,アンデスメロン,さくらんぼ	おくら,なす,かぼちゃ,ピーマン,レタス,ミニトマト,すいか,プラム	さんま,さといも,ミニトマト,とうもろこし,かぼちゃ,えだまめ,きのこ,なす,ぶどう,なし
	地場産物		じゃがいも	こまつな,チンゲンサイ,じゃがいも	こまつな,チンゲンサイ,なす,ミニトマト	なす,ミニトマト	こまつな,チンゲンサイ,たまねぎ,じゃがいも
			地場産物等の校内放送や指導カードを使用した給食時の指導充実。教科等の学習や体験活動と関連を図る。推進委員会(農場訪問(体験)の計画等)				推進委員会
個別的な相談指導				すこやか教室		すこやか教室(面談)	
家庭・地域との連携			積極的な情報発信(自治体広報誌,ホームページ),関係者評価の実施,公民館活動,地域ネットワーク(人材バンク)等の活用				
			学校だより,食育(給食)だより,保健だよりの発行・朝食の大切さ・運動と栄養・食中毒予防・夏休みの食生活・食事の量				・地元の野菜の特色
				学校公開日	学校給食試食会	公民館親子料理教室	家庭教育学級

10月	11月	12月	1月	2月	3月
就学時健康診断	避難訓練				卒業式
委員会		委員会		委員会	
		評価実施	評価結果の分析	計画案作成	
			市の様子の移り変わり【3年】，長く続いた戦争と人々のくらし【6年】	日本とつながりの深い国々【6年】	
		水溶液の性質とはたらき【6年】	物のあたたまりかた【4年】		
食べて元気!ごはんとみそ汁【5年】	まかせてね今日の食事【6年】				
	育ちゆく体とわたし【4年】		病気の予防【6年】		
サラダで元気【1国】，言葉の由来に関心をもとう【6国】	くらしの中の和と洋【4国】，和の文化を受けつぐ【5国】	プロフェッショナルたち【6国】	おばあちゃんに聞いたよ【2国】	みらいへのつばさ(備蓄計画)【6算】	うれしいひなまつり【1音】
					→
食べ物はどこから*【5年】	食事をおいしくするまほうの言葉*【1年】，おやつの食べ方を考えてみよう*【2年】，マナーのもつ意味*【3年】，元気な体に必要な食事*【4年】		食べ物のひみつ【1年】，食べ物の「旬」*【2年】，小児生活習慣病予防健診後指導【4年】	しっかり食べよう　3度の食事【3年】	
					→
	生産者との交流給食会		学校給食週間の取組		
	交流給食会		給食感謝の会		
			給食の反省をしよう		
			1年間の給食を振り返ろう		
			食べ物に関心をもとう 食生活を見直そう 食べ物と健康について知ろう		
後片付けをきちんとしよう	食事のあいさつをきちんとしよう	きれいに手を洗おう	給食について考えよう	食事マナーを考えて食事をしよう	1年間の給食をふりかえろう
和食献立	地場産物活用献立	冬至の献立	正月料理	節分献立	和食献立
		クリスマス献立	給食週間行事献立	リクエスト献立	卒業祝献立(選択献立)
みそ汁(わが家のみそ汁)	伝統的な保存食(乾物)を使用した料理			韓国料理，アメリカ料理	
さんま，さけ，きのこ，さつまいも，くり，かき，りんご，ぶどう	新米，さんま，さけ，さば，さつまいも，はくさい，ブロッコリー，ほうれんそう，ごぼう，りんご	のり，ごぼう，だいこん，ブロッコリー，ほうれんそう，みかん	かぶ，ねぎ，ブロッコリー，ほうれんそう，キウイフルーツ，ぽんかん	しゅんぎく，ブロッコリー，ほうれんそう，みかん，いよかん，キウイフルーツ	ブロッコリー，ほうれんそう，いよかん，きよみ
こまつな，チンゲンサイ，たまねぎ，じゃがいも，りんご	たまねぎ，じゃがいも，りんご		たまねぎ，じゃがいも		
		推進委員会		推進委員会(年間生産調整等)	
	すこやか教室 管理指導表提出		個別面談		個人カルテ作成
・地場産物のよさ ・日本型食生活のよさ			・運動と栄養・バランスのとれた食生活・心の栄養		
	学校保健委員会，講演会				

資料：文部科学省『食に関する指導の手引（第二次改訂版）』2019, p.44〜45

4. 食育推進の評価

　学校における食育の評価には，食育の推進に対しての評価と，食育の学習に対しての評価がある。ここでは食育の推進に対する評価を述べる。

　学校における食育は，学校教育活動全体を通じて組織的・計画的・継続的に推進することにより，成果が期待できる。その成果を検証するためには，「食育の推進体制や計画の推進状況は適切であったか」，「計画推進の結果得られた効果はどうであったか」等，多面的に評価を行うことが大切である。評価にあたっては，校長のリーダーシップのもと推進組織における検討を充分に踏まえて実施することが重要である。その際，栄養教諭は専門的な立場から，評価指標や評価項目の設定，評価内容，評価方法等の検討について中核として参画し，評価を実施するための資料の取りまとめや評価結果の活用などについて取り組むことになる。

1）評価の考え方

　評価を行うにあたっては，食育推進の成果や栄養教諭の配置効果などを明確にすることが大切である。計画策定時に設定した評価指標に基づき，取り組み状況や取り組みの成果などについて，「成果指標」と「活動指標」を用いて総合的に評価を行う。そして，取り組み状況の評価と取り組みの成果の関連等について検討し，食育の成果と課題を整理・分析する。

　その際，栄養教諭は，学級担任や養護教諭などと連携を図るとともに，食育推進組織により，組織的な対応を行うことが大切である。また，評価項目によっては，必要に応じて保護者や学校関係者に評価に関する協力を依頼することで，より客観的な評価が可能となる。

> 〔成果指標〕
> 　事業の目的・目標の達成度，また，成果の数値目標に対する評価である。具体的な評価指標としては，肥満度等の健康診断結果の変化，生活習慣病の有病者予備群等の変化，子どもや保護者の意識変化や行動変容などがある。また，体力向上や生活習慣の改善などが考えられる。
> 〔活動指標〕
> 　目的・目標の達成のために行われる事業の結果に対する評価で，評価指標としては，食育指導実施率，食育指導の継続率，親子給食の回数，食育研修の回数などが考えられる。

2）評価の進め方

　評価は，食に関する指導の目的・目標を設定する際から始まる。まず，計画策定時に評価指標を設定する。評価指標を設定後，評価項目ごとに現状（現状値）を把握することが大切である。評価指標は，数値による定量的な指標から数値に表すのが難しい定性的な指標まで様々なものが想定される。活動指標だけでなく，成果指標についても設定し，総合的な評価につなげていくことが重要である。

　食育の実践後は，成果指標により取り組みの成果について評価するとともに，活動指標により取り組みの状況等を評価する。

①現状と課題を把握し，食に関する指導の目的・目標を明確にする
↓
②成果指標や活動指標などの評価項目を設定する
↓
③評価項目ごとに現状（現状値）を把握し，目標（目標値）を設定する
↓
④実態に応じた教材や指導内容等を年間指導計画に入れて食育を実践する
↓
⑤成果指標と活動指標の評価項目ごとに評価を行う
↓
⑥事前と事後に行った評価を比較検討して，結果を整理・分析する
↓
⑦整理・分析したものを成果と課題としてまとめ，次年度への目標や評価指標に活かせるようにする

図6－3　評価の進め方（例）

成果指標については，栄養教諭が関係の教職員と連携を図り状況を把握し，活動指標については，全教職員を対象にして取り組み状況等を把握する。さらに，食育推進組織において，事前と事後に行った評価を比較検討して，結果を整理・分析し，食育の成果と課題を明確にしたものを全教職員が職員会議等で共有するとともに，次年度への目標や評価指標の設定に活かせるようにすることが重要である（図6－3）。

3）学校評価との関連

食育の評価を実施する中で，把握した食育の成果や課題について教職員が共通理解を図り，「学校評価」を行う際の基礎資料として活用することが可能である。また，「学校評価」の中に「食育」を位置づけることは，食育に対する教職員の認識を高め，保護者や地域との連携を促進するなど，学校における食育の推進につながる。

「学校評価」は学校教育法に基づくもので，教職員が行う「自己評価」，保護者・地域住民などが行う「学校関係者評価」，外部の専門家等が行う「第三者評価」があるが，まずは，「自己評価」（教職員による評価）を基本とし，必要に応じて，「学校関係者評価」や「第三者評価」など保護者，地域の方々，外部の専門家等にも協力を得ながら評価を行う。

なお，学校評価における「自己評価」の結果については，その結果を公表することとなっており，食育の成果等と合わせて，周知・啓発を図ることにより，学校・家庭・地域が連携した取り組みが推進されることが期待できる。

【参考文献】

・文部科学省『栄養教諭を中核としたこれからの学校の食育』2017
・文部科学省『食に関する指導の手引（第二次改訂版）』2019

第7章 「食に関する指導」の展開

食に関する指導を行うにあたっては，その効果をあげるために，子どもや家庭の実態，学校や地域の様子などについて十分に把握しておかなければならない。本章では，第6章で示した全体計画をふまえて子どもの実態に応じてどのように指導計画を作成すればよいのか，また教科や特別活動などと関連づけた指導をどのように行えばよいのか，さらに食に関する指導のさまざまな実践と，それに対する成果および評価のあり方について述べる。

1. 指導内容の整理と指導計画

効果的な食に関する指導を行うためには，調査結果から浮かび上がった子どもや家庭，地域等の実態をもとにそれぞれの発達段階に応じた指導計画を作成しなければならない。子どもたちの発達段階については，学習指導要領を参考にしながら給食訪問や授業の中で子どもをよく観察し，学級担任から話を聞きながら学んでいくことが大切である。食に関する指導において子どもたちの発達段階を知るためには，文部科学省の『食に関する指導の手引（第二次改訂版)』を参考にするとよい。またここで，食に関する指導の基本的な考え方と内容について，発達段階に応じて十分に押さえておく必要がある。

さらに，指導計画の作成にあたっては，学習指導要領に基づき，各教科のどの単元で食に関する指導を行うことができるのかを調べ，一覧表にまとめておくとわかりやすい。

指導計画の作成方法の実際については，具体例を用いながら説明していく。まず，子どもの実態調査から次のような実態が浮かび上がってきたと仮定しよう。

〈食生活実態調査から〉
① 朝食欠食や食事の内容の乏しい子どもが多い。
② 偏食の子どもが多い（特に野菜嫌いが多い)。
③ 食に対する関心が薄い。

これらの実態と食に関する指導の内容をもとに，次の手順で指導計画を作成していく。

まず学年ごとに発達段階に応じた目標を決める。そして重点指導項目として実態から3点をあげ，発達段階に応じて食に関する指導内容と照らし合わせながら具体的な指導内容を決めていく。重点指導項目については，各学年の実態に合わせてどの項目を取り上げるかを選んでもよいであろう。ここでは，文部科学省が示している食に関する指導の内容等を参考にして，指導の目標や内容を整理する (**表7-1**)。

次に，これらの内容をどの教科と関連させ，またどのように特別活動の時間を計画し，教材となる給食献立をどのように作成するかなどを示した指導計画を作成する (**表7-2**)。

作成にあたっては学校の年間教育計画を参考にして，いつ頃どの単元を学習するのかを押さえればよい。これらの表を作成するために，次のように発達段階と教科を押さえていく。

1）小学校低学年

　小学校低学年における食に関する指導の内容と深くかかわりのある教科として，まず生活科があげられる。例えば，「がっこうたんけんをしよう」の単元では給食室を見学するときに，そこで働く人たちに感謝の気持ちをもつことができるようにする。また，子どもたちに給食づくりを通して食に対する関心を深めていくこともできる。「やさいをそだてよう」の単元では実際に野菜などを栽培することで，その命をもらっていることを押さえることができる。

　直接その教科のねらう目標とは異なるが，食に対する関心を深める内容を取り上げている教科もある。例えば，国語「サラダでげんき」，「さとうとしお」などである。また道徳でも取り上げられているものもある。これらの単元をもっと深く子どもたちに指導していきたいが，教科の中で触れられないものについては学級担任と相談し，学級活動の時間に計画していくとよい。また，毎日の給食の時間を十分に活用することも大切である。

2）小学校中学年

　小学校中学年で食に関する内容を学習する教科として，社会・理科・体育があげられる。社会では「農家のしごと」や「わたしたちの県」などで自分の身近なところで給食の材料が作られていたり，地域の人々と自分の食生活に深いつながりがあったりすることを指導することで，食に対する関心を深めることができる。体育では「毎日の生活と健康」で1日3度の食事をとることの大切さを，「体の発達・発育」で体の成長には栄養のバランスのとれた食事が大切であることを押さえる。ここでは朝食や食事の内容，偏食について触れることができる。

　直接その教科のねらう目標とは異なるが，食に対する関心を深める内容を取り上げている教科として国語「くらしの中の和と洋」，音楽「茶つみ」などがある。また道徳でも取り上げられているものもある。低学年と同様にこれらの単元をもっと深く子どもたちに指導していきたいものについては学級担任と相談し，学級活動の時間に計画していくとよい。また，毎日の給食の時間を活用して，指導の内容を確認し深めていくことも大切である。

3）小学校高学年

　小学校高学年で食に関する内容を学習する教科として，社会・理科・体育・家庭科があげられる。社会科では「わたしたちの生活と食料生産」で食料の生産・流通・消費について，「縄文のむらから古墳のくにへ」で米の歴史について押さえていく。ここで食に対する関心を深められるように指導していくとよい。また，理科では「動物のからだのはたらき」，体育では「病気の予防」，家庭科では「食べて元気に」などで，体と健康，食事の関係について押さえていくが，ここで朝食や食事内容，偏食について触れることができる。また体育や家庭

食育の視点

○食事の重要性，食事の喜び，楽しさを理解する。
○心身の成長や健康の保持増進の上で望ましい栄養や食事のとり方を理解し，自ら管理していく能力を身に付ける。
○正しい知識・情報に基づいて，食物の品質および安全性等について自ら判断できる能力を身に付ける。
○食物を大事にし，食物の生産等にかかわる人々へ感謝する心をもつ。
○食事のマナーや食事を通じた人間関係形成能力を身に付ける。
○各地域の産物，食文化や食にかかわる歴史等を理解し，尊重する心をもつ。

表7−1　子どもの実態をもとにした食に関する指導の内容整理（例）

		学　年	食事の重要性	心身の健康	食品を選択する能力	感謝の心	社会性	食文化
小学校低学年	学年の目標	○食べ物に興味をもち，よい食事の仕方を身に付けることができる。○みんなと仲良く，楽しく，感謝して食事ができる。 / 1年	・食べ物に興味・関心をもつ。・楽しく食事ができる。・朝食の大切さがわかる。	・嫌いな食べ物でも親しみをもつことができる。・正しい手洗いができる。	・食べ物の名前がわかる。	・食事を作ってくれた人に感謝する。・いただきますとごちそうさまの意味がわかり，挨拶ができる。	・友だちと仲良く食べる。・正しいはしの使い方がわかる。・正しい食器の並べ方がわかる。・給食の準備，後片付けができる。	・自分の住んでいる身近な土地でとれた食べ物を知る。
		2年	・食べ物に興味・関心をもつ。・食べ物には命があることがわかる。	・好き嫌いせずに食べようとする。・よく噛んで食べることの大切さがわかる。・よい姿勢で落ち着いて食べることができる。	・いろいろな食べ物の名前がわかる。	・食事を作ってくれる人の努力を知る。・心を込めて，いただきますとごちそうさまの挨拶ができる。	・みんなと協力して給食の準備，後片付けができる。・正しいはしの使い方ができる。・食器を正しく並べられ，正しく持って食べることができる。	・季節や行事にちなんだ料理があることを知る。
	重点指導項目	偏食(野菜嫌い)	野菜の命をもらっていることを知る。	多くの野菜に親しみをもつ。少しずつ努力して食べようとする。	いろいろな野菜の名前を知る。	野菜を作ってくれた人に感謝して食べることができる。		近くでとれた野菜を知る。
		食に対する関心	食べることは食べ物の命をもらっていることを知る。	たくさんの食べ物に親しみをもつ。	いろいろな食品の名前を覚える。	食事のときの挨拶の意味を知り，感謝して食べることができる。	正しいはしの持ち方を知る。	季節の料理や行事食を知る。
		関連の深い教科等	特別活動	特別活動	特別活動	生活科，道徳，特別活動	生活科，道徳，特別活動	生活科

		学　年	食事の重要性	心身の健康	食品を選択する能力	感謝の心	社会性	食文化
小学校中学年	学年の目標	○料理の名前や食べ物の働きがわかり，衛生に気を付けながら，バランスよく食べることができる。○地域の産物を知るとともに，給食を通して明るい社交性を養う。 / 3年	・3食規則正しく食事をとることの大切さがわかる。	・好き嫌いせずに残さず食べようとする。・よく噛んで食べることができる。・健康に過ごすためには食事が大切なことがわかる。	・いろいろな料理の名前がわかる。・食品の安全・衛生について，大切だということがわかる。	・食事は多くの人々の努力があって作られることを知り，感謝の気持ちをもって食べることができる。	・食事のマナーを考えて楽しく食事ができる。・楽しく給食を食べるために，みんなで協力できる。	・季節や行事にちなんだ料理があることがわかる。
		4年	・楽しく食事をすることが心身の健康に大切なことがわかる。	・健康に過ごすことを意識して，いろいろな食べ物を好き嫌いせずに食べようとする。	・衛生的に給食の準備や食事，後片付けができる。	・自然の恵みに感謝して食べることができる。	・楽しい会話をしながら食べることができる。・楽しく給食を食べるために，みんなで協力して工夫ができる。	・地域の産物に興味をもち，日常の食事と関連付けて考えることができる。
	重点指導項目	朝食欠食・食事内容	朝食の大切さを知る。	食事の内容に関心をもつ。	朝食に登場する料理の名前を知る。	食事を作ってくれる人に感謝して食べる。	楽しく朝食を食べる工夫ができる。	地域の産物について知り，朝食に取り入れようとする。
		偏食(野菜嫌い)	1日3度の食事で野菜をしっかり食べることができる。	野菜の大切さがわかる。	野菜の料理をたくさん覚える。	食事を作ってくれる人々の努力や，自然の恵みに感謝する。		地域でとれる野菜について知り，自分の食事に取り入れようとする。
		食に対する関心	自分の生活の中の，3回の食事の重要性を知る。	食べ物はそれぞれが素晴らしい力をもっていることを知り，何でも食べることができる。	毎日の給食で料理や食品について確認する。	食にかかわる人々の努力や自然の恵の素晴らしさを知り，感謝して食べる。	食に関する話題を見つけ，みんなで楽しく会食する。	地域の産物について関心をもち，積極的に自分の食事に取り入れようとする。
		関連の深い教科等	体育，特別活動	体育，特別活動	理科，体育，特別活動	理科，社会，道徳，特別活動	道徳，特別活動	社会，道徳，特別活動

小学校高学年

学　年		食事の重要性	心身の健康	食品を選択する能力	感謝の心	社会性	食文化
学年の目標	○日常における食事について，望ましい習慣と実践力を身に付け，食品の組合せや衛生について，考えて食べることができる。 5年	・日常の食事に興味・関心をもつことができる。・朝食をとることの大切さを理解し習慣化している。	・栄養バランスのとれた食事の大切さがわかる。・食品の3つの働きがわかり，好き嫌いせずに食べることができる。	・食品の安全・衛生について考えることができる。	・生産者や自然の恵みに感謝し残さず食べることができる。	・協力して食事の準備，後片付けを実践しようとする。	・特産物を理解し，日常の食事と関連付けて考えることができる。
	○郷土の食文化や外国とのかかわりについて知るとともに，食料の生産・流通・消費について正しく理解し，感謝の気持ちをもつことができる。 6年	・楽しく食事をすることが，人と人とのつながりを深め，豊かな食生活につながることがわかる。	・食事が体に及ぼす影響や食品をバランスよく組み合わせて食べることの大切さを理解し，1食分の食事が考えられる。	・食品の衛生に気を付けて，簡単な調理をすることができる。・衛生的に食事の準備や後片付けができる。	・食事にかかわる多くの人々や自然の恵みに感謝し，残さず食べることができる。	・楽しい食事を通して，相手を思いやる気持ちをもつことができる。・協力して食事の準備，後片付けを進んでできる。	・食文化や食品の生産・流通・消費について理解を深める。・外国の食文化を通して，外国とのつながりを考えることができる。
重点指導項目	朝食欠食・食事内容	朝食をとることの大切さを理解し，毎日食べることができる。	健康の保持増進のためには，バランスのとれた朝食が大切であることがわかる。	衛生に気を付けて，自分で簡単な朝食を作ることができる。	食事の内容に関心をもち，感謝して残さず食べる。	楽しい雰囲気で食事ができるように努力する。	地域の産物や郷土料理について知り，進んで自分の食生活を豊かにする。
	偏食(野菜嫌い)	毎日の給食には必ず野菜が出てくることを知る。	野菜の栄養について知り，健康を考え，好き嫌いせずに食べる。	衛生に気を付けて野菜の調理ができる。	生産者や自然の恵みに感謝し，残さず野菜を食べることができる。	楽しい食事の場を通して，お互いに苦手なものでも食べようとする雰囲気を作る。	野菜の生産や流通について知る。
	食に対する関心	健康と食事の関係について自分のこととしてとらえ，関心を深めることができる。	健康と食事の関係について自分のこととしてとらえ，1食分の食事について考えることができる。	衛生に気を付けて，自分で簡単な調理ができる。	食べ物や食事の内容に関心をもち，感謝して残さず食べる。	楽しい雰囲気で食事ができるように努力する。	身近な食文化や歴史，また外国の食文化について関心をもつ。
	関連の深い教科等	体育，家庭科，特別活動	理科，体育，家庭科，特別活動	家庭科，特別活動	社会，理科，道徳，特別活動	道徳，特別活動	社会，道徳，特別活動

中学生

学　年		食事の重要性	心身の健康	食品を選択する能力	感謝の心	社会性	食文化
学年の目標	○望ましい食習慣を身に付け，自ら進んで健康な食生活を送ることができる。○わが国の食文化や外国の食文化について理解をもち，食料や環境を大切に考え，感謝の気持ちをもって食事をすることができる。	・毎日規則正しく食事をとることができる。・食環境と自分の食生活とのかかわりについて理解することができる。・生活の中で食事が果たす役割や健康とのかかわりを理解する。	・自分の生活や将来の課題を見つけ，望ましい食事の仕方や生活習慣を理解し，自らの健康を保持増進しようとする。・身体の発達に伴う必要な栄養や食品に含まれる栄養素の種類と働きを知り，中学生の時期の栄養について理解する。・1日分の献立を踏まえ，簡単な日常食の調理ができる。	・食品の安全・衛生について判断し，適切な取り扱いができる。・食品に含まれている栄養素や働きがわかり，品質の良否を見分け，適切な選択ができる。・食品の安全で衛生的な取り扱いができる。	・生産者や自然の恵みに感謝し，食品を無駄なく使って調理することができる。	・会食について関心をもち，楽しい食事を通して望ましい人間関係をよりよく構築しようとする。・環境や資源に配慮した食生活をしようとする。	・食文化や歴史と自分の食生活との関連を考えることができる。・食品の生産，流通，消費について正しく理解することができる。
重点指導項目	朝食欠食・食事内容	朝食のもつ役割を理解し，毎日食べる。	望ましい朝食について理解し，自ら調理することができる。	新鮮な食材を選び，衛生に配慮して朝食を作ることができる。	生産者や自然の恵みに感謝し，無駄なく朝食を作ることができる。	食べ物や食事の内容を話題にしながら，楽しく和やかな雰囲気で朝食を食べることができる。	広い視野に立って食料について理解し，自らの食生活に積極的に取り入れていこうとする。
	偏食(野菜嫌い)	食事の役割と健康を考え，毎日野菜を食べなければいけないことを理解する。	野菜の栄養や調理について理解し，野菜を使った調理ができる。	新鮮で安全な野菜を選び，衛生に配慮して調理ができる。	自分と自然の成り立ちを理解し，感謝して無駄なく野菜を食べることができる。	苦手な食べ物や料理があっても，楽しく和やかな雰囲気で食事をすることができる。	地域でとれる野菜と郷土料理について知るとともに，野菜の生産や流通，消費について正しく理解する。
	食に対する関心	健康と食事の関係について自分のこととしてとらえ，広い視野で興味，関心を深める。	健康と食事の関係について自分のこととしてとらえ，一日分の食事を考え，調理ができる。	新鮮で安全な食品を選び，衛生に配慮して調理ができる。	自分と自然の成り立ちを理解し，感謝して無駄なく，いろいろな食品を食べることができる。	食べ物や食事の内容を話題にしながら，楽しく和やかな雰囲気で食事をすることができる。	歴史的，国際的な視野に立って食文化を見つめ，自分にかかわる食について関心を深める。
	関連の深い教科等	保健体育，技術・家庭，特別活動	理科，保健体育，技術・家庭，特別活動	技術・家庭，特別活動	社会，理科，道徳，特別活動	道徳，特別活動	社会，道徳，特別活動

表7−2　食に関する指導の全体計画（例）（教科等との関連と教材となる献立）

	1年	2年	3年	4年
4月	(国) えんぴつをつかうときにたしかめよう (学) 手洗いのしかた	(国)「詩」たけのこぐん (生) やさいをそだてよう (道) わたしの学校	(理) たねをまこう	(社) 私たちの県 　・日本地図を広げて (理) 動物の体のつくりと運動
5月	(国) さとうとしお (生) ともだちとがっこうをたんけんしよう (生) がっこうにいるひととなかよくなろう (学) 楽しい給食のしかた	・やさいのせわをつづけよう	(学) 給食の運搬と配膳の仕方を考えよう (音) 茶つみ	(社) すみよいくらしをつくる 　・水はどこから
6月	(生) がっこうでみつけたことをつたえよう (生) たねをまこう (道) ぼくはきゅうしょくとうばん	・やさいをしゅうかくしよう	(理) どれくらい育ったかな (社) 農家の仕事 (保) 毎日の生活とけんこう	(社) ごみのしょりと利用 (道) たな田がへん身
7月	(国) 大きなかぶ (国) えにっきをかこう (音) たなばたさま	・やさいのことをまとめよう	(理) 花がさいたよ (社) 農家の仕事 (社) 工場の仕事 (国) 書き手のくふうを考えよう (学) 夏休みの過ごし方について考えよう	(学) 夏休みの過ごし方
8月 9月	(国) あるけあるけ／おおきくなあれ (学) そうじ，給食の係を決めよう	(学) すきなものだけ食べないで（バランスの取れた食事） (生) ふゆやさいをそだてよう	(理) 実ができたよ (音) うさぎ (社) はたらく人とわたしたちのくらし　店ではたらく人 (学) 2学期の係や当番を決めよう	(国) 一つの花
10月	(国) サラダでげんき (道) おしょうがつ	(音) おまつりの音楽 (道) うちこみうどん	(学) しっかり食べよう，3度の食事 (音) 十五夜さんのもちつき (社) 店ではたらく人 (道) ひょうげまつり	(国) くらしの中の和と洋 (社) 郷土の発展につくす (道) つながっている日本と外国
11月	(学) 食べ物のひみつを知ろう（朝ごはん） (道) ぼくのこときみのこと	(生) まちたんけん (道) 赤い草のめ（自然愛）	(社) 店ではたらく人 (保) 毎日の生活とけんこう	(国) つなぐ言葉の働き (社) 郷土の発展につくす
12月	(生) じぶんでできることをしよう (道) サバンナのこども	(国) かさこじぞう (生) まちのすてきをつたえよう (学) かぜの予防 (学) 冬休みの過ごし方 (道) 行ってみたいな	(理) 物の重さをくらべよう (学) 冬休みの過ごし方について考えよう	(国)「ふるさとの食」を伝えよう (理) もののあたたまり方 (体) 体の発育・発達 (社) 郷土の発展につくす
1月	(音) おしょうがつ (学) 給食，そうじ当番を決めよう (学) 病気の予防	(国) おばあちゃんに聞いたよ (生) 大きくなった自分のことをふりかえろう (道) みかんの木の寺	(学) 3学期の係や当番を決めよう	(社) 郷土の発展につくす 　・特色ある地域と人々のくらし (国) 百人一首の世界 (理) 水のすがたと温度 (道)「へこたれない」きせきのりんご
2月		(生) やさいをしゅうかくしよう (生) 楽しいおでんパーティーをしよう	(国) ゆうすげ村の小さな旅館 (道) メニューにない料理	(社) 郷土の発展につくす 　・世界とつながるわたしたちの県 (国) 調べたことを報告しよう (学) ピザ作りをしよう
3月	(音) うれしいひなまつり (道) じしんがおきて		(国) ゆうすげ村の小さな旅館 (学) 成長を振り返ろう	

5年	6年	中学校	教材となる献立	郷土料理 国際料理
(社) わたしたちの国土 ・国土の地形の特色 (家) クッキング－はじめの一歩－ ・なぜ調理をするのだろう (道) ぬぎすてられたくつ	(家) 生活をマネジメント (家) できることを増やしてクッキング (道) 心にふく風 (学) 係活動を決めよう	(国) 花曇りの向こう　1年 (国) ダイコンは大きな根?　1年 (国) 言葉を集めよう　1年 (国) 盆土産　2年	入学・進級お祝い給食（赤飯） 米 たけのこ料理	
(家) クッキング－はじめの一歩－ ・ゆでて食べよう ・工夫しておいしい料理にしよう (理) 植物の発芽と成長 (社) 低い土地のくらし／高い土地のくらし	(家) できることを増やしてクッキング (理) 動物のからだのはたらき (学) 朝ごはんの大切さを知ろう	(国) 握手　3年 (国) 新聞の社説を比較して読もう　3年 (理) 花のつくりとはたらき　1年 (理) 植物のなかま分け　1年 (理) 動物のなかま　1年 (理) 物質の成り立ち　2年 (理) 生命を維持するはたらき　2年	端午の節句 お茶料理（八十八夜） 野菜サラダ じゃがいも	沖縄県
(理) 魚のたんじょう (社) 暖かい土地のくらし／寒い土地のくらし (社) 私たちの生活と食料生産	(家) できることを増やしてクッキング ・朝ごはんコンテストに挑戦 (理) 植物のからだのはたらき (理) 生き物のくらしと環境 (社) 縄文のむらから古墳のくにへ	(理) 生物の成長とふえ方　3年 (理) 遺伝の規則性と遺伝子　3年 (社) 稲作が広まった弥生時代　1年 (社) 律令国家でのくらし・世界の食文化とその変化　1年 (社) 東アジアの貿易と南蛮人　1年 (社) 大航海時代の幕開け　2年 (社) 各地を結ぶ陸の道・海の道　2年	虫歯予防週間 （かみかみ献立） （カルシウムたっぷり献立） 夏野菜（トマト，なす，きゅうり，とうもろこし，オクラ）	イギリス
(社) くらしを支える食料生産 ・米作りのさかんな地域 (理) 魚のたんじょう (道) ほくがいるよ (学) 夏休みの過ごし方について考えよう	(理) 生き物のくらしと環境 (体) 病気の予防 (学) 夏休みの過ごし方	(社) 近代都市が生み出した大衆文化　3年 (社) 生活と一体化した日本の文化　3年 (社) 世界各地の人々の生活と環境　1年 (社) 世界の諸地域（ヨーロッパ）　1年 (社) 世界の諸地域（アジア）　1年 (社) 世界の諸地域（アフリカ）　1年	半夏生 七夕	九州 韓国
(社) わたしたちの生活と食料生産 ・水産業のさかんな地域 ・これからの食料生産とわたしたち (理) 花から実へ	(社) 貴族のくらし (道) 移動教室の夜 (道) 食べ残されたえびになみだ	(社) 世界の諸地域（北アメリカ）　1年 (社) 世界の諸地域（南アメリカ）　1年 (社) 世界の諸地域（オセアニア）　1年 (社) 日本の農業・林業・漁業とその変化　2年 (社) 日本の諸地域（九州・南西諸島）　2年 (社) 日本の諸地域（中国，四国地方）　2年 (社) 日本の諸地域（近畿地方）　2年 (社) 日本の諸地域（中部地方・中央高地）　2年	ごまを使った料理 大豆・大豆製品 月見献立 萩ごはん	アジア
(家) 食べて元気に ・なぜ毎日食事をするのだろう (国) 和の文化を受けつぐ	(家) こんだてを工夫して ・お弁当作り (社) 戦国の世から天下統一へ (道) 帰ってきたクニマス	(社) 日本の諸地域（関東地方）　2年 (社) 日本の諸地域（東北地方）　2年 (社) 日本の諸地域（北海道）　2年 (社) 日本の食料問題とこれから　3年 (英) 学校の文化祭　1年 (英) A Trip to the U.K.　2年	元気サラダ 秋祭りの献立（かきまぜずし） 主食・主菜・副菜のそろった献立	イタリア ドイツ 近畿地方
(家) 食べて元気に ・ごはんとみそ汁は食事の基本 (国) 和の文化を受けつぐ (英) What would you like?	▼(家) こんだてを工夫して ・マイ・ランチコンテストにトライ (英) Let's think about our food	(英) Pop Culture Then and Now　3年 (英) Fair Trade Event　3年 (英) 食事の会話　3年 (保) 修学旅行　3年	県魚（はまち）の日 ごはんとみそ汁の献立	フランス 中部地方
(家) 食べて元気に ・朝ごはんコンテストにトライ!	(保) 病気の予防 (英) Let's think about our food (道) 大みそかの朝に (学) 冬休みの過ごし方	(保) 体の発育・発達　1年 (保) 生活に伴う廃棄物の衛生的管理　2年 (保) 生活習慣病の予防　3年 (保) 感染症の予防　3年 (音) 「春」第一楽章　1年 (音) 「六段の調」　1年	和食の献立 冬至	関東地方
▼(家) 食べて元気に ・日常の食事に生かそう (家) 生活を支えるお金と物 (理) 人のたんじょう (道) もったいない (道) 銀のしょく台	(社) 長く続いた戦争と人々のくらし (社) 新しい日本，平和な日本へ (学) 係活動を決めよう (学) 食事マナーを見直そう (学) かぜの予防	(音) 組曲「展覧会の絵」から　2年 (音) 帰れソレントへ　3年 (音) アランフェス協奏曲　3年 (技・家) 食生活を見直そう (技・家) 健康によい食事	給食週間（24日～30日） （さぬきの郷土料理） 七草 鏡開き	アメリカ 中国 フランス
(家) 生活を支えるお金と物 (国) 資料を見て考えたことを話そう ・日本語と外国語	(理) 地球に生きる (社) 日本とつながりの深い国々 　中国，アメリカ，韓国，サウジアラビア (道) 米作りがアフリカを救う	(技・家) 食品に含まれる栄養素 (技・家) 献立作りと食品の選択 (道) 日本のお米　1年 (道) 自然教室での出来事　1年 (道) 養生訓より　1年 (道) なおしもん　1年 (道) 箱根駅伝に挑む　2年	節分（いわし料理，豆） セルフおにぎり	ロシア スペイン 韓国 北海道
(道) 心の中のりゅう	(理) 地球に生きる	(道) 根本を究めて　3年 (道) 命と向き合う　3年	ひなまつり（すし） 卒業お祝い給食（赤飯）	

科では自分の食生活について見直すきっかけを作ることもできる。

　直接その教科のねらう目標とは異なるが，食に対する関心を深める内容を取り上げている教科として国語「和の文化を受けつぐ」などがある。また道徳で取り上げられているものもある。低・中学年と同様にこれらの単元を表の上で整理し，もっと深く指導していきたいと考えるものについては学級担任と相談し，学級活動の時間に計画していくとよい。総合的な学習の中で計画することも効果を上げるためには望ましいであろう。また，毎日の給食の時間を実践の場として活用し，指導の内容を確認したり深めたりすることも大切である。

4）中学校

　中学校で食に関する内容を学習する教科として，社会，理科，保健体育，技術・家庭科等があげられ，教科等横断的な視点で指導することが求められる。社会科では「世界の諸地域」，「日本の諸地域」，「世界各地の人々の生活と環境」などで，日本と世界の食の文化や食料生産などについて押さえることができ，食に対する関心を広い視野で高めることができるであろう。また，保健体育科では「生活習慣病の予防」，技術・家庭科では「食生活を見直そう」などで思春期の栄養やバランスのとれた食事の大切さを，そして自らの食生活を見直し，進んで健康な体づくりを目指そうとする意欲も育てていけるよう指導する必要があるであろう。

　直接その教科のねらう目標とは異なるが，食に対する関心を深める内容を取り上げている教科としては，国語「ダイコンは大きな根？」，英語「学校の文化祭」，「食事の会話」などがある。また道徳でも取り上げられているものもある。小学校と同様にこれらの単元をもっと深く子どもたちに指導していきたいと考えるものについては，学級担任と相談し学級活動の時間に計画していくとよい。総合的な学習の時間の中で計画し，自らの問題を見つけ，解決していくことで効果を上げることも多いであろう。また，小学校と同様に毎日の給食の時間を実践の場として活用し，指導の内容を確認したり深めたりすることも大切である。

2．年間指導計画に基づいた指導の成果

　学校では，さまざまな教育活動が年間計画に基づいて行われているが，その中で食に関する指導を学級活動で行うことができる時間は限られている。そのため，教科等と関連させた食に関する年間指導計画を作成し，教科等で学習する内容と食に関する指導内容を有機的に結びつけることが，より効果的な指導を行うために必要となってくる。

　例えば，小学校1年生では，国語で「サラダでげんき」の単元を学習するときに，学級活動でもいろいろな食べ物について学習をしたり，実際に教科書に出てくる材料を使った「元気サラダ」を学校給食で食べたりすることで，食べ物をより身近に感じることができ，また，この題材の物語に対する意欲や関心も高めることができる。さらに学校給食でも「元気サラダ」に関心をもち，苦手な野菜を残さずに食べることができるようになってくるのである。

　小学校6年生では，朝食欠食が多いという学級の実態から，まず学級活動で「朝食の大切さ」を学習した後，家庭科の「できることを増やしてクッキング」の単元で教科の中で学習し，

また調理実習で実際に朝食のメニューを作るという学習活動を行うことで，家庭でも作ってみようとする実践的な態度を育てることにつながっていく。さらに総合的な学習の時間と結びつけて学習することも可能であり，より深く発展的に学習を進めていくことができる。

3．学習指導の評価

　学習指導の評価は，学校における教育活動に関し，子どもたちの学習状況を評価するものである。「子どもたちにどういった力が身に付いたか」という学習の成果を的確に捉え，教員が指導の改善を図るとともに，子どもたち自身が自らの学びを振り返って次の学びにつなげることができるようにするために行うものである。食育と関連の深い教科等においては，このような視点で学習評価を行うことで，食に関する指導における学習指導の評価につなげていくことが可能である。

1）基本的な考え方

　各教科等の評価については，学習状況を分析的に捉える観点別学習状況の評価を，学習指導要領に定める目標に準拠した評価として実施することとされている。評価の観点については，平成31年３月29日に通知された「小学校，中学校，高等学校及び特別支援学校等における児童生徒の学習評価及び指導要録の改善等について」において「知識・技能」「思考・判断・表現」「主体的に学習に取り組む態度」の３観点とし，それらの観点で評価することで，当該教科等の指導改善等が図られることが求められている。

　これらのことを踏まえて，教科等における食に関する指導では，当該教科等の目標がよりよく達成されることを第一義的に考え，学習指導要領に基づいた当該教科等の評価を行う。「食に関する指導の目標」や位置づけた「食育の視点」に関しては，学校における食育の推進を評価するための指標として活用するので，「食育の視点」に示した姿に到達したかどうか，児童・生徒の変容等を見取るようにする。栄養教諭は，学級担任や教科担任が行う当該教科等の評価に資する資料として提供するとともに，食育の推進の評価のための資料として，児童・生徒の変容を整理・蓄積しておくことが重要である。

2）評価の実施

　食に関する指導における学習指導の評価は，まず指導を行う教科等の学習指導要領の目標・内容，児童・生徒の実態やこれまでの学習状況等を踏まえながら，単元（題材等）の目標とともに「食育の視点」も設定して行う。

　設定した「食育の視点」について，児童・生徒がどのような学習状況を実現すればよいのかを想定して，食に関する指導の目標等を参考にしながら評価規準を設ける。そして，作成した評価規準を指導と評価の計画に位置づける。

　次に，どのような評価資料を使い，どのような目安で評価するかを考えた上で評価を行う。評価を行うにあたっては，「食育の視点」を踏まえ，児童・生徒の変容等を見取るようにし

ながら，児童・生徒の学習状況を把握して次の指導に活かすことが重要である。ただ，評価だけを目的にして指導者の負担感が増すことで，かえって食育推進の妨げとなることも考えられるため，状況に応じて無理のない評価を行うことが重要である。

食に関する指導の目標

（知識・技能）
　食事の重要性や栄養バランス，食文化等についての理解を図り，健康で健全な食生活に関する知識や技能を身に付けるようにする。
（思考力・判断力・表現力等）
　食生活や食の選択について，正しい知識・情報に基づき，自ら管理したり判断したりできる能力を養う。
（学びに向かう力・人間性等）
　主体的に，自他の健康な食生活を実現しようとし，食や食文化，食料の生産等に関わる人々に対して感謝する心を育み，食事のマナーや食事を通じた人間関係形成能力を養う。

資料：文部科学省『食に関する指導の手引（第二次改訂版）』2019，p.16

食育の視点

◇食事の重要性，食事の喜び，楽しさを理解する。【食事の重要性】
◇心身の成長や健康の保持増進の上で望ましい栄養や食事のとり方を理解し，自ら管理していく能力を身に付ける。【心身の健康】
◇正しい知識・情報に基づいて，食品の品質及び安全性等について自ら判断できる能力を身に付ける。【食品を選択する能力】
◇食べ物を大事にし，食料の生産等に関わる人々へ感謝する心をもつ。【感謝の心】
◇食事のマナーや食事を通じた人間関係形成能力を身に付ける。【社会性】
◇各地域の産物，食文化や食に関わる歴史等を理解し，尊重する心をもつ。【食文化】

資料：文部科学省『食に関する指導の手引（第二次改訂版）』2019，p.16

3）評価結果の活用

　食に関する指導における学習指導の評価は，教科の評価のように評定を出すものではない。評価結果の活用は，あくまでも，学習の成果を的確に捉え，教員が指導の改善を図るとともに，子どもたち自身が自らの学びを振り返り次の学びにつなげるために行うものである。
　また，食育推進の評価指標の一つとして位置づけることも大切である。

4．特別支援学校における食に関する指導

1）特別支援学校における食に関する指導の意義・価値

　特別支援学校について，学校教育法第72条に「特別支援学校は，視覚障害者，聴覚障害者，知的障害者，肢体不自由者又は病弱者（身体虚弱者を含む。）に対して，幼稚園，小学校，中学校又は高等学校に準ずる教育を施すとともに，障害による学習上又は生活上の困難を克服し自立を図るために必要な知識技能を授けることを目的とする」と定められている。
　特別支援学校の児童・生徒の実態は，医療的ケアによる経管栄養から偏食・こだわりへの

対応など様々で，障害が重度・重複化，多様化の傾向にあり，障害の状態，特性，食べることに関する発達や経験の程度，生活環境等を的確に把握することが大切である。児童・生徒が将来自立し，社会参加するための調和的発達の基盤として望ましい食習慣および，自らの健康を自己管理する力や食物の安全性等を自ら判断する力を身につけることは，キャリア発達の視点から捉えても大変重要である。また「食べる（飲むも含む，以下略）」ことは，咀嚼や嚥下など食べる機能，骨格や筋肉など身体的な発達を促し，基礎的なコミュニケーション能力や情緒の安定，感覚的な発達などを促すことも期待できる。また，「食べる」ことによって，コミュニティの場への参加のあり方も豊かになる。

　こうした摂食指導は，実態や現状に応じながら児童・生徒一人一人の個別の指導計画を作成し，適宜，調整や修正・改善を行いながら継続的かつ丁寧に積み重ねていくことが大切である。また，「食べる」ことに関する合理的配慮や基礎的環境の整備は，児童・生徒の生命の維持や健康状態の回復や保持，増進など，障害による学習上・生活上の困難を改善・克服し，自立を図るために必要な知識，技能，態度および習慣を培うための基盤となる。

2）教育課程上の位置づけ

　学校教育における給食指導の意義は，小・中学校に準じている。食に関する指導の全体計画も小・中学校に準ずるものとなっているが，教育課程における給食指導の位置づけが，小・中学校にはない独自の教科等との関連で異なっている面がある（**表7－3**）。

　具体的には，各教科等を合わせた指導である「日常生活の指導」として，給食の時間に手洗いなどの衛生面の指導，給食着の着脱や食べ方の指導，食材の名前や色，形などの言葉や概念を育む指導などを位置づけている。また，重複障害のある児童・生徒を中心に「自立活動の時間における指導」として，摂食指導（食材を咀嚼する，嚥下するなど食べる機能や食べる際の姿勢，食具の操作などの指導）を位置づけている。

3）衛生管理とリスクマネジメント

　給食の時間は重要な学習時間であり，安全性を追求する上でも組織的な体制を整備しながら，合理的な配慮のある指導と基礎的な環境の整備を充実させる必要がある。

　学校給食法第9条第1項に基づき定められた学校給食衛生管理基準を遵守しつつ，特別支援学校では児童・生徒の実態からさらに高度な衛生管理を実施している。給食時間は，食中毒や異物混入等への配慮に加え，時に誤嚥や窒息という生命にかかわるような危険もはらんでいるため，"摂食・嚥下に安全な"という観点が不可欠である。学校給食の検食においても，摂食開始前に管理職が全ての食形態の安全性を確認した上で給食を開始する。

　学校給食での緊急時の対応については，保健部を中心に安全衛生指導のマニュアルを作成し，危機管理を行う。食中毒（様）発生時や食物アレルギー等への対応，嘔吐物処理法，誤嚥や窒息の回避や処置のあり方など，命にもかかわるリスクに対して組織的に体制を整備する。特に医療的ケア対象の児童・生徒は，学校看護師が毎日，保護者および担任と連携し，バイタルサイン等を確認・把握しながら安全な摂食への体調管理を行う。

表7-3 食に関する指導の全体計画②（中学部CDⅠ課程）

教科等		月	4	5	6	7	9
教科	保健体育						「飲酒・喫煙・薬物」
各教科等を合わせた指導	日常生活の指導						「朝の活動」「体操」
	生活単元学習				身近な地域について知ろう	1学期のまとめ・夏休みの生活	元気な毎日と食事
				「米作りを知ろう～米を作る仕事～」		「米作りを知ろう～食べる米になるまで～」	
	作業学習 園芸班					耕し,畝立て　刈り草堆肥作り	苗
総合的な学習の時間							
領域別の指導	特別活動	学級活動		生活マナーを考えよう	歯の健康を考えよう		
		学校行事	始業式 入学式 遠足	運動会		終業式	始業式
		給食の時間 給食指導	・楽しい環境づくり ・食事マナー(挨拶) ・給食のきまり	・食べ物への興味・関心 ・食事マナー(姿勢)	・正しい手洗い ・梅雨時の衛生 ・食事マナー(噛むこと)	・暑さに負けない食事の仕方 ・食事マナー(食べ方・衛生的配慮)	・規則正しい食生活 ・食事マナー(食べ方・栄養的配慮)
		食に関する指導	・食べ物や給食について知る。	・食べ物とその働きを知る。	・梅雨時の衛生的な食事のとり方を身に付ける。 ・歯に良い食べ物を知る。	・暑さに負けないための食事のとり方を身に付ける。	・1日3食の必要性が分かる。
	自立活動			「健康の保持」「心理的な安定」「人間関係の形成」			
学校給食の関連事項	目標		給食のきまりを守って楽しい食事にしよう	食べ物の働きを知ろう	梅雨時の衛生に気をつけて食事をしよう	夏の食事について考えよう	規則正しい食事をしよう
	食文化の伝承		春の献立	端午の節句	田植え	七夕 お盆	月見
	行事食		入学進級お祝献立	こどもの日 運動会応援献立	かみかみ献立	七夕献立 精進料理	十五夜献立 彼岸
	旬の食材		・たけのこ ・キャベツ ・夏みかん ・いちご	・えんどう豆 ・たまねぎ ・じゃがいも ・かつお ・ばしょうかじき	・梅 ・メロン	・おくら ・きゅうり ・にがうり ・すいか ・とうがん	・さつまいも ・栗 ・さんま ・ぶどう
	地場産物 郷土料理		・赤飯 ・さつますもじ	・かつお料理 ・かからん団子	・さつまあげ ・まぐろ ・さつま汁	・鶏飯 ・がね ・きびなご料理	・さつまいも料理 ・落花生料理

10	11	12	1	2	3
「けがの防止」「病気の予防」					
「読書」「給食準備」「帰りの活動」					
宿泊学習に行こう（2,3年）		食事の役割～朝食～ 2学期のまとめ・冬休みの生活			
「植物を育てよう」「快適で安全な暮らし」					
苗植え　収穫・調整(野菜類)　収穫・調整(果実類)					
校外学習に行こう（1年）					
学校生活をより良くしよう(委員会活動)					
校外学習（1年） 宿泊学習（2,3年）	学習発表会	終業式	始業式	遠足	修了式 卒業式
・食事マナー（おはしの使い方）	・給食に関わる人々 ・食料生産と流通 ・食事マナー（噛むこと）	・寒さに負けない食事の仕方 ・食事マナー（楽しい食事）	・鹿児島の食べ物への興味・関心 ・食事マナー（感謝）	・手洗い・うがいの徹底 ・食事マナー（噛むこと）	・1年間の振り返り ・食事マナー（楽しい食事）
・食べ物の3つの働きを考えて食べる。	・鹿児島の特産物や郷土料理を知る。 ・噛むことの大切さを知る。	・寒さに負けないための食事のとり方を身に付ける。	・鹿児島の特産物や郷土料理を理解し,大切に味わう。	・冬の衛生的な食事のとり方を身に付ける。	・食生活を見直す。（バランスよく何でも食べられるように努める。）
「環境の把握」「身体の動き」「コミュニケーション」					
食べ物の栄養を考えて食べよう	感謝して食べよう	冬の食事について考えよう	地域の産物や郷土料理を味わおう	冬の衛生に気をつけて食事をしよう	給食の反省をしよう
	稲刈り	冬至	正月	節分	桃の節句
	収穫祭 勤労感謝	冬至献立	七草 正月料理 学校給食週間	節分献立 アンコール献立	ひな祭り 卒業お祝献立 アンコール献立
・さつまいも ・鮭 ・梨 ・みかん	・新米 ・里芋 ・さば柿 ・りんご ・キウィフルーツ	・大根 ・白菜 ・かぶ ・ほうれん草 ・柚子 ・ネギ	・大根 ・白菜 ・ぶり ・きんかん ・ぽんかん ・みかん	・いわし ・たんかん	・鰆 ・キャベツ ・いちご
・里芋料理 ・ふくれ菓子	・豚骨風煮 ・よごし ・かるかん	・かぼちゃ料理	・桜島大根 ・桜島小みかん	・サワーポメロ	・さつますもじ ・赤飯

4）栄養教諭の役割

　特別支援学校においても，栄養教諭は食に関する指導の中核的な役割とコーディネーターとしての重要な役割を担う。食に関する指導の全体計画は，学校や児童・生徒の実態に合わせ，小学部，中学部，高等部と継続した系統的な指導ができるよう各学部年間指導計画を作成し，毎年実践の評価を行い，より実態に応じた計画に修正・改善を行う（表7－3）。また特別支援学校ならではの指導領域である「自立活動」や「日常生活の指導」においては，教育課程に位置づけた指導の提案等を行う。さらに，より効果的な指導を行うため，家庭・福祉施設・医療機関等を含めた個別的な相談や外部専門家（医師，歯科医師，言語聴覚士，理学療法士，作業療法士など）など，他職種と協働しその役割を果たしている。

（1）自立活動の視点からの食に関する指導の進め方

　児童・生徒の摂食に関する多様な実態からその課題を改善・克服するためには，特別支援学校の重要な指導領域である自立活動との関連を図りながら，指導方法や指導体制を工夫することが大切になる。自立活動の内容は，特別支援学校学習指導要領に示されている。これらの自立活動の内容から，どの項目を選び取り，どのように食に関する指導と関連づけていくか，学校の主体性により判断することになる。そして，より実態に応じた指導を展開するためには，まず特別支援学校学習指導要領解説自立活動編の指導内容を十分理解した上で，学級担任や自立活動係と共通理解を図り，必要な項目を相互に関連づけ，個別の指導計画や具体的な指導内容を設定する段階から栄養教諭も参画することが望ましい。互いの専門性を生かしながら連携協力することで，より効果的な指導が期待される。

特別支援学校小学部・中学部学習指導要領
「第7章　自立活動」「第2　内容」

1　健康の保持
　（1）生活のリズムや生活習慣の形成に関すること。
　（2）病気の状態の理解と生活管理に関すること。
　（3）身体各部の状態の理解と養護に関すること。
　（4）障害の特性の理解と生活環境の調整に関すること。
　（5）健康状態の維持・改善に関すること。
2　心理的な安定
　（1）情緒の安定に関すること。
　（2）状況の理解と変化への対応に関すること。
　（3）障害による学習上又は生活上の困難を改善・克服する意欲に関すること。
3　人間関係の形成
　（1）他者とのかかわりの基礎に関すること。
　（2）他者の意図や感情の理解に関すること。
　（3）自己の理解と行動の調整に関すること。
　（4）集団への参加の基礎に関すること。

4　環境の把握
（1）保有する感覚の活用に関すること。
（2）感覚や認知の特性についての理解と対応に関すること。
（3）感覚の補助及び代行手段の活用に関すること。
（4）感覚を総合的に活用した周囲の状況についての把握と状況に応じた行動に関すること。
（5）認知や行動の手掛かりとなる概念の形成に関すること。
5　身体の動き
（1）姿勢と運動・動作の基本的技能に関すること。
（2）姿勢保持と運動・動作の補助的手段の活用に関すること。
（3）日常生活に必要な基本動作に関すること。
（4）身体の移動能力に関すること。
（5）作業に必要な動作と円滑な遂行に関すること。
6　コミュニケーション
（1）コミュニケーションの基礎的能力に関すること。
（2）言語の受容と表出に関すること。
（3）言語の形成と活用に関すること。
（4）コミュニケーション手段の選択と活用に関すること。
（5）状況に応じたコミュニケーションに関すること。

（2）実態把握

　指導を展開する際は，児童・生徒の障害の状態や発達，生活状況などの実態把握に基づき，関係者間（栄養教諭を含む教員チーム，保護者，外部専門家等）の合意形成の下，長期的および短期的な観点から目標を設定し，具体的な指導内容を検討する。児童・生徒一人一人の個別の教育支援計画や指導計画を作成し，指導のPDCA（Plan－Do－Check－Action）サイクルを循環させることが大切である。

　給食指導においては，「個人カルテ」**（表7－4）**，「摂食実態表」**（表7－5）**を活用し，身体状況や摂食機能の発達の状況，食形態や食事に関する配慮事項，嗜好状況，家庭での状況，食べ方についての支援方法等を担任が記入し，毎年度の評価を行い，次年度担任へ引き継ぐ。指導に当たり確認すべき情報の共有や，児童・生徒の変容や発達，各段階における指導実践の評価として活用する。

（3）個別指導の実際

　食事内容においては，献立の中の食材そのものが，食べる機能の発達を促す「生きた教材」として活用される。そのため障害の特性に応じた効果的な教材になるよう工夫することが大切である。栄養教諭は，例えば個人カルテ等に基づき，実態を把握した上で児童・生徒一人一人の摂食ニーズに対応することが考えられる。

　特に食形態においては，食べる機能の発達段階に応じた食形態（ペースト食，押しつぶし食，やわらか食，普通食等）を調整し，発達を促せるよう工夫する**（表7－6）**。

　偏食やこだわりがある場合も，食事の提供方法や食器具，食材の温度等に配慮し，食の幅を広げられるよう実態に応じて対応する。また，食物アレルギーのほか様々な障害や疾病における食事管理は，主治医の診断書や意見書をもとに保護者と面談の上，担任，学部主事，

表7−4　給食・摂食の対応に関する個人カルテの例（食べる機能の発達段階チェック表）

令和　　年　　月　　日　記入者（　　　　　　　　）
学部　　年　　　　　　児童生徒名（　　　　　　　）

*口・舌・顎の動きについて，あてはまるところに○をつけましょう。

発達段階		経口摂取準備期 ・自分の意志で口を動かして食べる練習	嚥下機能獲得期 ・口唇を閉じて飲み込む練習	捕食機能獲得期 ・上唇で取り込む練習	押しつぶし機能獲得期 ・しっかり口を閉じる練習 ・上顎と舌で押しつぶしながら食べる練習	咀嚼機能獲得期 ・歯や歯茎ですりつぶしかむ練習	自食準備期 ・手づかみ機能獲得期・食具機能獲得期 *手と口の協調を獲得する練習
口唇機能	捕食時	ほとんど動かない	下唇を口腔の内側に入れ閉じようとする動きがある	上唇で，はさみ取ることができる	しっかりと口唇で食物を取り込める	上下唇がねじれながら「もぐもぐ」の動きがみられる	
	咀嚼時		閉鎖はできないが下唇に閉じようとする動きがある	時々閉鎖できる	持続的に閉鎖できる		
	嚥下時		閉鎖はできないが下唇に閉じようとする動きがある	時々閉鎖できる	常に閉鎖できる		
口角		ほとんど動かない	ほとんど動かない	ほとんど動かない	左右に引かれる動き	咀嚼側の口角が縮む（左右非対称の動き）	
舌運動		ほとんど動かない	前後に動く	前後に動く（上下の動きも見られる）	前後上下に動く（舌先を上顎に押しつけ，食物をつぶす）	前後上下左右に動く（食物を奥歯の上に乗せる）	
顎運動機能	機能	ほとんど動かない	単純上下運動（舌の動きと連動して上下に動く）		上下に動く	上下左右に動く（すりつぶす側に少しずれる）	左右複雑運動
	コントロール		コントロールが悪い（食物を取り込む時，下顎がパクパク・ガクガク動く）		コントロールができる		
水分 ・スプーン ・レンゲ ・コップ ・ストロー		乳児嚥下		上唇を下ろそうとする動きがある	成人嚥下がみられる上唇を水面に下ろすが，取り込めない	口唇をすぼめようとする動きがみられる	連続飲みができる 上下唇をすぼめて飲める
食形態の目安			ペースト食		押しつぶし食	やわらか食	普通食
調理形態			・粒や繊維が残らず，適度な水分と粘度のあるもの ・咀嚼，食塊形成が必要なく，なめらかに飲み込めるもの		・舌で押しつぶせるやわらかさ ・咀嚼しなくても，食塊形成が可能なもの	・歯や歯茎でつぶせかみきれるやわらかさ ・数回咀嚼して，飲みこめるもの	・普通食 ・固いもの，弾力のあるもの等に配慮する

表7−5　摂食実態表(小学部)

*当てはまる番号に○印をし，提出する。次年度への更新時に右欄に番号を記録しておく。

氏　　名		学年の記録→	1	2	3	4	5	6
粗大運動発達		1　首据わり不可　2　首据わり可　　3　座位 4　つかまり立ち　5　介助歩行　　　6　独歩						
摂食姿勢		1　座位保持いす　2　車いす　3　座位（補助器具なし）						
介助方法		1　全介助　2　部分介助(オーラルコントロール・上肢)　3　不要						
筋緊張		1　強い緊張　　2　低緊張　　3　正常 （不随意運動　あり・なし　）						
過敏		1　あり（全身・手指・顔面・口腔周囲・口腔内・ 　　　　その他部位　　　　　　　　　　　） 2　なし						
鼻呼吸		1　できない　　　　2　できる						
鼻炎		1　ある　　　　　　2　なし						
痰・喘鳴		1　ある（程度・頻度　　　　　　　）2　なし						
便通		1　毎日ある　2　時々ある（　　　）日に1回 3　下剤使用（あり・なし）　4　浣腸（あり・なし）						
口腔内	噛み合わせ	1　課題あり（　　　　　　　）2　正常						
	歯の状態	1　課題あり（　　　　　　　）2　正常						
	＊特記事項							
捕食時	唇を下ろして食物をとる	1　できない　2　時々できる　3　できる						
	口を大きく開けすぎる	1　ある　　　　　　2　ない						
	舌が出てくる	1　ある　　　　　　2　ない						
咀嚼時	あごの動き	1　上下のみ　　　　2　上下左右に動く						
	口角の動き	1　ほどんどない　　2　ある						
	口を閉じる	1　できない　　　　2　できる						
	舌が出てくる	1　ある　　　　　　2　ない						
	咀嚼	1　できない（丸飲み込み・押しつぶし） 2　できる						
嚥下時	口を閉じる	1　できない　　　　2　できる						
	舌が出てくるか	1　ある　　　　　　2　ない						
	嚥下後に食物が残る	1　ある　　　　　　2　ない						
	むせることがある	1　頻繁　　　2　時々　　　　3　ない						
舌の動き		1　前後のみ　2　前後上下　3　正常						
水分摂取		1　とろみが必要 2　一口ずつ飲む 3　連続で飲める						
特記事項（嚥下造影検査結果等）								

表7－6　食べる機能の発達段階に応じた食形態

普通食

普通の一般的な食事の形態。

やわらか食

咀嚼の動きの発達期に対応する食形態。

歯や歯茎でつぶせ，噛み切れるくらいの軟らかさで，数回咀嚼して，飲み込める物。奥歯の上に乗りやすいように，一口大に切ってあり，形のある形状。普通食と同じ食材を使用し，食材により，圧力鍋やスチームで軟らかくする。硬いもの，弾力のあるものに配慮する。

押しつぶし食

捕食及び押しつぶし食べ練習期に対応する食形態。

形があり，絹ごし豆腐のような舌で押しつぶせる程度の軟らかさで，粘性のある形状。食材により，圧力鍋やスチームで軟らかくする。内容によってはとろみで調整する。

ペースト食

飲み込む機能の発達期に対応する食形態。

咀嚼や食塊形成が必要なく，そのまま飲み込め，粒のない，滑らかな形状。食物の水分を多くして軟らかく調理した物をさらにフードプロセッサーやミルサー，裏ごしにかけて，ペースト状にする。普通食を展開し，さらに別メニューを加え，エネルギー・たんぱく質の調整を行う。個人の状態に合わせ，粒やとろみを調整する。

※献立：奄美の鶏飯，がね（さつま芋と野菜の天ぷら），しらあえ，みかん，牛乳

養護教諭と連携し，定期的に状況を確認しながら実施する。さらに，食環境においては，自立活動の個別の指導計画に基づき，心理的配慮（こだわり，偏食等への対応）や食事場面の雰囲気づくり（心身ともにリラックスできる環境と心遣い），体格に合わせた食卓・椅子，上肢の機能等を見極めた上での食器・食具の選択，食事姿勢などの工夫を行う。

（4）他職種との連携・協働

　特別支援学校においても，食に関する指導の充実を図り，安全な学校給食を実施するために，職員研修は不可欠である。就学前や卒業後も視野に入れた中・長期的な目標を設定し，口腔機能改善など機能面へのアプローチはもちろん，食行動やコミュニケーションなども含めた「摂食指導」を，全教職員が研鑽すべき特別支援教育の専門性の一つとして，給食指導係と自立活動担当や校内支援係など連携した取り組みが必要である。

　また，障害による摂食機能および発達状態の評価や疾病による食事管理は，保護者の意向を尊重しつつ，必要に応じて外部専門家（小児科医，障害児歯科医，言語聴覚士など）と連携し，評価・助言を活用することが望ましい。

【参考文献】

・文部科学省「3．学習評価の在り方について」2017（http://www.mext.go.jp/b_menu/shingi/chukyo/chukyo3/siryo/attach/1364317.html）
・文部科学省『食に関する指導の手引（第二次改訂版）』2019
・文部科学省『特別支援学校教育要領・学習指導要領解説　自立活動編（幼稚部・小学部・中学部）』平成30年3月

第8章　給食の時間における食に関する指導

給食の時間は，準備から後片付けの実践活動を通して，計画的・継続的な指導を行うことにより，児童・生徒に望ましい食習慣と食に関する実践力を身に付けさせることができる。また，学校給食に地場産物を活用したり，郷土食や行事食を提供したりすることを通じ，地域の文化や伝統に対する理解と関心を深めるなど高い教育効果が期待できる。本章では，給食の時間における指導の特徴や進め方，指導の留意点について述べる。

1．給食の時間における指導

1）学習指導要領における学校給食の位置づけ

　小学校学習指導要領および中学校学習指導要領において，「特別活動」の「学級活動」に「食育の観点を踏まえた学校給食と望ましい食習慣の形成」について示されている。さらに小学校では「給食の時間を中心としながら，健康によい食事のとり方など，望ましい食習慣の形成を図るとともに，食事を通して人間関係をよりよくすること」，中学校では「給食の時間を中心としながら，成長や健康管理を意識するなど，望ましい食習慣の形成を図るとともに，食事を通して人間関係をよりよくすること」と内容が示されている。この内容は，自分の食生活を見直し，自ら改善して，生涯にわたって望ましい食習慣が形成され，食事を通してよりよい人間関係や社交性が育まれるようにするものである。小学校では，楽しく食事をすること，健康によい食事のとり方，給食時の清潔，食事環境の整備などの改善について身近な事例を通して考え，自己の課題に気付き，具体的な目標を立てて取り組むなどの活動が中心となる。中学校では，規則正しく調和のとれた食生活は，健康の保持増進の基本であり，近年の生徒等の食生活の乱れが，生活習慣病はもとより心の健康問題にも発展するなど食に起因する新たな健康課題を生起していることから，学校においても食育を推進し，望ましい食習慣を形成することは極めて重要な課題となっている。

　特別活動は，集団や社会の形成者としての見方・考え方を働かせながら，「様々な集団活動に自主的，実践的に取り組み，互いのよさや可能性を発揮しながら集団や自己の生活上の課題を解決する」ことを通して，資質・能力を育むことを目指す教育活動である。「食育の観点を踏まえた学校給食と望ましい食習慣の形成」において，育成を目指す資質・能力については，小学校では，例えば，望ましい食習慣の形成を図ることの大切さや，食事を通して人間関係をよりよくすることのよさや意義などを理解すること，給食の時間の楽しい食事のあり方や健康によい食事のとり方などについて考え，改善を図って望ましい食習慣を形成す

るために判断し行動できるようにすることが考えられる。また，そうした過程を通して，主体的に望ましい食習慣や食生活を実現しようとする態度を養うことなどが考えられる。中学校では，例えば，健康や食習慣の正しい知識が大切であることを理解し，給食の時間の衛生的で共同的な楽しい食事のあり方等を工夫するとともに，自らの生活や今後の成長，将来の生活と食生活の関係について考え，望ましい食習慣を形成するために判断し行動ができるようにすることが考えられる。また，そうした過程を通して，健康な心身や充実した生活を意識し，主体的に適切な食習慣を形成する態度を育てることなどが考えられる。

　食育の観点を踏まえた学校給食と望ましい食習慣の形成は，食に関する資質・能力等を，児童・生徒が発達の段階に応じて総合的に身に付けることができるように学校教育全体で指導することである。したがって，学校の教育計画等と関連付けながら食に関する指導の全体計画を作成し，給食の時間を中心としながら，各教科等における食に関する指導を相互に関連付け，総合的かつ効果的な指導が行われるように留意する必要がある。

（1）特別活動の標準授業時数の考え方

　小学校の特別活動の標準授業時数については，学校教育法施行規則別表第1（第51条関係）で，35単位時間（第1学年は34単位時間）と示されている。「学級活動（学校給食に係るものを除く）」と示されているが，給食の時間における指導は特別活動の標準授業時数には含まれないという意味である。給食の時間は年間にわたり日々1単位時間程度をあてて行われており，特別活動の標準授業時数に含めることは適切でないので，同規則別表第1で示している授業の中には給食の時間は含まれないということである。これは，給食の時間における指導を学級活動として位置づけることを否定したものではない。学校給食の特質は，例えば，よりよい食習慣や人間関係のあり方などについて，食事をすることを中心とする給食の時間における児童の実践活動を通して体得することにある。給食の時間に，それらの内容を指導計画に基づいて指導する場合には，学級活動の時間とすることができる。その場合，別表第1に示された標準授業時数以外の時間と考えて計画し，実施することになる。

　学校給食は，よりよい食習慣の形成とともに，食事を通してよりよい人間関係を形成し，心身ともに健全な発達を図ることを目指している。このねらいを達成するために，学校給食に関する指導は，主として給食の時間に行うが，特に指導を必要とする内容については，学級活動の時間に計画的に取り上げて指導することになる。なお，中学校の学級活動についても，学校教育法施行規則別表第2（第73条関係）に同様に示されている。

（2）給食の時間の考え方

　給食の時間における指導は標準授業時数に含まれないものの，教育課程上の学級活動と関連付けて行うことのできる重要な学校教育活動である。年間を通じて行われる当番活動や，学校給食を教材として活用した食に関する指導により，児童・生徒が望ましい食習慣を身に付けていけるよう，計画的かつ効果的な指導を行うことが大切である。

　給食の時間は，楽しく食事をすること，健康によい食事のとり方，給食時の清潔，食事環境の整備などに関する指導により，望ましい食習慣の形成を図るとともに，食事を通してよりよい人間関係の形成を図る。そして，適切な給食の時間を確保した上で，給食の準備から

後片付けまでを通して，計画的・継続的に指導する必要がある。

　また，食を取り巻く社会環境の変化により，栄養摂取の偏りや欠食といった食習慣の乱れ等に起因する肥満などの生活習慣病，食物アレルギー等の問題が指摘される現在，家庭との連携が今後さらに重要になる。心身の健康に関する内容にとどまらず，自然の恩恵への感謝，食文化，食料事情などについても各教科との関連を図りつつ指導を行うことが重要である。これらの指導にあたっては，栄養教諭の専門性を生かしつつ，学校栄養職員や養護教諭などの協力を得て指導にあたることも必要である。また，これらの学校給食に関する内容については，学級活動の授業時数にはあてない給食の時間を中心に指導することになるが，学級活動の時間でも取り上げ，その指導の特質を踏まえて計画的に指導する必要がある。その際，学校給食を教材として活用するなど多様な指導方法を工夫することが大切である。

　なお，給食の時間の設定にあたっては，指導の時間を含め，ゆとりをもって当番活動や会食ができるよう時間の確保に努めることが求められる。

2）給食の時間における指導の特徴

　給食の時間における指導は，給食の準備，会食，後片付けなどの一連の指導を，実際の活動を通して，繰り返し行うことができるという大きな特長がある。また，栄養バランスのとれた望ましい食事の基本を学ぶとともに，献立等の工夫により教科等と関連づけた指導が可能であり，「食事」という体験を通して，教科等で得た知識を具体的に確認したり，深めたりできる。給食の時間における食に関する指導は，主として学級担任が行うが，栄養教諭が各教室に出向いて直接指導したり，資料提供したりすることで，具体的かつ実践的な指導になり，教育効果を上げることができる。

　給食の時間における食に関する指導は，給食の準備から後片付けまでの一連の指導の中で，正しい手洗い，配膳方法，食器の並べ方，箸の使い方，食事のマナーなどを体得させることができる「給食指導」と，学校給食の献立を通して，食品の産地や栄養的な特徴を学習させたり，教科等で取り上げられた食品や学習したことについて学校給食を通して確認させたりすることができる「食に関する指導」に分けることができる。

（1）給食指導

　給食指導は，給食の準備，会食，後片付けなどの一連の指導を，実際の活動を通して毎日繰り返し行う教育活動である。給食の時間の児童・生徒の活動や指導方法については，学校でマニュアルなどを作成し，学校全体で系統立てた指導ができるよう取り組む必要がある。日々の給食指導は学級担任が行うが，運営や指導方法については栄養教諭と連携し，学校全体で統一した取り組みを行うことも大切である。給食の時間は，共同作業を通して責任感や連帯感を養うとともに，学校給食に携わる人々への感謝の気持ちなど豊かな心を育み，好ましい人間関係を育てる時間となる。また，給食の時間は学級担任等と児童・生徒がともに食事をする時間であるが，献立を通した具体的な指導場面も多いことから，献立を作成する栄養教諭が適切に連携し指導することは効果的であり，望ましい食事のとり方の習慣化を図ることができる。栄養教諭は日頃から，給食準備の様子，配食での衛生的な取り扱い，食事マ

表8－1　給食指導における主な指導項目とその内容例

給食指導	指導項目	指　導　内　容
準　備	食事環境	・みんなで楽しく気持ちの良い食事の工夫ができるようにする。 ・正しい手洗いを行い，安全衛生に留意した食事の準備をし，静かに待つ。 ・食事にふさわしい環境を整える。
	当番児童生徒	・給食当番健康チェック表（学校給食衛生管理基準に基づく）を用意し，体調を把握する。 ・身支度や手洗いなど食事の準備がきちんと清潔にできるようにする。
	運び方	・重いもの，熱いものへ配慮して，教室まで安全に運ぶようにする。その際，担任は付き添って，思いやりや責任を持った活動ができるようにする。
	配食	・一人分の盛り付け量を盛りきる。 ・担任の確認のもと相談し，配食調整する。 ・献立にふさわしい衛生的な盛り付けや，正しい食器の並べ方ができるようにする。
会　食	あいさつ	・献立（主食・主菜・副菜）の確認をし，献立名を知らせる。 ・「いただきます」のあいさつをする。
	会食中	・食器や箸の持ち方，並べ方，食事中の姿勢など基本的なマナーを身に付け，楽しい雰囲気の中で会食できるようにする。 ・落ち着いて食べることができるよう，食べる時間を確保する。
片付け	片付け方	・みんなで協力して，手順良く片付けられるようにする。 ・環境や資源に配慮して，学校や地域の分別の決まり事を守り，片付けるようにする。

資料：文部科学省『食に関する指導の手引（第二次改訂版）』2019，p.223〜224

ナーの定着の様子，残食の状況などの実態把握に努め，教職員と共通理解の上，計画的・継続的な指導を行う必要がある。食物アレルギー，肥満，やせなど児童・生徒の健康状態はさまざまであり，また，偏食傾向や食事マナーの状況，食べる速度や噛む力などについても個別に指導する必要がある。食に関する指導と給食の管理を一体として行う栄養教諭は，栄養管理や衛生管理の観点からも，適切に連携・協力して指導にあたることが大切である。

（2）食に関する指導

　給食の時間は，「食に関する指導」の中心的役割を担うものである。献立を通して食品の産地や栄養的な特徴を学ぶことができるほか，郷土食や行事食などの食文化を学校給食で学ぶことにもつながる。さらに，教科等で学習したことについて学校給食を活用して確認させることもできる。給食の時間では，実際に食事をするという活動を通して具体的な指導が可能になる。

　指導の場面では，学級担任等が栄養教諭からの資料提供に基づいて行う，栄養教諭が直接行う，栄養教諭が学級担任と連携して行う等が考えられる。栄養教諭が関わることは，食に関する指導内容が深まり，児童・生徒への知識の定着や行動変容に効果が期待できる。

　また，教科等において，給食の献立を教材として活用したり，他教科と関連させたりして，発展的に扱うこともできる。そのため，食に関する指導の全体計画に給食の献立計画を反映

させることも求められる。栄養教諭が作成する献立計画を学級担任や教科担任等と共有するとともに，教科等における食に関する指導において，栄養教諭がティーム・ティーチングで授業に参画したり，資料提供したりすることも必要である。

a．献立を教材とした給食の時間における指導

給食に使用している食品を活用して，食料の生産，流通，消費について理解させたり，献立を活用して食品の種類や特徴，栄養のバランスのとれた食事などを知らせたりすることができる。他にも，季節や地域の行事にちなんだ行事食を提供するなど，食事という実体験を通して食に関する知識理解，関心を深めることができる。なお，発達の段階に配慮した指導内容とすることも必要である。

〔食料の生産，流通，消費の指導事例〕
・給食に地域の産物を使用し，自分の住んでいる地域の自然や環境，食文化，産業について知らせ，理解を深める。
・給食に使用する食品の生産者や生産過程を知らせ，生産者の工夫や努力を考えさせる。
〔食品の種類や特徴の指導事例〕
・給食で使用する食品の名前を知らせる。
・給食で使用する食品の栄養的な特徴を知らせる。
〔栄養のバランスのとれた食事の指導事例〕
・給食の献立には3つのグループの食品がバランスよく入っていることに気付かせる。
・主食，主菜，副菜の組み合わせ方や，1食の望ましい食事のとり方を知らせる。

---

b．教科等と連携した給食の時間における指導

教科等における食に関する指導と連携し，給食を授業の導入場面とする，給食の時間に献立を教材として振り返りを行うなど，給食の献立や食品などを教材として教科等で活用することができる。栄養教諭は，食に関する指導の全体計画を献立計画に反映させ，学級担任や教科担任は，学校給食を教材として活用できるよう栄養教諭と連携することが大切である。

〈指導事例〉
ア　導入としての活用（給食 → 授業）
【小学校】第3学年　理科
　植物のからだのつくりを学習する際，野菜を例に，根や茎，葉，花（つぼみ），実のどの部分を食べている野菜なのかを給食を食べながら予想させます。実際に食べることで，イメージがつきやすくなります。
【中学校】社会（地理的分野）
　学校給食で食べながら食品の生産国を確認し，食生活が自然環境だけではなく，日本と世界との結び付きといった社会環境の変化によっても大きな影響を受けていることに気付かせます。私たちの日常生活が他地域との結び付きによって成り立っていることを，学校給食の献立を通じて学びます。
イ　学習の確認の場面としての活用（授業 → 給食）
【小学校】第1学年　学級活動
　正しい箸の持ち方や使い方，箸のマナーを学習した後，給食時間に箸を正しく使用して食事ができるよう，実践的に練習させる場面とします。
【中学校】保健体育科
　生活習慣の乱れが要因となって発生する生活習慣病について学習する際，運動，食事，休養及び睡眠の

調和のとれた生活を実践することで予防できることを学びます。給食時間には，給食をバランスのとれた食事の教材として年齢に応じた質と量を再確認させ，偏りがない食事を続けることの大切さを学びます。

資料：文部科学省『食に関する指導の手引（第二次改訂版）』2019，p.225

（3）給食を教材とした教科等における食に関する指導

　教科等の指導に食育の視点を入れることにより，授業へのスムーズな導入，学習で得た知識を食事という体験を通して具体的に確認，振り返りなどができる。献立のねらいと授業とを関連づけ，学校給食を教材として活用しやすくするため，栄養教諭は年度初めに，献立のねらいを明確にした献立計画を学級担任等に提示する。教科等の導入場面での活用，教科等の振り返り場面での活用，教科等での学習を深める場面での活用などが考えられる。

（1）教科等の導入場面での活用（給食 → 授業）
〈指導事例〉
【小学校】第2学年　生活科
　自分たちが食べている給食には，季節ごとに多種類の野菜が使われていることを学習し，野菜には成長や健康の維持増進のために大切な働きがあることに気付かせます。野菜を身近に感じさせ，野菜の栽培活動に対する関心・意欲を高めます。
【中学校】技術・家庭科（家庭分野）
　和食の基本となる「だし」を用いた地域の伝統的な行事食や料理を給食の献立で確認します。その後，「だし」を用いた煮物や汁物の調理実習の計画を立てます。実習で用いる食品や味付けは実際に給食で体験していることから，スムーズに学習を進めることができます。
（2）教科等の振り返り場面での活用（授業 → 給食）
〈指導事例〉
【小学校】第4学年　体育（保健領域）
　体をよりよく成長させるために「調和のとれた食事」「適切な運動・休養」「睡眠」が必要なことを学習したあと，バランスの良い食事の例として給食献立を手本とし，学習を振り返ります。
【中学校】理科〔第2分野〕
　食べ物の消化吸収について学習する際，食品に含まれる栄養は体内でどのような働きを行うのかを給食献立で振り返りを行います。食べた物が体内の器官でどのように消化吸収されて，どのような働きを行うのかを具体的に振り返ることができます。
（3）教科等での学習を深める場面での活用（授業 → 給食）
〈指導事例〉
【中学校】技術・家庭科（家庭分野）
　1日分の献立を考える際，3食のうち1食に給食の献立を活用し，残りの献立を立案する学習が考えられます。主食・主菜・副菜を組み合わせたバランスのよい学校給食は，全員が等しく体験していることから，給食を参考にして献立を工夫することができます。

資料：文部科学省『食に関する指導の手引（第二次改訂版）』2019，p.226～227

3）給食の時間における食に関する指導の進め方

　給食の時間における食に関する指導は，給食という教材を通して，毎日繰り返し行うことができることから，食に関する指導の中核を担う，極めて重要な指導といえる。そのため，給食の時間における食に関する指導を，学校における食に関する指導の中に位置づけ，各学

校で作成する食に関する指導の全体計画に基づき，全教職員が共通理解のもと実施することが必要である。そのためには，食に関する指導の全体計画に，給食の時間における食に関する指導についても示しておく必要がある。指導にあたっては，発達の段階に応じ，教科等と関連させるなど計画的に進めることが大切である。栄養教諭は，給食の時間における食に関する指導の内容と関連づけて，献立計画を作成することが求められる。

　また，栄養教諭は，食に関する指導と学校給食の管理を一体のものとして行うことで教育上の高い相乗効果が期待されるため，学校給食の管理を指導に生かすことも大切である。

（1）全体計画の作成

　栄養教諭は，「児童生徒の栄養の指導及び管理をつかさどる」教師として，校長のリーダーシップのもと食に関する指導の全体計画の作成や実践等で中心的な役割を果たすとともに，学校側の窓口や，家庭・地域，関係機関等との連携・調整の要として，子どもたちの健康の保持増進に向けた健全な食生活の実現に取り組んでいくことが求められている。

　食に関する指導の全体計画を作成する際は，児童・生徒の課題を明らかにし，各学校が児童・生徒に育成したい食に関する指導の目標を設定する。また，自校の教職員の食に関する指導の全体計画等に基づいた授業の実施状況，地場産物を活用した献立や栄養管理に配慮した献立の作成状況，適切な給食時間の設定等の環境整備に係る内容，給食の時間，教科等における指導および個別的な相談指導における教職員間の連携状況などに係る内容などから，その取り組み状況を評価し課題を明らかにすることも大切である。そして，実態把握を通して，児童・生徒の食に関する課題解決に向けて，食育推進の評価指標を設定する。食に関する自校の教職員，組織，家庭・地域の実態に照らして，課題を生み出している原因の中から，課題性（自校の食育を推進するために改善しなければならないことは何か），緊急性（すぐに改善しなければならないことは何か），方向性（教職員が食育推進のために実践することは何か）の観点から焦点化して評価指標を設定する。これらのことを踏まえて，給食の時間

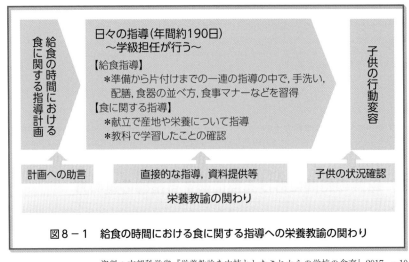

図8-1　給食の時間における食に関する指導への栄養教諭の関わり

資料：文部科学省『栄養教諭を中核としたこれからの学校の食育』2017，p.10

学校給食に関する実態把握

【児童の実態】
・朝ごはんを毎日食べる児童　○％
・好き嫌いがある児童　○％
・肥満傾向の児童　○％
・給食残食率　○％
【保護者・地域の実態】
・朝ごはんを毎日食べる　○％
・野菜摂取量　○ g　（○○○）調査

学校教育目標
「　　　　　　　　　　」

【第4次食育推進基本計画】
・朝食を欠食する子　0％
・主食・主菜・副菜を組み合わせた食事を1日2回以上ほぼ毎日食べている国民　50％
【都道府県（市町村）食育推進計画】
・主食・主菜・副菜をそろえて食べるようにする人　90％
【教育委員会指導指針】
・主体的に行動できる子供の育成

食育の視点
◇食事の重要性
◇心身の健康
◇食品を選択する能力
◇感謝の心
◇社会性
◇食文化

食に関する指導の目標
（知識・技能）○○○を理解し，○○○を身に付けている。
（思考力・判断力・表現力等）●●●について考え，●●●ができる。
（学びに向かう力・人間性等）□□□を実現したり，□□□しようとしたりする態度を身に付けている。

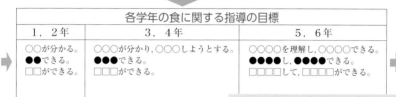

幼稚園・保育所 幼保連携型認定こども園

幼稚園・保育所・幼保連携型認定こども園のねらいや連携に関する方針等を記述する

各学年の食に関する指導の目標

1，2年	3，4年	5，6年
○○が分かる。 ●●できる。 □□ができる。	○○○が分かり，○○○しようとする。 ●●●できる。 □□□ができる。	○○○○を理解し，○○○○できる。 ●●●●し，●●●●できる。 □□□□して，□□□□ができる。

中学校
中学校の目標や連携に関する方針等を記述する

給食の時間における食に関する指導についても，連携協働して取り組む事例や指導体制等を記載

食育推進組織（○○委員会）
　委員長：校長（副委員長：副校長・教頭）
　委員：栄養教諭，主幹教諭，教務主任，保健主事，養護教諭，学年主任，給食（食育）主任，体育主任，学級担任
　　　　※必要に応じて，保護者代表，学校医・学校歯科医・学校薬剤師の参加

食に関する指導
　―教科等における食に関する指導：関連する教科等において食に関する指導の視点を位置付けて指導
　　　　　　　　　　　　　社会，理科，生活，家庭，体育，道徳，総合的な学習の時間，特別活動　等
　―給食の時間における食に関する指導：―食に関する指導：献立を通して学習，教科等で学習したことを確認
　　　　　　　　　　　　　　　　　　　―給食指導：準備から片付けまでの一連の指導の中で習得
　―個別的な相談指導：肥満・やせ傾向，食物アレルギー・疾患，偏食，スポーツ，○○

地場産物の活用
　物資選定委員会：年○回，構成委員（○○，○○），活動内容（年間生産調整及び流通の確認，農場訪問（体験）計画）
　地場産物等の校内放送や指導カードを使用した給食時の指導の充実，教科等の学習や体験活動と関連を図る，○○

家庭・地域との連携
　積極的な情報発信，関係者評価の実施，地域ネットワーク（人材バンク）等の活用
　学校だより，食育（給食）だより，保健だより，学校給食試食会，家庭教育学級，学校保健委員会，講演会，料理教室
　自治体広報誌，ホームページ，公民館活動，食生活推進委員・生産者団体・地域食育推進委員会，学校運営協議会，
　地域学校協働本部，○○

地場産物活用の推進組織，活用方針等を記載

食育推進の評価
　活動指標：食に関する指導，学校給食の管理，連携・調整
　成果指標：児童の実態，保護者・地域の実態

学校給食に関する評価

図8－2　食に関する指導の全体計画①（小学校）例

資料：文部科学省『食に関する指導の手引（第二次改訂版）』2019, p.42をもとに作成

教科等		4月	5月	6月	7月	8〜9月
学校行事等		入学式	運動会	クリーン作戦	集団宿泊合宿	
推進体制	進行管理		委員会		委員会	
	計画策定	計画策定				
教科・道徳等　総合的な学習の時間	社会	県の様子【4年】、世界の中の日本、日本の地形と気候【5年】	私たちの生活を支える飲料水【4年】、高地に住む人々の暮らし【5年】	地域にみられる販売の仕事【3年】、ごみのしょりと再利用【4年】寒い土地のくらし【5年】日本の食糧生産の特色【5年】、狩猟・採集や農耕の生活、古墳、大和政権【6年】	我が国の農家における食料生産【5年】	地域に見られる生産の仕事（農家）【3年】、我が国の水産業における食料生産【5年】
	理科		動物のからだのつくりと運動【4年】、植物の発芽と成長【5年】、動物のからだのはたらき【6年】	どれくらい育ったかな【3年】、暑くなると【4年】、花から実へ【5年】、植物のからだのはたらき【6年】	生き物のくらしと環境【6年】	実がたくさんできたよ【3年】
	生活	がっこうだいすき【1年】	たねをまこう【1年】、やさいをそだてよう【2年】			秋のくらし　さつまいもをしゅうかくしよう【2年】
	家庭		おいしい楽しい調理の力【5年】	朝食から健康な1日の生活を【6年】		
	体育			毎日の生活と健康【3年】		
	他教科等	たけのこぐん【2国】	茶つみ【3音】	ゆうすげむらの小さな旅館【3国】	おおきなかぶ【1国】海のいのち【6国】	
	道徳	自校の道徳科の指導計画に照らし、関連する内容項目を明記すること。				
	総合的な学習の時間		地元の伝統野菜をPRしよう【6年】			
特別活動	学級活動 ＊食育教材活用	給食がはじまるよ＊【1年】	元気のもと朝ごはん＊【2年】、生活リズムを調べてみよう＊【3年】、食べ物の栄養＊【5年】	よくかんで食べよう【4年】、朝食の大切さを知ろう【6年】	夏休みの健康な生活について考えよう【6年】	弁当の日のメニューを考えよう【5・6年】
	児童会活動	残菜調べ、片付け点検確認・呼びかけ 目標に対する取組等（5月：身支度チェック、12月：リクエスト献立募集・集計）掲示（5月：手洗い、11月：おやつに含まれる砂糖、2月：大豆の変身）		給食委員会発表「よく噛むことの大切さ」		
	学校行事	お花見給食、健康診断		全校集会		遠足
給食の時間	給食指導	仲良く食べよう 給食のきまりを覚えよう 楽しい給食時間にしよう	楽しく食べよう 食事の環境について考えよう			食べ物を大切にしよう 感謝して食べよう
	食に関する指導	給食を知ろう 食べ物の働きを知ろう 季節の食べ物について知ろう				食べ物の名前を知ろう 食べ物の三つの働きを知ろう 食生活について考えよう
学校給食の関連事項	月目標	給食の準備をきちんとしよう	きれいなエプロンを身につけよう	よくかんで食べよう	楽しく食事をしよう	正しく配膳をしよう
	食文化の伝承	お花見献立	端午の節句		七夕献立	お月見献立
	行事食	入学進級祝献立、お花見献立		カミカミ献立		祖父母招待献立、すいとん汁
	その他		野菜ソテー	卵料理		
	旬の食材	なばな、春キャベツ、たけのこ、新たまねぎ、きよみ	アスパラガス、グリーンピース、そらまめ、新たまねぎ、いちご	アスパラガス、じゃがいも、にら、いちご、びわ、アンデスメロン、さくらんぼ	おくら、なす、かぼちゃ、ピーマン、レタス、ミニトマト、すいか、プラム	さんま、さといも、ミニトマト、とうもろこし、かぼちゃ、えだまめ、きのこ、なす、ぶどう、なし
	地場産物	じゃがいも	こまつな、チンゲンサイ、じゃがいも	こまつな、チンゲンサイ	なす、ミニトマト	こまつな、チンゲンサイ、たまねぎ、じゃがいも
		地場産物等の校内放送や指導カードを使用した給食時の指導充実。教科等の学習や体験活動と関連を図る。				
		推進委員会（農場訪問（体験）の計画等）				推進委員会
個別的な相談指導			すこやか教室		すこやか教室（面談）	
家庭・地域との連携		積極的な情報発信（自治体広報誌、ホームページ）、関係者評価の実施、公民館活動、地域ネットワーク（人材バンク）等の活用				
		学校だより、食育（給食）だより、保健だよりの発行 ・朝食の大切さ・運動と栄養・食中毒予防・夏休みの食生活・食事の量				・地元の野菜の特色
			学校公開日	学校給食試食会	公民館親子料理教室	家庭教育学級

給食の時間における食に関する指導や学校給食の関連事項についても記載

図8-3　食に関する指導の全体計画②（小学校）例

資料：文部科学省『食に関する指導の手引（第二次改訂版）』2019, p.44をもとに作成

における食に関する指導内容についても，計画し位置づける必要がある。

　また，地場産物の活用についても，全体計画に位置づけておく必要がある。学校給食に地域の産物を活用することは，地域の食文化や産業，生産，流通，消費など食料事情等について理解することにつながる。例えば，小学校の低学年では，自分の住んでいる地域で収穫できる食べ物に関心をもつこと，中学年では地域の産物に関心をもち，日常の食事と関連づけて考えることができること，高学年では地域の食文化や食料の生産，流通，消費などについて理解を深めることができるようにすることなどが考えられる。

　給食の時間は，給食という教材を通して，毎日繰り返し行うことができる食に関する指導の中心的な場面である。給食の時間における指導は，計画的，継続的な指導を行うことで，多くの指導機会を確保でき，極めて大きな教育効果を見込むことができる。そのため，全体計画の他，給食の時間における指導の学年別指導計画などを作成することも考えられる。

表8－2　給食の時間における指導の学年別指導計画：フレーム例（小学校）

月	月目標	献立作成のポイント	指導内容		
			1・2年	3・4年	5・6年
4月					

（2）栄養管理と衛生管理

　栄養教諭は，「児童生徒の栄養の指導及び管理をつかさどる」教師として，その専門性を生かし，食に関する指導の全体計画の作成や実践等で中心的な役割を果たすとともに，学校給食の管理において，栄養管理や衛生管理等に取り組み，学校内における教職員間及び家庭や地域との連携・調整での要としての役割を果たすことが求められている。

　学校給食の栄養管理は，「学校給食実施基準」（学校給食法第8条）の中で示されている「学校給食摂取基準」に基づいて行われる。学校給食摂取基準は，厚生労働省が策定した「日本人の食事摂取基準」を参考とし，その考え方を踏まえるとともに，児童・生徒の健康の増進および食育の推進を図るために望ましい栄養量を算出している。具体的には，家庭での食事で摂取量が不足していると推測される栄養素を，可能な範囲において学校給食で補うなどの工夫が行われている。栄養教諭には，学校給食摂取基準に基づいた献立作成や，食事状況調査や残食調査などによる状況把握の実施により適切な栄養管理を行い，栄養管理の内容を指導に生かすことができるよう配慮することが求められる。特に，給食の時間における指導は，学級担任が行うため，栄養教諭の専門的視点からの情報提供や，献立のねらいや栄養管理の状況を理解した上での給食の配食，全体および個別の指導を行うことが大切である。

　学校給食の衛生管理は，「学校給食衛生管理基準」（学校給食法第9条）に基づいて行われる。栄養教諭は，学校給食衛生管理基準に定められる衛生管理責任者として，施設および設備の衛生，食品の衛生および学校給食調理員の衛生の日常管理等にあたること，また，調理

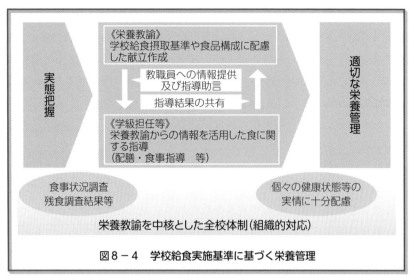

図8－4　学校給食実施基準に基づく栄養管理

資料：文部科学省『栄養教諭を中核としたこれからの学校の食育』2017，p.18

図8－5　学校給食衛生管理基準に基づく衛生管理

資料：文部科学省『栄養教諭を中核としたこれからの学校の食育』2017，p.20

　過程における下処理，調理，配送等の作業工程を分析し，各工程において清潔かつ迅速に加熱および冷却調理が適切に行われているかを確認し，その結果を記録することとされている。学校給食施設・設備等について衛生管理上適正を欠く事項があると認めた場合には，校長または共同調理場の長に申し出て，遅滞なく必要な措置を講じ，学級担任等が行う衛生管理に係る指導についても，専門的な立場から指導・助言を行うなど連携を図ることも必要である。また，検食や保存食の実施方法などに関する助言や検食結果の記録，保存状況の確認など，検食，保存食，調理，配食，使用水の安全確保，廃棄物の処理などの衛生管理が適切に実施されるよう調理員等と連携を図り指導・管理することも大切である。

　学校給食の衛生管理は，給食調理施設での調理工程はもとより，給食を受け入れてからの

学校における衛生管理も重要である。学校の配膳室は常に清潔に保ち，温度管理や容器等の汚染に配慮する必要がある。外部業者から直接学校に納入される食品（パン・牛乳等）の適切な検収，水道水の安全確保，各教室やランチルームなどの食事環境の整備，廃棄物の処理など，校内の衛生管理については，校長を中心とした衛生管理委員会（学校保健委員会）等において組織的に取り組むことが大切である。

　学校給食を食に関する指導の教材として活用するためには，衛生管理された栄養バランスのよいおいしい給食であることが基本である。学校給食が，栄養バランスのとれた食事のモデルとして，家庭における日常の食生活の指標や児童・生徒の日常または将来の食事作りの指標となるよう，献立を作成することが求められる。また，栄養教諭は，献立が，学校給食施設および設備，人員等の能力に応じたものであり，衛生的な作業工程および作業動線となるよう，配慮することも必要である。

2．指導における留意点

1）学校給食におけるリスクマネジメント

　学校給食は，安全性を担保した上で実施することが重要である。児童・生徒が給食を食べる際に想定されるリスク要因として，食中毒，異物混入，食物アレルギー，窒息等が考えられる。衛生的な環境のもと，児童・生徒が楽しく安全に食事ができるよう，事故防止に十分配慮する必要がある。給食当番チェックリストを**表8-3**に示した。学校給食を原因とするリスクについては，校内マニュアル等を整備し，未然防止や緊急時の対応を行うことが大切である。

〔例：食中毒の防止〕

　近年は，少量の菌数で発症するウイルス性の食中毒が季節を問わず発生している。他にも，ノロウイルスに代表される「人を介して感染が拡大するおそれのあるウイルス」に感染する危険があり，教室等での給食当番活動等における衛生管理について注意が必要である。

a．未然防止のポイント

・「学校給食衛生管理基準」に基づき，給食当番の健康状況を点検，記録する。

・児童・生徒に胃腸炎の症状（腹痛・下痢・嘔吐等）がある場合は，給食当番を交代させる。

・給食当番はもとより，児童・生徒全員に食事の前，用便後の手洗いを徹底させる。

・校内で嘔吐があった際の嘔吐物の処理について全教職員が共通理解し，適切に対応する。

・食器具に嘔吐物が付着した場合，次亜塩素酸ナトリウム溶液（塩素濃度1,000ppmに10分）に浸して一次消毒をした後，消毒済みであることがわかるように給食調理施設に返却する。

b．発生時対応の留意点

・胃腸炎による欠席者や体調不良者が多数の場

表8-3　給食当番チェックリスト

□ 下痢をしている者はいない。
□ 発熱，腹痛，嘔吐をしている者はいない。
□ 衛生的な服装をしている。
□ 手指は確実に洗浄した。

合，食中毒を疑う。疑いが発生した時点で，対応マニュアルに沿って迅速な対応を行う。
・家庭への情報提供を行い，家庭内での二次感染防止に努める。

2）給食の時間における指導の評価

　給食の時間における食に関する指導についても，計画策定時に設定した指標に基づき，取り組み状況や取り組みの成果などについて，活動指標や成果指標を用いて振り返りを行うことが必要である。また，学校における食育は，食に関する指導と学校給食の管理を一体として行うことから，評価指標は，食に関する指導と給食管理それぞれについて設定することも大切である。なお，給食の時間における指導の評価を，学校における食育の推進の評価に反映させることも必要である。

3）給食時間の指導上の留意点

　学校給食は，授業日のほぼ毎日行われることから，計画的・継続的に指導を行うことの教育的意義は大きい。児童・生徒は，給食の準備・会食・後片付けといった一連の活動を通して，基本的な食習慣を身に付けられる。そのため，これらの活動が，責任感や自主性・協調性・思いやりの心を育て，社会性の涵養につながるよう配慮することが大切である。また，給食そのものを教材として，自己の健康に適した食べ方を学んだり，食品の生産や流通，地域の食文化を理解したりできるため，教材となる献立を作成することが求められる。食事の多くが家庭で行われるため，家庭にも発信し，家庭と連携した指導を行うことも大切である。

　栄養教諭は，給食の時間において一人一人の児童・生徒の特性を考慮し，その指導が画一的にならないよう配慮する必要がある。特に，食物アレルギー，肥満・やせ傾向等，個別的な指導を必要とする場合は，学級担任，養護教諭，学校医，保護者等と連携の上，食生活の実態把握や個別的な相談指導を行う。また，残食の減量や正しい食事マナーの定着には継続した指導が必要であり，栄養教諭から学級担任等への情報提供や指導助言も有効である。なお，課題によっては，プライバシーに配慮が必要な場合もあり，慎重な対応が望まれる。

　給食時間の指導は，学級担任によって行われるため，指導内容や献立のねらいが十分に理解されるよう，計画作成の段階から共通理解を図り，学級担任と栄養教諭が連携し指導することが大切である。

【参考文献】
・文部科学省『小学校学習指導要領（平成29年告示）』東洋館出版社，2018
・文部科学省『中学校学習指導要領（平成29年告示）』東山書房，2018
・文部科学省『小学校学習指導要領（平成29年告示）解説　特別活動編』東洋館出版社，2018
・文部科学省『中学校学習指導要領（平成29年告示）解説　特別活動編』東山書房，2018
・文部科学省『食に関する指導の手引（第二次改訂版)』2019
・文部科学省『栄養教諭を中核としたこれからの学校の食育』2017

第9章　教科等における食に関する指導

　食に関する指導にあたっては，体育科，保健体育科における望ましい生活習慣の育成や，家庭科，技術・家庭科における食生活に関する指導，特別活動における給食の時間を中心とした指導などを相互に関連させながら，学校教育活動全体として効果的に取り組むことが重要である。そこで，本章では，食に関する指導に関連付けられる教科等について，学習内容や指導の考え方，指導事例などについて紹介する。

1．生活科における食に関する指導

1）小学校学習指導要領「生活科」の目標

　生活科の教科目標や学年の目標を理解することは，生活科において食に関する指導を進めるときに必要なことである。平成29年告示の小学校学習指導要領には，生活科の目標が大きく3つの要素で構成され，次のように示されている。

〔教科の目標〕
　具体的な活動や体験を通して，身近な生活に関わる見方・考え方を生かし，自立し生活を豊かにしていくための資質・能力を次のとおり育成することを目指す。
　(1) 活動や体験の過程において，自分自身，身近な人々，社会及び自然の特徴やよさ，それらの関わり等に気付くとともに，生活上必要な習慣や技能を身に付けるようにする。
　(2) 身近な人々，社会及び自然を自分との関わりで捉え，自分自身や自分の生活について考え，表現することができるようにする。
　(3) 身近な人々，社会及び自然に自ら働きかけ，意欲や自信をもって学んだり生活を豊かにしたりしようとする態度を養う。

(1)「具体的な活動や体験を通して」とは
　見る，聞く，触れる，作る，探す，育てる，遊ぶなどの直接働きかける活動，活動の楽しさや気付いたことなどを言葉，絵，動作，劇化など多様な方法によって表現することである。食に関しては，野菜を育てる，収穫する，料理する，試食するなどの活動が考えられる。
(2)「身近な生活に関わる見方・考え方を生かし」とは
　児童自身がすでに有している見方・考え方を発揮し，身近な人々，社会および自然を自分との関わりで捉え，よりよい生活に向けて思いや願いを実現しようとすることであると考えられる。例えば，身近にみられる食に関する仕事をしている人々と自分との関わりに関心をもつようにすることが考えられる。また，食べるという行為と自分の心身の成長の関わりに気付き，食生活について考える機会にもなる。

（3）「自立し生活を豊かにしていく」とは

　ここでいう「自立」とは，学習の自立，生活上の自立，精神的な自立という3つの自立を意味し，「豊かにしていく」とは生活科の学びを実生活に生かし，よりよい生活を創造していくことである。特に食に関する教材や学習活動を取り上げた場合，学校給食や食生活とも関連づけながら一つ一つの関わりが深まり日々の生活が充実することが期待できる。

◤ 2）小学校学習指導要領「生活科」における食に関連する内容

（1）生活科の内容構成

　平成29年告示の小学校学習指導要領には，生活科の内容が2学年分（第1学年，第2学年）まとめて，9項目で示されている。これらを各学校が2学年に配分して取り上げることになっている。ここには，健康で安全な生活，身近な人々との接し方，地域への愛着，公共の意識とマナー，生産と消費，情報と交流，身近な自然との触れ合い，時間と季節，遊びの工夫，成長への喜び，基本的な生活習慣や生活技能の11の視点から内容構成されている。

表9－1　生活科における食に関連する内容と食に関する指導の視点

食に関連する内容	食に関する指導の視点
(1)学校の施設の様子や学校生活を支えている人々や友達（中略）などについて考えることができ，学校での生活は様々な人や施設と関わっていることが分かり（後略）	・学校の施設には給食を作る場所や，地域の給食センターから搬入される場所があること。 ・学校では栄養教諭などがおいしくて安全な給食を作っていること，そのことによって自分たちは学校生活を楽しく送ることができること。
(2)家庭における家族のことや自分でできることなどについて考えることができ，家庭での生活は互いに支え合っていることが分かり，自分の役割を積極的に果たしたり，規則正しく健康に気を付けて生活したりしようとする。	・家庭での生活は食事の用意をする人がいて自分自身が支えられていること。 ・家庭で自分の役割を果たすための仕事には食事の後片付けなどがあること。 ・健康な生活を送るためには毎日の食事を規則正しくとることが大切であること。
(3)地域の場所やそこで生活したり働いたりしている人々について考えることができ，自分たちの生活は様々な人や場所と関わっていることが分かり（後略）	・地域には自分たちの給食を作っている施設があることやそこで働く人によって自分たちの給食が作られ届けられていること。 ・地域の畑で農作業する人の話を聞き，収穫される野菜やそれらを使った料理があること。
(5)身近な自然を観察したり，季節や地域の行事に関わったりするなどの活動を通して，それらの違いや特徴を見付けることができ，自然の様子や四季の変化，季節によって（後略）	・毎日の食事や食べ物などから，四季の変化を楽しむことができること。 ・節句や伝統行事など季節や地域の行事などには，それぞれにちなんだ伝統的な食べ物（郷土料理や行事食）があること。
(7)動物を飼ったり植物を育てたりする活動を通して，それらの育つ場所，変化や成長の様子に関心をもって働きかけることができ，それらは生命をもっていることや成長していることに気付くとともに（後略）	・植物を育てるとき，さつまいもやだいずなどの野菜を取り上げることができること。 ・野菜は継続的に世話をすることによって成長し，やがて収穫ができること。 ・野菜は食材として活用することができること。

（2）生活科における食に関する指導

　生活科には固有の目標や内容があり，食に関する指導そのものを中心に扱うものではない。ここでは，生活科の目標や内容を実現させる過程に，「食に関する指導の視点」を位置づけるものである。その視点は，各学校が設定する食に関する指導の目標から導き出される。

3）教科の特質

　生活科は，児童の身近な生活圏を学習の場や対象とし，児童が具体的な活動や体験を通して，それらを自分との関わりにおいて一体的に捉えるとともに，自分自身の成長に気付いていくことで，「自立し生活を豊かにしていく」教科である。そのために児童の思いや願いを実現していく過程を重視する。特に，直接体験による対象との関わりや，振り返り，表現する活動によって気付きの質を高める指導を大切にする。

　食に関する指導においても，食事や睡眠などに関する習慣や技能を身に付けることで，規則正しく健康に気を付けて生活できるようにする。また，自分で野菜を育て，食べる活動などを通して，食の安全や命の大切さについて考える。生活科の学習は，食に関する理解を，より身近に実感をもって深めることにつながる。

4）栄養教諭の関わり

（1）担任とのティーム・ティーチング

　生活科の学習内容や教材，学習活動等が食と関わりがあるとき，栄養教諭はその職務や専門性を生かして，担任教師とティーム・ティーチングを組んで児童に指導することができる。その場合，授業を主導的に展開させるのは担任であるため，栄養教諭は補助的に関わることになるが，担任と一緒に指導計画や学習指導案を作成するところから関わっていきたい。具体的には，指導の目標やねらいは何か。栄養教諭とはどこでどのように児童に指導するか。そのための教材・資料をどう準備しておくかなど，事前の話し合いや準備が欠かせない。担任との役割分担を明確にした学習指導案を共同で作成してから授業に臨むようにしたい。

　なお，食に関する指導では，児童や家庭のプライバシーに関わる問題に遭遇することもある。また，食生活は家庭によって多様な実態がみられることから，事前に児童の状況などについて担任から情報を得ておくようにする。

（2）食や栄養についてのアドバイス

　栄養教諭は，食や栄養についての専門家である。栄養教諭の知識や技能，専門的な経験などを生かして，児童だけでなく担任教師に対しても必要かつ適切にアドバイスしたい。生活科の授業では，話の仕方に留意する。専門的な用語を使った説明は低学年の児童には理解が難しい。栄養やエネルギー，代謝や消化などの用語を使う場合は児童が理解できるような説明の仕方を担任と事前に話し合っておく必要がある。また，板書や配布するプリントの文字や言葉の表記についても配慮しなければならない。国語科等の学習で既習の漢字や，算数科等で学習する整数の位や単位などについても把握しておきたい。生活科の授業に適切に関わるためには生活科だけでなく他教科の学習内容や指導状況について把握することが欠かせな

い。さらに，具体的にイメージができるように，図や絵，写真や動画などの映像的な資料を活用したり，具体物を示したりしながら指導することが重要なポイントとなる。こうした指導技術も併せて身に付けていくようにしたい。

（3）実践事例

〔第1学年　生活科学習指導案〕

① 単元名　　　がっこうだいすき　きゅうしょくたんけん〔内容（1）〕

② 単元の目標

　学校の探検や，校内の人との交流などを通して，学校の施設の様子や学校生活を支える人々について考えることができ，学校での生活は様々な人や施設と関わっていることが分かり，楽しく安心して学校生活を送ることができるようにする。

③ 食育の視点

　○給食が届けられるまでに多くの人々が関わっていることに気付き，感謝して食べようとする態度を育てる。＜感謝の心＞

　○友達と協力して給食の準備や後片付けをしたり，マナーを考え楽しく食べたりすることができるようにする。＜社会性＞

④ 指導計画（全12時間）

　○学校たんけんのじゅんびをしよう（1時間）

　○学校をたんけんしよう（6時間）

　○見つけたことを発表しよう（3時間）　本時3／3

　○学校たんけんをふりかえろう（2時間）

⑤ 本時の目標

　学校探検でくわしく知りたいと思った給食のことを調べる体験活動やインタビューを通して，給食室の様子や給食が届けられるまでに関わる人々について考えることができる。

⑥ 展開例（10／12時間）

主な学習内容と活動	指導上の留意点（＊栄養教諭等）◆評価（方法）
○学校探検を振り返り，見てきた場所や，そこで働いていた人について発表する。 ・給食の食器や食缶があった ・給食の先生がいた ○給食ができるまでにどんな仕事があるのか調べ，いろいろな仕事があることに気付く。 〈給食の先生の仕事〉 ・献立を考える ・食べ物についての話をする	○絵や文，写真などを掲示し，学校探検で行った給食室の様子やどんな人がいたのかを思い出せるようにする。 ○給食の献立表を話題にし，自分たちが食べる給食ができるまでにどんな人が関わっているのか興味・関心がもてるようにする。 ○給食室の写真やVTRを見ることでいろいろな人が給食をできるまでに関わっていることに気付くことができるようにする。 ○給食の先生を紹介し，インタビューしたいことを発表するようにする ＊学校栄養職員は献立を考えたり，食べ物についての話をしたりする仕事をしていることを話す。

〈給食ができるまで〉 　・たくさんの食材を使うこと 　・大きな道具や機械を使うこと 〈給食の材料がとどけられるまで〉 　・牛乳屋さんやパン屋さんが届けてくれること 　・地域で作られた野菜を使うこともあること ○給食の先生の話を聞き，感想を発表し，楽しい給食時間にするためのめあてをもつ。 　・いろいろな工夫をしているんだな 　・手洗いをしてきれいな手で準備したい 　・残さずに食べるようにしたい ○本時の学習を振り返り，どのようなことが分かったか発表し，気付いたことをまとめる。	＊今日の給食に使われている食材をその働きごとに分類することで，給食は栄養のバランスを考えて作っていることを話す。 ○給食は調理員さんが作っていることを知らせ，調理で使われているしゃもじやひしゃくなどの道具を実際に持つことで，その大きさや重さを実感できるようにする。 ○給食の先生や，調理したりする人の他に，牛乳やパン，給食の食材を毎日届けてくれる人がいることを知らせる。 ◆給食ができるまでの仕事やそれらの仕事に携わっている人々について考えている。 　　　　　【思考力・判断力・表現】（発言，行動観察） ○給食の先生に思いや願いを話してもらい，自分自身が給食の時間に実践していきたいことを考えていく契機とする。 ＊給食の準備やマナーなどにも触れ，楽しくおいしく食べてほしいことや，何でも食べて元気な心と体になってほしいことなどを話す。 ○給食ができるまでには様々な人の存在や役割があり学校生活が支えられていることを確かめ，自分たちの生活の中でいろいろな先生や友達に関心をもって関わっていこうとする気持ちを高めていく。

2.「家庭科」,「技術・家庭科（家庭分野）」における 食に関する指導

　小学校「家庭科」および中学校「技術・家庭科（家庭分野）」では，生活に必要な知識および技能を身に付け，日常生活の中から問題を見いだして課題を設定し，課題を解決する力，家族の一員として生活をよりよくしようと工夫する実践的な態度を育てることをねらいとしている。栄養教諭が，食の専門家として，小・中学校の学級担任や教科担任等と連携を図り，指導計画の作成や指導資料の提供，教材作成などに積極的に関わり，児童・生徒の教科の目標の達成および食に関する指導が充実していくことを期待する。

1）小学校「家庭科」における食に関する指導

（1）小学校学習指導要領「家庭」の目標
　平成29年告示の学習指導要領における小学校家庭科の目標は，次のとおりである。

〔教科の目標〕
　生活の営みに係る見方・考え方を働かせ，衣食住などに関する実践的・体験的な活動を通して，生活をよりよくしようと工夫する資質・能力を次のとおり育成することを目指す。
（1）家族や家庭，衣食住，消費や環境などについて，日常生活に必要な基礎的な理解を図るとともに，それらに係る技能を身に付けるようにする。

（2）日常生活の中から問題を見いだして課題を設定し，様々な解決方法を考え，実践を評価・改善し，考えたことを表現するなど，課題を解決する力を養う。

（3）家庭生活を大切にする心情を育み，家族や地域の人々との関わりを考え，家族の一員として，生活をよりよくしようと工夫する実践的な態度を養う。

（2）小学校学習指導要領「家庭」の内容と食に関する指導部分

　生活や学習の基盤となる食育を一層推進するために，「B　衣食住の生活」の食生活に関する内容を中学校との系統性を図り，食事の役割，調理の基礎，栄養を考えた食事で構成し，基礎的・基本的な知識および技能を確実に習得できるようにしている。

　また，原則として「知識及び技能」の習得と「思考力，判断力，表現力等」の育成に関する二つの指導事項をア，イで構成している。

表9-2　学習指導要領「家庭」の内容と食に関する指導

内容	備考
次の（1）～（6）までの項目について，課題をもって，健康・快適・安全で豊かな食生活，衣生活，住生活に向けて考え，工夫する活動を通して，次の事項を身に付けることができるよう指導する。 （1）「食事の役割」 　ア　食事の役割が分かり，日常の食事の大切さと食事の仕方について理解すること。※朝食欠食の改善 　イ　楽しく食べるために日常の食事の仕方を考え，工夫すること。※共食 （2）調理の基礎 　ア　次のような知識及び技能を身に付けること。 　（ア）調理に必要な材料の分量や手順が分かり，調理計画について理解すること。※環境への配慮，地産地消の推進，食の安全 　（イ）調理に必要な用具や食器の安全で衛生的な取扱い及び加熱用調理器具の取扱いについて理解し，適切に使用できること。 　（ウ）材料に応じた洗い方，調理に適した切り方，味の付け方，盛り付け，配膳及び後片付けを理解し，適切にできること。 　（エ）材料に適したゆで方，いため方を理解し，適切にできること。 　（オ）伝統的な日常食である米飯及びみそ汁の調理の仕方を理解し，適切にできること。※日本の食文化の継承 　イ　おいしく食べるために調理計画を考え，調理の仕方を工夫すること。 （3）栄養を考えた食事 　ア　次のような知識を身に付けること。 　（ア）体に必要な栄養素の種類と主な働きについて理解すること。 　（イ）食品の栄養的な特徴が分かり，料理や食品を組み合わせてとる必要があることを理解すること。 　（ウ）献立を構成する要素が分かり，1食分の献立作成の方法について理解すること。※栄養バランスの良い食事 　イ　1食分の献立について栄養バランスを考え，工夫すること。	・イ楽しく食べるための工夫をするために，アを理解し，イで具体的に考える ・食事の大切さだけでなく，「食事の仕方」に着目した指導内容を重視 ・知識は「～理解すること」，技能は「適切に～できること」 ・こんろから「加熱用調理器具」へ変更し機器の多様化への対応 ・「調理に適した」という見方・考え方 ・日本の文化を強調 ・工夫としてイを新設 ・食品だけでなく料理の組み合わせにも着目させる ・（3）ア（ウ）を新設し，献立の構成要素の理解

※第4次食育推進基本計画との関連

（3）教科の特質【小学校・（中学校）】

　家庭科（家庭分野）では，従来からの学習方法の特質を述べた実践的・体験的な活動を通して，家庭科（家庭分野）が学習対象とする家族・家庭，衣食住の生活，消費生活・環境に関する日常生活の（家族・家庭や地域における）様々な問題を，新たに協力・協働，健康・快適・安全，生活文化の継承・創造，持続可能な社会の構築等の視点を，生活の営みに係る見方・考え方として捉え直し，生涯にわたって家庭生活（自立し共に生きる生活）を創造できるよう，よりよい生活を営むために工夫する資質・能力を育成していくことを示している。

（4）栄養教諭の関わり【小学校・（中学校）】

　家庭科（家庭分野）では，食に関する指導と密接に関連する内容があり，専門性を有する栄養教諭が授業に参画することにより，次のようなことが期待できる。その際は，家庭科（家庭分野）の目標や内容を身に付けさせることを第一義的に考え，学級担任や教科担任等と連携し，ねらいを共有して授業にあたることが大切である。

　　・目標や内容の理解の深まり：栄養教諭の専門性を生かした指導，教科等横断的な食に関わる年間指導計画の作成や改善

　　・教材や題材の充実：栄養教諭の専門性を生かした資料やVTR，パワーポイントなど教材の充実および掲示物作成などの環境整備

　　・個々の学習活動に対する柔軟な支援：個に応じた指導，学校給食時間等を活用した柔軟な支援

ａ．授業の中での参画

（ａ）ティーム・ティーチング

　①T1（担任または教科担任）が主に授業を進め，T2（栄養教諭）が適宜説明を行う。

　②T1とT2が一緒に対話をしながら，説明を行う。

　③T2が1部の場面の講話や実技を行い，T1はコーディネーターとして児童（生徒）との質疑などを深める。

（ｂ）個別指導

ｂ．授業の事前・事後における参画

（ａ）教材研究

　①栄養教諭としての専門的な立場からの資料の提供（データ，掛け図，カード）。

　②学校給食など児童（生徒）の身近な食に関係する資料の提供（動画，献立表）。

（ｂ）環境整備

　教室やランチルーム，廊下などに，授業に関わりのある掲示資料の作成。

（ｃ）児童（生徒）への支援

　①自由課題や家庭学習などで行ってきた個々の児童（生徒）に応じた助言。

　②授業の内容を児童会（生徒会）活動に広げる支援。

ｃ．指導計画に基づく打ち合わせ

（ａ）年間指導計画の改善（学校行事や学校給食等との関連）

（ｂ）資料作成

ｄ．栄養教諭の参画例

　題材の展開の中で，前述したａ．～ｃ．における参画の方法について学級担任（教科担任）と事前に話し合っておくことで，より家庭科の目標の達成につなげられる（**表9－3**）。

表9－3　参画の例：第6学年　題材名　こんだてを工夫して（授業総数11時間）

小題材	○予想される栄養教諭担当箇所	支援方法 ※（　）はp.103 ａ～ｃの参画の方法
どのような料理や食品を組み合わせて食べるとよいだろう（1）	○1食分の献立の組み合わせ ○栄養バランスを考えた1食分の献立作成 ○身近な食品を用いて1食分のおかずの調理計画	・給食献立を活用した支援 　　　　　　　　　　　（a(a)，b(a)(b)） ・3つの食品のグループ・五大栄養素についての支援　(a(a)(b)，b(a)(b))
1食分の献立を立てよう（9）	○試し調理を行い，調理に合った切り方，ゆで方，いため方 ○調理のポイントを確認し，次時の調理計画の修正 ○調理の時間配分や手順を工夫した調理実習	・調理実習への支援,衛生管理面の支援,安全面への支援（食物アレルギー,衛生管理等）　　(a(a)(b)，b(a)(b))
食事の仕方を工夫しよう（1）	○給食の献立表を活用した指導 ○食事マナー指導	・食に関する指導と関連をもたせた支援　　　　　　(a(a)(b)，b(a)(b)(c)） ・実践したことの振り返りを年間指導計画に記載　　　(c(a)(b)，b(c)）

（使用教科書：開隆堂「わたしたちの家庭科」）

（5）実 践 事 例

〔第6学年　家庭科学習指導案〕

① 題材名　　こんだてを工夫して

② 目標

　○1食分の献立の整え方や材料や目的にあった調理の仕方や食事の役割がわかるようにするとともに，調理における適切な切り方や加熱の仕方，味付け，配膳や盛り付けができる。
　　　　　　　　　　　　　　　　　　　　　　　　　　　　　　（知識及び技能）

　○1食分の献立や調理計画，家族との食事について問題を見いだして課題を設定し，様々な解決方法を考え，実践を評価・改善し，考えたことを表現するなどして課題を解決する力を身に付けることができる。　　　　　（思考力，判断力，表現力等）

　○1食分の献立を立てたり，身近な食品を使った調理計画を立てて，調理しようとしたり，家族との楽しい食事を整えたりしようとする態度を養うことができる。
　　　　　　　　　　　　　　　　　　　　　　　　　　（学びに向う力，人間性等）

③ 題材計画（略）

④ 題目　　3つの食品のグループとその働き

⑤ 本時の目標　栄養のバランスを考え，工夫して自分の家庭に合った1食分の献立を立てることができる。　　　　　　　　　　　　　　（思考力，判断力，表現力等）

⑥　本時の指導

学習内容・活動	指導上の留意点　　◆評価	栄養教諭の関わり ※（　）は p.103 a〜c の参画方法
1　前時の学習を振り返る。	・主食，主菜，副菜の組み合わせで1食分の食事が構成されていることを想起できるようにする。	・本時は T 1（担任，教科担任），T 2（栄養教諭）のティーム・ティーチングとする。(a (a) ①)
2　本時の学習課題を知る。	・日常の食事や給食の献立を思い出させ，1食分の献立を考えるようにする。	・給食の写真の提供（b (a)）
栄養のバランスを考え，工夫して自分の家族のための1食分の献立を考えよう。	・児童の家庭での食事の様子を取り上げる場合は，プライバシーに十分配慮する。 ・健康などの視点から，主に栄養のバランスを考えるが，色どりや味のバランスについても気付くようにする。	・一汁三菜の食事が日本の伝統的な食事であることを知らせる。(a (a) ②) ・T 1（担任，教科担任）と共有し，ねらいが達成できるよう，献立作成の際のプリントや掲示資料等を作成する。（b (a)）
3　栄養のバランスを考え，家族の好みや身近な食材を使った1食分の献立を考える。	・事前に家族にインタビューすることで，家族の好みや身近な食品など，家族の想いについて取り入れられるようにする。 ・既習事項や生活経験と関連させて考えられるよう助言する。	・給食献立で工夫していることを伝え，栄養バランスを中心に考えるが彩りや味のバランスなどの視点について説明するとともに改善点を支援する。(a (a) ③)） ・献立を活用し日本の伝統食であるご飯とみそ汁についても確認できるようにする。（b (a)）
・自分の考えを学習カードに記入する。 ・学習カードの内容を踏まえてグループで話し合う。	◆栄養のバランス，家族の好みや食材を考え，自分の家族のために1食分の献立を工夫して立てている。【思考・判断・表現】（観察・学習カード）	・第4次食育推進基本計画と関連させ，地産地消の推進，食の安全，食文化の継承の意識の高揚をはかれるよう支援する。（b (a)） ・机間指導を行い，家族の好みの取り入れ方など個に応じた指導をする。(a (b))
4　まとめと振り返りをする。	・個人のまとめと振り返りについて確認し，次時につなげていけるようにする。	・見取った子どもの様子を担任等に伝え評価につなげていけるようにする。(a (b))

2）中学校「技術・家庭科」（家庭分野）における食に関する指導

（1）中学校学習指導要領「技術・家庭（家庭分野）」の目標

　平成29年告示の学習指導要領における中学校家庭分野の目標は，次のとおりである。

〔教科の目標〕
　生活の営みに係る見方・考え方を働かせ，衣食住などに関する実践的・体験的な活動を通して，よりよい生活の実現に向けて，生活を工夫し創造する資質・能力を次のとおり育成することを目指す。
（1）家族・家庭の機能について理解を深め，家族・家庭，衣食住，消費や環境などについて，生活の自立に必要な基礎的な理解を図るとともに，それらに係る技能を身に付けるようにする。
（2）家族・家庭や地域における生活の中から問題を見いだして課題を設定し，解決策を構想し，実践を評価・改善し，考察したことを論理的に表現するなど，これからの生活を展望して課題を解決する力を養う。

（3）自分と家族，家庭生活と地域との関わりを考え，家族や地域の人々と協働し，よりよい生活の実現に向けて，生活を工夫し創造しようとする実践的な態度を養う。

（2）中学校学習指導要領「家庭分野」の内容と食に関する指導部分

表9-4　学習指導要領「家庭分野」の内容と食に関する指導

内容	備考
次の（1）〜（7）までの項目について，課題をもって，健康・快適・安全で豊かな食生活，衣生活，住生活に向けて考え，工夫する活動を通して，次の事項を身に付けることができるように指導する。 （1）食事の役割と中学生の栄養の特徴 　ア　次のような知識を身に付けること。 　　（ア）生活の中で食事は果たす役割について理解すること。 　　（イ）中学生に必要な栄養の特徴が分かり，健康によい食習慣について理解すること。※生活習慣病の予防 　イ　健康によい食習慣について考え，工夫すること。 （2）中学生に必要な栄養を満たす食事 　ア　次のような知識を身に付けること。 　　（ア）栄養素の種類と働きが分かり，食品の栄養的な特質について理解すること。 　　（イ）中学生の1日に必要な食品の種類と概量が分かり，1日分の献立作成の方法について理解すること。※栄養バランスの良い食事 　イ　中学生の1日分の献立について考え，工夫すること （3）日常食の調理と地域の食文化 　ア　次のような知識及び技能を身に付けること。 　　（ア）日常生活と関連付け，用途に応じた食品の選択について理解し，適切にできること。 　　（イ）食品や調理用器具等の安全と衛生に留意した管理について理解し，適切にできること。 　　（ウ）材料に適した加熱調理の仕方について理解し，基礎的な日常食の調理が適切にできること。 　　（エ）地域の食文化について理解し，地域の食材を用いた和食の調理が適切にできること。※共食，食の安全，環境への配慮，地産地消等の推進，日本の食文化の継承 　イ　日常食の1食分の調理について，食品の選択や調理の仕方，調理計画を考え，工夫すること。	・イ健康などの視点からよりよい食習慣について考え，工夫をするために，アを理解し，イで具体的に考える。 ・食事を共にする（共食）について，行事食や郷土食が日本の文化を伝える役割があること。 ・特別活動（学級活動）「食育の観点を踏まえた学校給食と望ましい食習慣の形成」の学習との関連を図るよう配慮する。 ・食品の選択については，外観や表示等，安全面の面からアレルギーの表示や食品添加物，残留農薬等の基準値についても触れる。 ・小学校の「ゆでる，いためる」に加え，「煮る，焼く，蒸す等」の調理を扱う。 ・日本の食文化を理解するために和食を取り上げる。

※第4次食育推進基本計画との関連　　　　　　　　　　　　（使用教科書：技術・家庭　家庭分野（開隆堂））

（3）栄養教諭の参画例

表9-5　参画例：中学生　食生活と自立（総時数14時間）

小題材	○予想される栄養教諭担当箇所	支援方法※（　）はp.103 a〜c の参画の方法
調理の計画（1）	○調理の目的や手順を考えた計画の立て方	・献立の立て方への支援（給食献立の活用） （a(a)(b)，b(a)(b)）

おいしさと調理（1）	○混合だしからうまみとおいしさの関係	・調理器具及び調理のポイントや安全衛生面の支援（a(a)(b)，b(a)(b))
肉の調理（4）	○肉の品質の見分け方や調理上の性質，衛生的な扱い方 ○肉の加熱の仕方と調理用具の安全な取扱い方 ○肉の衛生的な扱いに留意した調理，調理実習の振り返り	・肉の安全な取扱い方，調理計画，実習への支援（a(a)(b)，b(a)(b)） ・安全面への支援（食物アレルギー，衛生管理）（a(a)(b)，b(a)(b)） ・実践したことの振り返りを年間指導計画に記載（c，b(c)）
魚の調理（4）	○魚の特徴と調理上の性質，衛生的な扱い方 ○魚の加熱の仕方と調理用具の安全な取扱い方	・魚の安全な取扱い方，調理計画，実習への支援（a(a)(b)，b(a)(b)） ・安全面への支援（食物アレルギー，衛生管理等）（a(a)(b)，b(a)(b)）
野菜の料理（4）	○野菜の特徴と調理上の性質，衛生的な扱い方	・野菜の特徴や調理場の性質，調理計画，実習への支援（a(a)(b)，b(a)(b)）

（4）実践事例

〔中学校　家庭分野学習指導案〕

① 題材名　日常食の調理

② 目標

　　日常生活と関連付け，用途に応じた食品の選択や材料に適した加熱調理の仕方，食品や調理用具等の安全と衛生に留意した管理について理解しているとともに，適切にできる。また，地域の食文化について理解しているとともに，地域の食材を用いた和食の調理が適切にできる。　　　　　　　　　　　　　　　　　　（知識及び技能）

　　日常の1食分の調理における食品の選択や調理の仕方，調理計画について問題を見出して課題を設定し，解決策を構想し，実践を評価・改善し，考察したことを理論的に表現するなど課題を解決する力を身につけている。　　（思考力，判断力，表現力等）

　　家族や地域の人々と協働し，よりよい生活の実現に向け，日常食の調理と地域の食文化について課題の解決に主体的に取り組んだり，振り返って改善したりして，生活を工夫し，創造し，実践しようとしている。　　　　　　　　（学びに向かう力，人間性等）

③ 題材計画（略）

④ 題目　魚を使った調理

⑤ 本時の目標

　　魚の特徴や調理上の性質について理解することができる。（知識及び技能）

⑥ 本時の指導

学習内容・活動	指導上の留意点　◆評価	栄養教諭の関わり ※（　）はp.103a〜cの参画方法
1　前時の学習を振り返り，本時の学習課題を知る。	・前時の学習（肉の調理）を想起させ，安全で衛生的な取り扱い方について確認させる。	・肉の調理で学習した衛生面や安全面について，振り返り確認できるよう掲示資料などの提供。（b（b）） ・本時はT1（教科担任），T2（栄養教諭）のティーム・ティーチングとする。（a（a）①）
魚の鮮度の見分け方や調理上の性質についてまとめよう		
2　魚の鮮度や品質の見分け方や種類に適した調理法があることについてまとめる。 ・自分の考えを学習カードに記入する。 ・学習カードの内容を踏まえてグループで話し合う。 3　まとめと振り返りをする。	・グループで鮮度のよいものと数日たった魚を観察，比較させ，話合いを通して違いに気付くようにする。 ・安全で衛生的な扱い方が工夫できるよう助言する。 ◆魚の鮮度の見分け方や調理上の性質について文章でまとめている。【知識及び理解】（観察・学習カード） ・個人のまとめと振り返りについて確認し，次時につなげていけるようにする。	・魚の鮮度や種類によって，調理法が異なることを給食での調理の工夫点を例に挙げて説明する。（a（a）②） ・机間指導を行い，個に応じた指導をする。（a（b）） ・魚料理を学校給食につなげる。（c（a）） ・見取った子どもの様子を担任等に伝え評価につなげていけるようにする。（a（b）） ・第4次食育推進基本計画と関連させ，環境への配慮への意識の高揚をはかれるよう支援する。（b（a））

3．「体育科」，「保健体育科」における食に関する指導

　体育科，保健体育科における「保健」では，生涯にわたって心身の健康を保持増進するための資質・能力を育成することを目指している。疾病の予防や発育・発達，健康の保持増進などに関する内容について学習する際，「運動，食事，休養及び睡眠」については，食育の観点も踏まえつつ，健康的な生活習慣の形成に結びつくよう配慮することとしており，小・中・高等学校それぞれに位置づけられている。

1）学習指導要領「体育科」，「保健体育科」の目標

　「保健」は，健康・安全に関する基礎的・基本的な内容を体系的に学習することにより，健康課題を認識し，これらを科学的に思考・判断し，適切に対処できるようにすることをねらいとしており，小学校，中学校，高等学校の発達段階に応じた目標が定められている。

（1）小学校学習指導要領「体育科」の目標

〔教科の目標〕
　体育や保健の見方・考え方を働かせ，課題を見付け，その解決に向けた学習過程を通して，心と体を一体として捉え，生涯にわたって心身の健康を保持増進し豊かなスポーツライフを実現するための資質・能力を次のとおり育成することを目指す。
（1）その特性に応じた各種の運動の行い方及び身近な生活における健康・安全について理解するとともに，基本的な動きや技能を身に付けるようにする。
（2）運動や健康についての自己の課題を見付け，その解決に向けて思考し判断するとともに，他者に伝

える力を養う。

（3）運動に親しむとともに健康の保持増進と体力の向上を目指し，楽しく明るい生活を営む態度を養う。

（2）中学校学習指導要領「保健体育科（保健分野）」の目標

〔教科の目標（保健分野）〕

（1）個人生活における健康・安全について理解するとともに，基本的な技能を身に付けるようにする。

（2）健康についての自他の課題を発見し，よりよい解決に向けて思考し判断するとともに，他者に伝える力を養う。

（3）生涯を通じて心身の健康の保持増進を目指し，明るく豊かな生活を営む態度を養う。

（3）高等学校学習指導要領「保健体育科」（科目保健）の目標

〔教科の目標〕

保健の見方・考え方を働かせ，合理的，計画的な解決に向けた学習過程を通して，生涯を通じて人々が自らの健康や環境を適切に管理し，改善していくための資質・能力を次のとおり育成する。

（1）個人及び社会生活における健康・安全について理解を深めるとともに，技能を身に付けるようにする。

（2）健康についての自他や社会の課題を発見し，合理的，計画的な解決に向けて思考し判断するとともに，目的や状況に応じて他者に伝える力を養う。

（3）生涯を通じて自他の健康の保持増進やそれを支える環境づくりを目指し，明るく豊かで活力ある生活を営む態度を養う。

2）学習指導要領「体育科」，「保健体育科」における食に関する内容

（1）小学校学習指導要領「体育科」における食に関連する内容

「健康な生活」（小学校第3学年）

（1）健康な生活について，課題を見付け，その解決を目指した活動を通して，次の事項を身に付けることができるよう指導する。

　ア　健康な生活について理解すること。

　　（イ）毎日を健康に過ごすには，運動，食事，休養及び睡眠の調和のとれた生活を続けること，また，体の清潔を保つことなどが必要であること。

　イ　健康な生活について課題を見付け，その解決に向けて考え，それを表現すること。

「体の発育・発達」（小学校第4学年）

（2）体の発育・発達について，課題を見付け，その解決を目指した活動を通して，次の事項を身に付けることができるよう指導する。

　ア　体の発育・発達について理解すること。

　　（ウ）体をよりよく発育・発達させるには，適切な運動，食事，休養及び睡眠が必要であること。

　イ　体がよりよく発育・発達するために，課題を見付け，その解決に向けて考え，それを表現すること。

「病気の予防」（小学校第6学年）

（3）病気の予防について，課題を見付け，その解決を目指した活動を通して，次の事項を身に付けることができるよう指導する。

　ア　病気の予防について理解すること。

　　（ア）病気は，病原体，体の抵抗力，生活行動，環境が関わりあって起こること。

　　（イ）病原体が主な要因となって起こる病気の予防には，病原体が体に入るのを防ぐことや病原体に

対する体の抵抗力を高めることが必要であること。
　　（ウ）生活習慣病など生活行動が主な要因となって起こる病気の予防には，適切な運動，栄養の偏りの
　　　ない食事をとること，口腔の衛生を保つことなど，望ましい生活習慣を身に付ける必要があること。
　イ　病気を予防するために，課題を見付け，その解決に向けて思考し判断するとともに，それらを表現
　　すること。

（2）中学校学習指導要領「保健体育科（保健分野）」の食に関連する内容

「健康な生活と疾病の予防」
（1）健康な生活と疾病の予防について，課題を発見し，その解決を目指した活動を通して，次の事項を
　　身に付けることができるよう指導する。
　ア　健康な生活と疾病の予防について理解を深めること。
　　（イ）健康の保持増進には，年齢，生活環境等に応じた運動，食事，休養及び睡眠の調和のとれた生
　　　活を続ける必要があること。
　　（ウ）生活習慣病などは，運動不足，食事の量や質の偏り，休養や睡眠の不足などの生活習慣の乱れ
　　　が主な要因となって起こること。また，生活習慣病などの多くは，適切な運動，食事，休養及び睡
　　　眠の調和のとれた生活を実践することによって予防できること。
　イ　健康な生活と疾病の予防について，課題を発見し，その解決に向けて思考し判断するとともに，そ
　　れらを表現すること。

（3）高等学校学習指導要領「保健体育科（科目保健）」の食に関連する内容

「現代社会と健康」（入学年次及びその次の年次）
（1）現代社会と健康について，自他や社会の課題を発見し，その解決を目指した活動を通して，次の事
　　項を身に付けることができるよう指導する。
　ア　現代社会と健康について理解を深めること。
　　（ウ）生活習慣病などの予防と回復
　　　　健康の保持増進と生活習慣病などの予防と回復には，運動，食事，休養及び睡眠の調和のとれた生
　　　活の実践や疾病の早期発見，及び社会的な対策が必要であること。
　　（オ）精神疾患の予防と回復
　　　　精神疾患の予防と回復には，運動，食事，休養及び睡眠の調和のとれた生活を実践するとともに，心
　　　身の不調に気付くことが重要であること。また，疾病の早期発見及び社会的な対策が必要であること。
　イ　現代社会と健康について，課題を発見し，健康や安全に関する原則や概念に着目して解決の方法を
　　思考し判断するとともに，それらを表現すること。
「生涯を通じる健康」（入学年次及びその次の年次）
（3）生涯を通じる健康について，自他や社会の課題を発見し，その解決を目指した活動を通して，次の
　　事項を身に付けることができるよう指導する。
　ア　生涯を通じる健康について理解を深めること。
　　（ア）生涯の各段階における健康
　　　　生涯を通じる健康の保持増進や回復には，生涯の各段階の健康課題に応じた自己の健康管理及び環
　　　境づくりが関わっていること。
　イ　生涯を通じる健康に関する情報から課題を発見し，健康に関する原則や概念に着目して解決の方法
　　を思考し判断するとともに，それらを表現すること。
「健康を支える環境づくり」（入学年次及びその次の年次）
（4）健康を支える環境づくりについて，自他や社会の課題を発見し，その解決を目指した活動を通して，
　　次の事項を身に付けることができるよう指導する。

　ア　健康を支える環境づくりについて理解を深めること。
　（イ）食品と健康
　　　食品の安全性を確保することは健康を保持増進する上で重要であること。また，食品衛生活動は，食品の安全性を確保するよう基準が設定され，それに基づき行われていること。
　イ　健康を支える環境づくりに関する情報から課題を発見し，健康に関する原則や概念に着目して解決の方法を思考し判断するとともに，それらを表現すること。

3）「保健」における食に関連する内容

　「保健」において，食に関連する内容は小学校，中学校，高等学校で**図9－1**のように関連している。

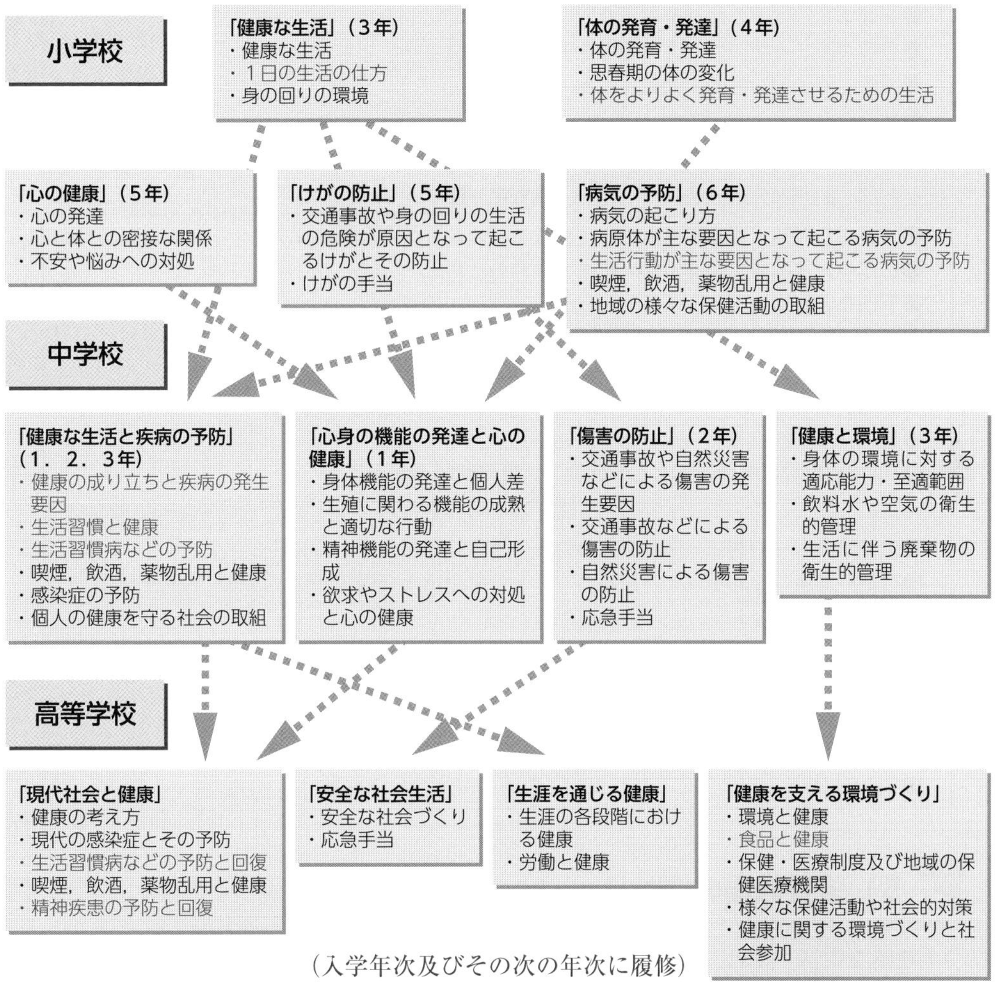

図9－1　小，中，高等学校の体育・保健体育科における「保健」の内容構成

◢ 4）「保健」における学習指導の工夫

　小学校学習指導要領（平成29年告示）解説体育編，中学校学習指導要領（平成29年告示）解説保健体育編，高等学校学習指導要領（平成30年告示）解説保健体育編 体育編において，体育科，保健体育科の指導計画の作成にあたり，児童・生徒の主体的・対話的で深い学びの実現を目指した授業改善を進めることとし，科目の特質に応じて効果的な学習ができるように配慮すべき内容が示されている。保健の指導にあたっては，健康に関心をもてるようにし，健康に関する課題を解決する学習活動を取り入れるなどの指導方法の工夫を行うこととしており，その具体的な工夫が各校種の学習指導要領解説に例示されている（**表9－6**）。

表9－6　保健の学習指導の工夫例

小　学　校
●身近な日常生活の体験や事例などを題材にした話し合い
●思考が深まる発問の工夫や思考を促す資料の提示
●課題の解決的な活動や発表
●ブレインストーミング
●けがの手当などの実習，実験
中　学　校
●内容への興味・関心を高めたり，思考を深めたりする発問の工夫
●自他の日常生活に関連が深い教材・教具の活用
●事例などを用いたディスカッション
●ブレインストーミング
●心肺蘇生法などの実習，実験
●課題学習
●（必要に応じて）コンピュータ等の活用
●（学校や地域の実情に応じた）保健・医療機関等の参画推進
高　等　学　校
●生徒の内容への興味・関心を高めたり，思考を深めたりする発問の工夫
●自他の健康やそれを支える環境づくりと日常生活との関連が深い教材・教具を活用
●ディスカッション
●ブレインストーミング
●ロールプレイング（役割演技法）
●心肺蘇生法などの実習，実験
●課題学習
●（学校や地域の実情に応じて）保健・医療機関等の参画推進

◢ 5）栄養教諭の関わり

○「健康な生活」では，食事だけを扱うのではなく，1日の生活のリズムに合わせて運動，休養および睡眠をとることが必要であることを指導する。

○「体の発育・発達」では，調和のとれた食事とはどのようなものか，学校給食の献立等を

教材として活用し，体をよりよく発育・発達させるための食事の仕方について指導する。体をつくるもとになるたんぱく質，不足しがちなカルシウム，不可欠なビタミンについては，運動，休養と併せて体の発育・発達に必要であることを理解できるよう指導する。

○「病気の予防」では，食事などの生活行動が主な要因となって起こる生活習慣病を教材として取り上げ，日常の適切でない食生活の積み重ねが生活習慣病を引き起こすことがあることについて，具体的な手立てを示す。また，運動，食事，休養および睡眠については，食育の観点も踏まえつつ健康的な生活習慣の形成に結び付くよう配慮して指導する。

○「生活習慣と健康（食生活と健康）」では，学校給食の献立などを教材として，年齢や運動量に応じた栄養素のバランスや食事の量について専門的な知識を生かした指導を行う。

○「生活習慣病などの予防」では，毎日の食事における量や頻度，栄養素のバランスを整えることなど適切な生活習慣を身に付ける必要があることを指導する。

○家庭や地域など外部との連携を図り，栄養教諭のネットワークを生かして，科学的でわかりやすい資料作成を行う。

◢ **6）保健の指導例**

〔中学校第1学年　保健体育科（保健分野）学習指導案〕

① 単元名　「健康な生活と疾病の予防」（イ）生活習慣と健康　㋑食生活と健康

② 食育の視点

　様々な食品の栄養的な特徴や栄養バランスのとれた食事の必要性など，心身の成長や健康の保持増進の上で望ましい栄養や食事のとり方を理解し，自ら管理していく能力を身に付ける。＜心身の健康＞

④ 指導計画（全4時間）

　　㋐ 運動と健康・・・・・・・1

　　㋑ 食生活と健康・・・・・・1（本時）

　　㋒ 休養及び睡眠と健康・・・1

　　㋓ 調和のとれた生活・・・・1

⑤ 展開例（第2／4時）

本時の目標

○健康を保持増進するためには，毎日適切な時間に食事をすること，年齢や運動量等に応じた栄養素のバランスや食事の量などについての知識を身に付けることができるようにする。　　　　　　　　　　　　　　　　　　　　　（知識及び技能）

○自他の食習慣の改善について，習得した知識を課題の解決のために活用するとともに，考えた方法を他者に伝えることができるようにする。（思考力，判断力，表現力等）

主な学習内容・学習活動	指導上の留意点　◆評価
○自分の1日の食生活を振り返る。	○ある1日の自分の生活について，食生活を中心に振り返り，どんな問題があるか考えるようにする。
○自分の1日の食生活の課題を考える ・ブレインストーミングを行う。 先週の土曜日（日曜日）を思い出し，自分の食生活を振り返ろう。 ①各自の考えを付箋紙に書く ②グループごとに模造紙に整理する ③学級の意見を黒板に整理する ○様々なケースについて食生活の課題を考える。 　①15歳学生の例 　②30歳代サラリーマンの例 　③60歳代退職後健康的な例 ○規則正しい食生活について考え，まとめたことを発表する 　・朝食の欠食が与える影響 　・夜遅くの食事 　・過度のダイエット 　・部活動に必要な栄養 　・間食の必要性　等	○自分の意見を付箋紙に書き，グループの画用紙に貼る。 ○できるだけたくさんの意見が出るよう働きかける。 《参考資料》 　・食品別エネルギー量 　・作業・運動別の消費エネルギー量 　・栄養の不足や摂りすぎによる障害例 ○年齢や運動量に応じて栄養素のバランスや食事の量などに配慮することが必要なことを助言する。 ○食に関する課題について，栄養教諭が専門的な立場から助言する。 ◆評価 　自他の食習慣の改善のための方策等について考えをまとめ，それらを他者に伝えている。 　　　　　　　　　　　　　　（思考・判断・表現） 　　　　　　　　　　　　　　【観察，学習カード】 ○年齢や運動量に応じた栄養のバランスや食事の量について，学校給食の献立を例に助言する。
○学習のまとめをする。	○朝食欠食や過度のダイエットの問題点について専門的な立場から助言する。

4．総合的な学習の時間における食に関する指導

　総合的な学習の時間では，各学校でその時間の目標や内容等を定めなければならない。

　栄養教諭が総合的な学習の時間に関わる際は，まず，自校の目標や内容等を確認し，総合的な学習の時間を通して，どのような資質・能力を児童・生徒に育成するのかを認識することが必要である。

1）学習指導要領「総合的な学習の時間」の目標

　総合的な学習の時間の目標は次のとおりである。

〔教科の目標〕
　探究的な見方・考え方を働かせ，横断的・総合的な学習を行うことを通して，よりよく課題を解決し，自己の生き方を考えていくための資質・能力を次のとおり育成することを目指す。
（1）探究的な学習の過程において，課題の解決に必要な知識及び技能を身に付け，課題に関わる概念を形成し，探究的な学習のよさを理解するようにする。【知識及び技能】
（2）実社会や実生活の中から問いを見いだし，自分で課題を立て，情報を集め，整理・分析して，まとめ・表現することができるようにする。【思考力，判断力，表現力等】

（3）探究的な学習に主体的・協働的に取り組むとともに，互いのよさを生かしながら，積極的に社会に
　　参画しようとする態度を養う。【学びに向かう力，人間性等】　　　　　　　※【　】内は筆者追記

図9－2を参照しながら総合的な学習の時間の構想を解説する。

まず，上記の学習指導要領が示す総合的な学習の時間の目標（第1の目標）を踏まえて，各学校においては，自校の総合的な学習の時間の目標を定め，その実現を目指さなければならない。

その際に留意しなければならいないことは，各学校で定める教育目標との関連を図ることである。つまり，総合的な学習の時間の特質が，各学校の教育目標の実現に生かされるようにしていくことが望まれることになる。これは，総合的な学習の時間が各学校のカリキュラム・マネジメントの中核になることが，これまで以上に明確になったことを意味するものである。

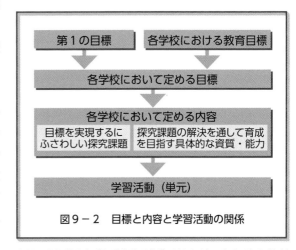

図9－2　目標と内容と学習活動の関係

資料：文部科学省『小学校学習指導要領（平成29年告示）解説 総合的な学習の時間編』2017

2）学習指導要領「総合的な学習の時間」の内容

各学校の総合的な学習の時間の目標が設定されたら，次に，学習する内容を決めることが必要となる。総合的な学習の時間で食に関する内容を設定するには，各学校の目標を実現するにふさわしい探究課題として設定するとともに，その探究課題の解決を通して育成を目指す具体的な資質・能力も示すことが求められる。

まず，探究課題に関しては，学習指導要領において，次に示す3つの課題が例示されている。これらの例示を参考にしながら，各学校では，地域や学校，児童・生徒の実態に応じて，探究的な見方・考え方を働かせ，横断的・総合的な学習を行うことができるようにしなければならない。そのためにも，よりよく課題を解決し，自己の生き方を考えていくことに結び付くような教育的に価値のある諸課題を探究課題として設定することが求められる。

また，探究課題は，従来で言う学習の「対象」であり，探究的に関わりを深める「人」・「もの」・「こと」を示したものである。

以下，学習指導要領（平成29年告示）解説「総合的な学習の時間編」（以下，総合解説と記載）で示されている「探究課題の3つの例示」（中学校は4つ）である。

【探究課題の例示】

◆国際理解，情報，環境，福祉・健康などの現代的な諸課題に対応する横断的・総合的な課題

◆地域の人々の暮らし，伝統と文化など地域や学校の特色に応じた課題（中学校は，地域や学校の特色に応じた課題）

◆児童・生徒の興味・関心に基づく課題

◆職業や自己の将来に関する課題（中学校）　など

　次に，探究課題の解決を通して育成を目指す具体的な資質・能力については，次の事項に配慮することが必要である。

　　ア　知識及び技能については，他教科等及び総合的な学習の時間で習得する知識及び技能が相互に関連付けられ，社会の中で生きて働くものとして形成されるようにすること。

　　イ　思考力，判断力，表現力等については，課題の設定，情報の収集，整理・分析，まとめ・表現などの探究的な学習の過程において発揮され，未知の状況において活用できるものとして身に付けられるようにすること。

　　ウ　学びに向かう力，人間性等については，自分自身に関すること及び他者や社会との関わりに関することの両方の視点を踏まえること。

　食に関する指導については，学習が体験だけで終わらないようにすることが大切である。学習活動を通してどのような資質・能力を育成していくのかを，探究課題を踏まえながら考えることが重要である。そして，児童・生徒の食に関する概念が具体性を増し，理解が深まるようにしなければならない。

3）総合的な学習の時間の特質

　各学校において，総合的な学習の時間の目標と内容が設定されれば，それらを実現するために具体的な単元計画の作成が必要となる。どのような点に留意して単元を構想すればよいのか，「（1）単元計画の基本的な考え方」について説明をする。また，単元計画の運用にあたっては，実際の授業における学習指導で，どのように児童・生徒に指導をすればよいのか，「（2）探究的な学習指導におけるポイント」について説明をする。

（1）単元計画の基本的な考え方

　単元を構想する際に留意する点として，総合解説には次の2点が重要なポイントとして説明されている。一つは，「児童による主体的で粘り強い課題の解決や探究的な学習活動を生み出すには，児童の興味や疑問を重視し，適切に取り扱うこと」である。もう一つは，「課題の解決や探究的な学習活動の展開において，いかにして教師が意図した学習を効果的に生み出していくか」ということである。

　①「児童による主体的で粘り強い課題の解決や探究的な学習活動を生み出すには，児童の興味や疑問を重視し，適切に取り扱うこと」とは，「教師主導ではなく児童・生徒の興味や疑問を重視しなさい」ということである。ここで特に押さえなければならないのは，「適切に取り扱う」という点である。「適切に取り扱う」とは，教師が総合的な学習の時間において価値ある学習に結びつくことが可能かどうかを見極めることが必要であるということである。児童・生徒の興味や疑問を重視するあまり，探究課題（学ぶ内容）が不明確で，育成すべき資質・能力が曖昧にならないようにしなければならない。

　しかしながら，総合的な学習の時間の単元構想においては，児童・生徒の関心や疑問が最優先されなければならない。児童・生徒の関心や疑問は，すべて本人の中に明確に意識されるものではなく無意識の中に存在していることも多い。また，児童・生徒の関心や疑問は，一つではなく多種多様である。現在の関心や疑問が，今後も変わることなく固定されるものではなく，児童・生徒が置かれている環境から受ける影響により，変化していくものであると捉えることが必要である。

　よって，栄養教諭として単元を構想する際は，児童・生徒の関心や疑問を日常的に捉えることが必要である。栄養教諭であっても，児童・生徒の日常生活での会話や普段の学習の様子等，自分の目で確かめたり，学級担任や教科担任等から情報を収集したりするなど，児童・生徒を適切に理解することに努めなければならない。その上で，探究課題を何にするのか，その際，どのような資質・能力が期待できるのかを十分に考えることが求められる。

　②「課題の解決や探究的な学習活動の展開において，いかにして教師が意図した学習を効果的に生み出していくか」とは，児童・生徒の興味や疑問を大事にしながらも，児童・生徒が育成すべき資質・能力を確実に身に付けられるように，教師の意図する学習を効果的に行うことも必要であるということである。その際のポイントを以下に述べる。

　一つは，深い児童・生徒理解である。ここでいう児童・生徒理解とは，今後展開される学習において児童・生徒の意識や活動の方向性を的確に予測することである。児童・生徒の立場になって複数の教員で児童・生徒の思いや願いを丁寧に予測することで，児童・生徒の思いや願いを大事にしながら，教師が意図した学習を効果的に生み出すことができる。

　もう一つは，十分な教材研究である。予想される学習活動を幅広く考えることが必要である。総合的な学習の時間は，体験が伴い児童・生徒の興味や関心も様々であるため，学習の過程において取り扱う内容も一つとは限らず，複数を扱うこともある。よって，**図9−3**のように，小学校の総合解説では，教員が教材研究を行う際に，一つの教材から思考を拡散して様々な学習の内容を考える手法が紹介されている。

（2）探究的な学習指導におけるポイント

　総合的な学習の時間では「探究的な見方・考え方」を働かせ，「探究的な学習」の一層の充実を図ることが求められる。その際の，具体的な学習指導のポイントとして2点に分けて説明する。

a．学習過程を探究的にすること

　探究的な学習にするためには，学習が次のような過程を経るようにすることが重要であり，総合解説では，次のように学習過程が示されている。

【①課題の設定】体験活動などを通して，課題を設定し課題意識をもつ
【②情報の収集】必要な情報を取り出したり収集したりする
【③整理・分析】収集した情報を，整理したり分析したりして思考する
【④まとめ・表現】気付きや発見，自分の考えなどをまとめ，判断し，表現する

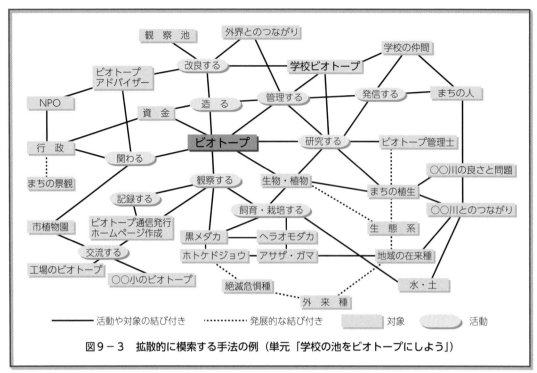

図9−3　拡散的に模索する手法の例（単元「学校の池をビオトープにしよう」）

資料：文部科学省『小学校学習指導要領（平成29年告示）解説 総合的な学習の時間編』2017，p.103

　このような探究の過程は，児童・生徒の学習の過程であり，およその流れのイメージである。教員が一方的にこの過程で指導するものではないことに留意したい。よって，順序よく①→②→③→④と繰り返されるわけではなく，②→①と順序が前後することもあるし，一つの学習活動の中に複数のプロセスが一体化して同時に行われる場合もある。また，この探究の過程は何度も繰り返させることで学習の質が高まっていく。

b．他者と協働して主体的に取り組む学習活動にすること

　協働的に学ぶことの重要性を意識するあまり，安易にグループ学習やペア学習を行うなど，児童・生徒の自分が取り組もうとする主体性がないままに展開することがある。ここで最も重要なのは，児童・生徒一人一人が協働的に学ぶよさを実感し，主体的に学ぶことで個性が生かされることである。よって，すべての児童・生徒が積極的かつ意欲的にグループ学習に参加する姿を望むことは適当でない。人前で話すことが苦手だったり，他者との関わりに困難さを示したりと様々な個性をもつ児童・生徒がいて当然であることを認識したい。

　児童・生徒の学習の質を高め探究的な学習を実現するために，次の3点に留意して協働的に取り組む学習活動を行うようにしたい。

　　ア）学習過程における整理・分析を質的に高めるために，多様な情報を活用して協働的に学ぶようにすること

　　イ）画一的な考え方にならないように異なる視点から考えることで，深まりのある協働的な学びにすること

ウ）友達や地域の方等と力を合わせたり交流したりして協働的に学ぶようにすること

4）栄養教諭の関わり

栄養教諭にとって総合的な学習の時間を担当する教員とどのような関わり方をすることが大切なのか，単元を「計画する」「実践する」「評価・改善する」の３つのプロセスに分けて説明する。どの段階においても重要なのは，普段から担当教員と連携を図ることである。

（1）「計画する」段階

まずは，児童・生徒の実態を把握し，育成すべき資質・能力を担当教員と共有することである。その上で，他教科等の学習内容と関連を図ったり，各学年間の系統を踏まえたりした上で，食に関する学習の探究課題を設定し，単元の構想を練ることが求められる。その際，学習で取り扱う食材の「旬」を考えて学習の時期を決めたり，学習に協力してもらえる校内外の人材や地域素材を見付けて紹介したりするなど，より専門的な知識を児童・生徒に提供できるようにすることが重要である。

（2）「実践する」段階

実際の授業場面において，児童・生徒は一人一人違った疑問や不安をもつことがある。その際，栄養教諭は「食の専門家」として，児童・生徒に生じる次のような内容に関する疑問に答えたり，支援をしたりすることが求められる。

・食材の種類や栄養と健康の関係
・地域の特産物や伝統食材，さらには伝統的な行事
・地域の農家や漁師等の食に関わる人材
・地域の食に関わる商店やJA・給食センター等の施設
・調理に関する知識や技能（作り方・食材の量・栄養のバランス・味付け・盛り付け・衛生面等）等

また，たとえば，児童・生徒が学習を通して考えた「体によい給食の献立」を考えたとすると，その献立を実際の給食に取り入れたり，給食通信や学校通信等で地域や保護者等に周知を図ったりすることも有効である。

（3）「評価・改善する」段階

実践をして終わりではなく，実践後の児童・生徒の学習状況の評価，そして，指導者側の単元計画のあり方の評価も必要である。その際，担当教員とは，学習時の児童・生徒の実態と育成すべき資質・能力に関して共通理解を図りながらそれらの評価を行い，そこから明らかになった成果と課題を共有することも大切である。特に明らかになった課題については，次に実践に向けて改善策を考えることが求められる（評価については本節の６）を参照）。

5）小学校の事例

次の実践事例は，平成20年版の小学校学習指導要領解説・総合的な学習の時間編に記載されている「「そば」づくりをしよう」という単元を基に筆者が整理したものである。

〔第5学年　学習指導案〕

① 単元名 「そば」づくりをしよう

② 探究課題

　・地域で代々「そば」を栽培する農家の思い（伝統文化）

　・代々栽培されている「そば」を実際に栽培する活動（栽培活動）

③ 単元の目標

　　地域で代々栽培されている「そば」の栽培活動を通して，生産者の思いにふれ，「そば」のよさに気付き，そのよさを守り続けるために「そば」打ちをしてＰＲ活動に取り組むことで地域への愛着を深めることができるようにする。

④ 食育の視点

　　○自分たちの住む県の産物，食文化や歴史等を理解し尊重する。＜食文化＞

　　○食物を大事にし，食物の生産等にかかわる人々に感謝する。＜感謝の心＞

⑤ 指導計画（50時間）

　　1　地域で代々栽培されている「そば」について知る。（5時間）

　　2　その「そば」を詳しく調査したり，実際に栽培したりする。（20時間）

　　3　調査したり，栽培したりして分かったことや感じたことなどを発表する。（10時間）

　　4　そば打ちを学び地域の方に食べてもらう。（15時間）

⑥ 展開

主な学習活動	指導上の留意点
○代々栽培されている「そば」について知る。 ○そばを栽培する。	・実際に「そば」を食べた後に，栄養教諭から，「そば」の歴史や食べ方等について解説してもらう。 ・そばを育てるための土作りや肥料，農薬をどうするかなどについて考える。さらに，環境問題や食の安全という視点から，栄養教諭に解説してもらう。
○そば打ちを学ぶ。	・健康食としての「そば」の視点に向かわせるために，家庭科と関連を図りながら「そば」の栄養価について考えられるようにする。
○そば打ちをしてそばを食べたり，ふるまったりする。	・栽培やそば打ちなど地域の人々からの学びを通して，「そば」を食文化や観光資源として高めてきたことを知るために，地域の人々の知恵や工夫，苦労や努力について気付ける学習を準備する。

※そばを食べる学習活動から，そばが体によいこと，アレルギーに関することなど「健康」についての学習に発展する可能性がある。

▶ 6）評価について

　総合的な学習の時間の評価は，他教科等同様の「目標に準拠した評価」である。よって，各学校において設定する観点に沿って評価規準を作成しなければならない。児童・生徒の成長を多面的に捉えるために，多様な評価方法や，複数の評価者による評価を適切に組み合わせ，学習状況の結果だけでなくその過程を評価できるように留意する必要がある。また，学

習状況の評価だけでなく，実際の学習活動が教育課程全体の中でどのような成果と課題があったのか，カリキュラム・マネジメントの視点からの評価も位置づけていかなければならない。

5．特別活動における食に関する指導

特別活動とは，様々な集団活動を通して，問題の発見や解決を行い，よりよい集団や学校生活を目指して行われる活動の総体である。特別活動における食に関する指導は，主に，学級活動，学校行事を中心として行われるが，他の内容でも児童・生徒が自発的に食に関する活動に取り組むことも十分に考えられる。

1）学習指導要領「特別活動」の目標

（1）小学校学習指導要領「特別活動」の目標

平成29年告示の小学校学習指導要領第6章第1「目標」で，次のとおり示している。

〔教科の目標〕

集団や社会の形成者としての見方・考え方を働かせ，様々な集団活動に自主的，実践的に取り組み，互いのよさや可能性を発揮しながら集団や自己の生活上の課題を解決することを通して，次のとおり資質・能力を育成することを目指す。
（1）多様な他者と協働する様々な集団活動の意義や活動を行う上で必要となることについて理解し，行動の仕方を身に付けるようにする。
（2）集団や自己の生活，人間関係の課題を見いだし，解決するために話し合い，合意形成を図ったり，意思決定したりすることができるようにする。
（3）自主的，実践的な集団活動を通して身に付けたことを生かして，集団や社会における生活及び人間関係をよりよく形成するとともに，自己の生き方についての考えを深め，自己実現を図ろうとする態度を養う。

この特別活動の目標は，学級活動，児童会活動，クラブ活動および学校行事の4つの内容の目標を総括する目標である。

（2）中学校学習指導要領「特別活動」の目標

平成29年告示の中学校学習指導要領第5章第1「目標」で，次のとおり示している。

〔教科の目標〕

集団や社会の形成者としての見方・考え方を働かせ，様々な集団活動に自主的，実践的に取り組み，互いのよさや可能性を発揮しながら集団や自己の生活上の課題を解決することを通して，次のとおり資質・能力を育成することを目指す。
（1）多様な他者と協働する様々な集団活動の意義や活動を行う上で必要となることについて理解し，行動の仕方を身に付けるようにする。
（2）集団や自己の生活，人間関係の課題を見いだし，解決するために話し合い，合意形成を図ったり，意思決定したりすることができるようにする。
（3）自主的，実践的な集団活動を通して身に付けたことを生かして，集団や社会における生活及び人間関係をよりよく形成するとともに，人間としての生き方についての考えを深め，自己実現を図ろうとする態度を養う。

　この特別活動の目標は，学級活動，生徒会活動および学校行事の3つの内容の目標を総括する目標である。

2）学習指導要領「特別活動」における食に関する指導の内容

（1）学習指導要領における食に関する指導の内容

　小学校学習指導要領の学級活動「2　内容」（2）に「エ　食育の観点を踏まえた学校給食と望ましい食習慣の形成」を示しており，同解説特別活動編に次のように記述されている。

エ　食育の観点を踏まえた学校給食と望ましい食習慣の形成

> 　給食の時間を中心としながら，健康によい食事のとり方など，望ましい食習慣の形成を図るとともに，食事を通して人間関係をよりよくすること。

　この内容は，自分の食生活を見直し，自ら改善して，生涯にわたって望ましい食習慣が形成され，食事を通してよりよい人間関係や社交性が育まれるようにするものである。楽しく食事をすること，健康によい食事のとり方，給食時の清潔，食事環境の整備などの改善について身近な事例を通して考え，自己の課題に気付き，具体的な目標を立てて取り組むなどの活動が中心となる。

　この内容において育成を目指す資質・能力については，例えば，望ましい食習慣の形成を図ることの大切さや，食事を通して人間関係をよりよくすることのよさや意義などを理解すること，給食の時間の楽しい食事の在り方や健康によい食事のとり方などについて考え，改善を図って望ましい食習慣を形成するために判断し行動することができるようにすることが考えられる。また，そうした過程を通して，主体的に望ましい食習慣や食生活を実現しようとする態度を養うことなどが考えられる。食育の観点を踏まえた学校給食と望ましい食習慣の形成は，食に関する資質・能力等を，児童が発達の段階に応じて総合的に身に付けることができるように学校教育全体で指導することである。したがって，学校の教育計画等と関連付けながら食に関する指導の全体計画を作成し，給食の時間を中心としながら，各教科等における食に関する指導を相互に関連付け，総合的かつ効果的な指導が行われるように留意する必要がある。

　給食の時間は，楽しく食事をすること，健康によい食事のとり方，給食時の清潔，食事環境の整備などに関する指導により，望ましい食習慣の形成を図るとともに，食事を通してよりよい人間関係の形成を図る。そして，適切な給食時間を確保した上で，給食の準備から後片付けを通して，計画的・継続的に指導する必要がある。また，食を取り巻く社会環境の変化により，栄養摂取の偏りや欠食といった食習慣の乱れ等に起因する肥満などの生活習慣病，食物アレルギー等の問題が指摘される現在，家庭との連携が今後更に重要になる。心身の健康に関する内容にとどまらず，自然の恩恵への感謝，食文化，食料事情などについても各教科等との関連を図りつつ指導を行うことが重要である。

　これらの指導に当たっては，栄養教諭の専門性を生かしつつ，学校栄養職員や養護教諭などの協力を得て指導に当たることも必要である。また，これらの学校給食に関する内容については，学級活動の授業時数には充てない給食の時間を中心に指導することになるが，学級活動の時間でも取り上げ，その指導の特質を踏まえて計画的に指導する必要がある。その際，学校給食を教材として活用するなど多様な指導方法を工夫することが大切である。

　なお，学校給食を実施していない学校においても，児童が健康の大切さを実感し，生涯にわたって自己の健康に配慮した食生活が営めるよう，食育の観点も踏まえて望ましい食習慣の形成の指導を行う必要がある。また，指導する内容によっては，「ウ　心身ともに健康で安全な生活態度の形成」の指導として取り上げることも考えられる。

　中学校学習指導要領の学級活動「2　内容」（2）「オ　食育の観点を踏まえた学校給食と望ましい食習慣の形成」を示しており，同解説特別活動編に次のように記述されている。

オ　食育の観点を踏まえた学校給食と望ましい食習慣の形成

> 給食の時間を中心としながら，成長や健康管理を意識するなど，望ましい食習慣の形成を図るとともに，食事を通して人間関係をよりよくすること。

この内容は，自分の食生活を見直し，自ら改善して，生涯にわたって望ましい食習慣が形成され，食事を通してよりよい人間関係や社交性が育まれるようにするものである。

規則正しく調和のとれた食生活は，健康の保持増進の基本である。近年の生徒等の食生活の乱れが，生活習慣病はもとより心の健康問題にも発展するなど食に起因する新たな健康課題を生起していることから，学校においても食育を推進し，望ましい食習慣を形成することは極めて重要な課題となっている。

この内容において育成を目指す資質・能力としては，例えば，健康や食習慣の正しい知識が大切であることを理解し，給食の時間の衛生的で共同的な楽しい食事の在り方等を工夫するとともに，自らの生活や今後の成長，将来の生活と食生活の関係について考え，望ましい食習慣を形成するために判断し行動ができるようにすることが考えられる。また，そうした過程を通して，健康な心身や充実した生活を意識して，主体的に適切な食習慣を形成する態度を育てることなどが考えられる。

食育の観点を踏まえた学校給食と望ましい食習慣の形成は，食に関する資質・能力等を，生徒が発達の段階に応じて総合的に身に付けることができるように学校教育全体で指導することである。したがって，学校の教育計画等と関連付けながら食に関する指導の全体計画を作成し，給食の時間を中心としながら，各教科等における食に関する指導を相互に関連付け，総合的かつ効果的な指導が行われるように留意する必要がある。

給食の時間においては，楽しく食事をすること，栄養の偏りのない健康によい食事のとり方，食中毒の予防に関わる衛生管理の在り方，準備や後片付けなどの作業を通して奉仕や協力・協調の精神を養うことなどに関する指導により望ましい食習慣の形成を図るとともに，食事を通して人間関係をよりよく形成していくことをねらいとしている。適切な給食時間を確保した上で，給食の準備から後片付けを通して，計画的・継続的に指導することが重要である。また，食を取り巻く社会環境の変化等を踏まえつつ，家庭との連携が重要である。さらに，心身の健康に関する内容にとどまらず，自然の恩恵などへの感謝，食文化，食糧事情などについても教科等の指導と関連を図りつつ指導を行うことが望まれる。

具体的な活動の工夫としては，自分の食生活を見直しと改善，望ましい食習慣への課題，生涯を通じた望ましい食習慣を形成などの題材を設定し，発表し合う活動などが考えられる。

また，「食」は心身の成長及び人格の形成に大きな影響を及ぼすこと，生涯にわたって健全な心と体を培い豊かな人間性を育んでいく基礎となることなどの題材を設定し，主体的に食習慣の改善に取り組むよう指導することが重要である。

学校給食を実施していない学校においても生徒が健康の大切さを実感し，生涯にわたって自己の健康に配慮した食生活を営めるよう，望ましい食習慣の形成については，食育の観点も踏まえ，健康・安全に関する指導の一環として指導する必要がある。

3）特別活動の特質

（1）特別活動の特質

a．様々な集団活動

学校は一つの小さな社会であり，様々な集団から構成される。特別活動は，各活動・学校行事における様々な集団活動の中で，児童・生徒が集団や自己の課題の解決に向けて取り組む活動である。集団の活動の範囲は学年や学校段階が上がるにつれて広がりをもち，社会に出た後の様々な集団や人間関係の中でその資質・能力が生かされていくことになる。

b．自主的，実践的に取り組む

　特別活動の各活動・学校行事は，一人一人の児童・生徒の学級や学校の生活における諸問題への対応や課題解決の仕方などを自主的，実践的に学ぶ活動内容によって構成される。特別活動の目標や内容で示している資質・能力は，自主的，実践的な学習を通して初めて身に付くものである。例えば，多様な他者と協働する様々な集団活動の意義を理解し，そうした活動に積極的に取り組む態度を育てるためには，実際に学級や学校の生活をよりよくするための活動にすべての児童・生徒が取り組むことを通して，そのよさ，大切さを，実感を伴って理解できるようにすることが大切である。また，例えば事件や事故，災害等から身を守る安全な行動を体得するためには，表面的・形式的ではなく，より具体的な場面を想定した訓練等を体験することによって，各教科等で学習した安全に関する資質・能力が実際に活用できるものとなる。このように，集団活動の中で，一人一人が，実生活における課題の解決に取り組むことを通して学ぶことが，特別活動における自主的，実践的な学習である。

　特別活動のいずれの活動も，児童・生徒が自主的，実践的に取り組むことを特質としているが，学級活動，児童・生徒会活動，クラブ活動については，さらに「自発的，自治的な活動」であることを特質としている。自発的，自治的な活動は，自主的，実践的であることに加えて，目的をもって編制された集団において，児童・生徒が自ら課題等を見いだし，その解決方法・取扱い方法などについての合意形成を図り，協力して目標を達成していくものである。

c．互いのよさや可能性を発揮しながら

　特別活動における指導にあたっては，「いじめ」や「不登校」等の未然防止等も踏まえ，児童・生徒一人一人を尊重し，互いのよさや可能性を発揮し，生かし，伸ばし合うなど，よりよく成長し合える集団活動として展開しなければならない。児童・生徒が自由な意見交換を行い，全員が等しく合意形成に関わり，役割を分担して協力する活動を展開する中で，所属感や連帯感，互いの心理的な結び付きなどが結果として自然に培われるようにすべきものである。このような特別活動の特質は，学級経営や指導の充実とも深く関わるものである。

d．集団や自己の生活上の課題を解決する

　「なすことによって学ぶ」を方法原理としている特別活動においては，学級や学校生活には自分たちで解決できる課題があること，その課題を自分たちで見いだすことが必要であること，単に話し合えば解決するのではなく，その後の実践に取り組み，振り返って成果や課題を明らかにし，次なる課題解決に向かうことなどが大切であることに気付いたり，その方法や手順を体得できるようにしたりすることが求められる。

（2）学級活動における食に関する指導例

a．小学校学習指導要領における学級活動の食に関する指導例（学級活動(2)）

〔**小学校第3学年　学級活動指導案（略案）**〕

指導者：T1学級担任　T2栄養教諭

① 題材　バランスのよい食事

② 題材について（略）

③ 食育の視点

　○心身の健全な成長や健康の保持増進のために望ましい栄養や食事のとり方を理解
　　し，よりよい食習慣を身に付ける。　　　　　　　　　　　＜心身の健康＞

④ 指導計画（本時：1時間）

　　※事前事後の活動は給食の時間や朝の会，帰りの会を活用する。

⑤ 事前の指導

	主な学習内容と活動	指導上の留意点
事前	○生活アンケートから児童の好きな食材や嫌いな食材のベストテンを調べ，表にまとめる。 ○日々の食生活の中で自分が嫌いな食べ物が出たときどうしているかを記録しておくようにする。 　・苦手でも工夫してがんばって食べている。 　・いつも残している。　　など	○タブレット端末などのICT機器を活用するなどして，事前に係の児童で集計を行い，分かりやすく表やグラフにまとめる。 ○自分の嫌いな食べ物をどのようにしているかについて，事前につかめるようにしておく。 ○子どもらしい発想のがんばりも認めるようにする。 ○学級みんなの好き嫌いについて自分と比べながら考えられるようにする。

⑥ 本時のねらい

　○健康な体を作るためには，3つのグループの食品をバランスよくとることが必要であ
　　ることを理解することができる。　　　　　　　　　　　＜知識及び技能＞

　○健康によい食事のとり方について考え，食生活を改善するために意思決定すること
　　ができる。　　　　　　　　　　　　　＜思考力，判断力，表現力等＞

　○どのように食習慣を改善すればよいのかを考え，好き嫌いなく何でも食べようとす
　　ることができる。　　　　　　　　　　＜学びに向かう力，人間性等＞

⑦ 本時の展開

	主な学習内容と活動	指導上の留意点（○）と評価（◆）
つかむ	○生活アンケートの結果を聞き，気付いたことを発表する。	○苦手な食べものについての調査結果を教師が表やグラフにして提示し，児童が課題意識を持つことができるようにする。
さぐる 見つける	○バランスよく食べられていない理由について考える。 ○栄養教諭から食品の栄養や給食献立の工夫について話を聞き，バランスよく食べることの大切さについて考え，改善の必要性を実感する。 ○苦手な食べ物が食べられるようになった経験や工夫しながらがんばって食べていることを発表し合う。	＊栄養教諭は，栄養のバランスだけでなく，献立を考え，食事を作っている人たちの思いや願いについても触れる。 ○自分のがんばりだけでなく家族から取材してきたことも発表する。また担任や栄養教諭の体験談等も交える。 ◆バランスよく食べることと健康との関わりについて言ったり書いたりしている。（知識・技能）
決める	○自分なりの方法や工夫，めあてなどを決め，実践カードに記入し，発表する。	○少しでも食べてみようとする児童の気持ちや発想を大切にし，実感の伴った意思決定ができるようにする。 ○偏食傾向の強い児童やアレルギーを有する児童には，事前に家庭との連携を図っておく。 ◆自分の課題に合った具体的なめあてや食べ方を決めている。（思考・判断・表現）

⑧　事後の指導

事後	○実践カードにがんばったことやできたことを記入する。 ○自分や友達のがんばりを認め合う。	○1週間程度取り組んだらがんばりを紹介し合い，賞賛するなどして実践意欲をさらに高める。

b．中学校学習指導要領における学級活動の食に関する指導例（学級活動(2)）

〔中学校　学級活動指導案（略案）〕

指導者：T1学級担任　T2栄養教諭

①　題材　　成長期の望ましい食生活

②　題材について（略）

③　食育の視点

　　○心身の成長や健康の保持増進と望ましい栄養や食事の摂取との関係を理解し，健康に関する自己管理能力を身に付ける。　　　　　　　　　　＜心身の健康＞

④　指導計画（1時間）

　　※事前事後の活動は給食の時間や朝の会，帰りの会を活用する。

⑤　事前の指導

	主な学習内容と活動	指導上の留意点
事前	○事前に学級内の食事内容調査や嗜好調査を実施する。	○栄養教諭や学級の給食委員会の生徒と相談して調査内容を決定し，タブレット端末などのICT機器を活用して調査結果をまとめる。

⑥　本時のねらい

　　○成長期における栄養摂取の重要性について理解することができる。＜知識，技能＞

　　○成長期の自分に合った食事のとり方について考え，食生活を改善するために意思決定することができる。　　　　　　　　　　＜思考力，判断力，表現力等＞

　　○自分の成長や運動量に応じた栄養バランスのとれた望ましい食事をとろうとする。

　　　　　　　　　　　　　　　　　　　　　　　＜学びに向かう力，人間性等＞

⑦　本時の展開

	主な学習内容と活動	指導上の留意点（○）と評価（◆）
つかむ	○調査結果から自分の食生活を振り返り，食事のとり方や栄養の偏りなどについての自分の課題をつかむ。	○朝，昼，夜ときちんと食事をとっているか，食事の量は多いが栄養を考えず糖質や脂肪の多い食品などを多くとっていないかなど振り返り，自分の食生活の課題がつかめるようにする。

さぐる 見つける	○自分の食生活の課題について，原因を考えるとともに，栄養教諭から中学校の時期に多くの栄養が必要であることについて話を聞き，改善の必要性を実感する。 ○成長期における食生活の改善の仕方について話し合う。	○成長期であることや，部活動で激しい運動をすることなどを視点とする。 ＊栄養教諭が準備した資料をもとに，中学生と成人のエネルギー必要量の違いや中学生の時期に多く必要な栄養に気付けるようにする。 ○自分の努力だけでなく家族から取材してきたことも発表する。また担任や栄養教諭の体験談等も交える。 ◆自分の食生活を振り返り，改善の必要性について理解している。（知識・技能）
決める	○食生活を改善し成長期の自分に合った食事のとり方について考え，実践することを決める。	○個々の改善点や実践することを発表することで，実践への意欲を高める。 ◆自分の課題に合った具体的なめあてや食べ方を決めている。（思考・判断・表現）

⑧ 事後の指導

事後	○給食の時間に実践の様子を話題としてグループで報告し合う。	○学習の内容や実践の様子を学級通信などで伝え，家庭の協力を依頼する。

4）特別活動における栄養教諭の関わり

（1）小学校

ａ．特別活動の特質や目標を理解し専門性を生かす

　学級活動では児童の身近な生活課題を自分の問題としてとらえ，原因をつかむことで改善の必要性を感じ，友達の意見を参考にしながら解決の方法を探り，自分なりの方法を意思決定していくことが大切である。栄養教諭は，その特質を理解し，食に関する高い専門性を生かして食に関わる様々な情報や資料の作成に努め，学校給食を通して望ましい食生活について学べるような教材開発や授業展開等について研究や開発ができるようにするなど，その専門性を十分に発揮することが求められる。

ｂ．栄養教諭を中心とした指導計画の改善

　小学校学習指導要領における学級活動の「2　内容」（2）の「エ　食育の観点を踏まえた学校給食と望ましい食習慣の形成」に関する内容については，栄養教諭を中心としながら，6年間もしくは9年間の食に関する指導全体を見通して，意図的，計画的に指導計画を作成しなければならない。その際，学級活動にはその他にも多くの指導内容が例示されていることから，家庭科や体育などの指導と重ならないようにしたり，日常の指導を充実させたりするなどして，学級活動で取り上げる食に関する内容については発達段階に応じて重点化する必要がある。

（2）中学校

ａ．特別活動の特質や目標を理解し，指導計画作成や授業でその専門性を発揮する

　栄養教諭は，食に関する指導の推進の要として特別活動の指導計画作成に主体的に関わ

り，各教科等や特別活動の各内容との関連や生徒指導との関連を図りながら，教務主任や学年主任，養護教諭とも連携を図って3年間の食に関する指導を適切に位置づけるようにすることが求められる。また，特別活動の指導原理である「なすことによって学ぶ」ことを大切にし，学級担任とともによりよい食習慣をつくろうとする自主的，実践的な態度を育成するよう努めることが大切である。

b．一人一人の生徒についての理解を深める

栄養教諭は，特別活動が生徒に自らの生き方，あり方をしっかりと見つめさせる時間であることを踏まえ，生徒一人一人の状況をしっかりと理解し，共感的な姿勢で指導，助言を行うことが大切である。また，必要に応じて食に関する内容について，個別の問題の解決を助言したり，相談を受けたりするなどの配慮も必要である。

5）児童会・生徒会活動，クラブ活動における指導

児童会・生徒会活動は，異年齢集団の児童・生徒による自発的，自治的な活動を特質とする教育活動である。クラブ活動は，異年齢の児童による自発的，自治的な活動を通して，共通の趣味・関心を追求する活動である（中学校の学習指導要領にはクラブ活動は示されていない）。

これらの活動では，教師の適切な指導の下に，児童・生徒の発意・発想に基づき，創意工夫を生かして活動計画を作成し，自主的，実践的な活動が展開できるようにすることが大切である。

（1）児童会・生徒会活動の活動例

○食事と健康などに関する調査活動や広報活動をする。楽しい給食の時間になるように，放送委員会が自分たちの発意・発想を生かし放送内容を創意工夫する。

○食に関する学校生活の改善のための多様な活動に取り組む。その際，安易に給食の残食点検をするだけでなく，よりよい生活づくりに向けて具体的に改善できるようにする。

○給食や望ましい食生活に関するポスターの募集や制作等の活動を行い，全校に向けて食に関する啓発活動を行う。

○活動として牛乳パックのリサイクルなど地球に優しい環境づくりに取り組む。

○活動を中心として全校児童・生徒と協力しながら学校農園での栽培活動を行う。

（2）クラブ活動の活動例

○地域の食文化や食材などを生かして食に関するクラブ活動を設け，調査活動や栽培活動，調理活動などを通して地域の産業や食材などへの関心を高められるようにする。

○調理に関するクラブで，児童自らが協力して楽しく活動できるようにする。その際，衛生や安全，食材の費用など，児童に任せられないことについては，担当する教師が適切に指導する。

○国際交流に関するクラブで，外国籍の児童の保護者や地域の外国の方などを招いて外国の食文化に触れる活動をする。その際，日本の食文化のよさにも触れられるような活動を取り入れていく。

6．社会科における食に関する指導

　社会科における食に関する指導では，教科の目標の実現に向け，学習指導要領に示された3つの分野の内容と関連付けることが大切である。そのために，児童・生徒が興味・関心をもって学習に取り組むことができる地域の実態を生かした教材の活用や，課題の解決に向けた学び方や調べ方の工夫などが求められる。

1）学習指導要領における「社会科」の目標

（1）小学校学習指導要領「社会科」の目標

　平成29年告示の小学校学習指導要領には，社会科の目標は次のように記されている。

〔教科の目標〕

　社会的な見方・考え方を働かせ，課題を追究したり解決したりする活動を通して，グローバル化する国際社会に主体的に生きる平和で民主的な国家及び社会の形成者に必要な公民としての資質・能力の基礎を次のとおり育成することを目指す。

（1）地域や我が国の国土の地理的環境，現代社会の仕組みや働き，地域や我が国の歴史や伝統と文化を通して社会生活について理解するとともに，様々な資料や調査活動を通して情報を適切に調べまとめる技能を身に付けるようにする。

（2）社会的事象の特色や相互の関連，意味を多角的に考えたり，社会に見られる課題を把握して，その解決に向けて社会への関わり方を選択・判断したりする力，考えたことや選択・判断したことを適切に表現する力を養う。

（3）社会的事象について，よりよい社会を考え主体的に問題解決しようとする態度を養うとともに，多角的な思考や理解を通して，地域社会に対する誇りと愛情，地域社会の一員としての自覚，我が国の国土と歴史に対する愛情，我が国の将来を担う国民としての自覚，世界の国々の人々と共に生きていくことの大切さについての自覚などを養う。

（2）中学校学習指導要領「社会科」の目標

　平成29年告示の中学校学習指導要領には，社会科の目標は次のように記されている。

〔教科の目標〕

　社会的な見方・考え方を働かせ，課題を追究したり解決したりする活動を通して，広い視野に立ち，グローバル化する国際社会に主体的に生きる平和で民主的な国家及び社会の形成者に必要な公民としての資質・能力の基礎を次のとおり育成することを目指す。

（1）我が国の国土と歴史，現代の政治，経済，国際関係等に関して理解するとともに，調査や諸資料から様々な情報を効果的に調べまとめる技能を身に付けるようにする。

（2）社会的事象の意味や意義，特色や相互の関連を多面的・多角的に考察したり，社会に見られる課題の解決に向けて選択・判断したりする力，思考・判断したことを説明したり，それらを基に議論したりする力を養う。

（3）社会的事象について，よりよい社会の実現を視野に課題を主体的に解決しようとする態度を養うとともに，多面的・多角的な考察や深い理解を通して涵養される我が国の国土や歴史に対する愛情，国民主権を担う公民として，自国を愛し，その平和と繁栄を図ることや，他国や他国の文化を尊重することの大切さについての自覚などを深める。

2）学習指導要領における食に関する指導内容

（1）小学校学習指導要領「社会科」の内容

「食に関する教育」についての育成を目指す資質・能力に関する小学校社会科の内容のうち，主要なものを抜粋し，以下に示す。

〔第3学年〕

（2）地域に見られる生産や販売の仕事について，学習の問題を追究・解決する活動を通して，次の事項を身に付けることができるよう指導する。

　ア　次のような知識及び技能を身に付けること。

　　（ア）生産の仕事は，地域の人々の生活と密接な関わりをもって行われていることを理解すること。

　イ　次のような思考力，判断力，表現力等を身に付けること。

　　（ア）仕事の種類や産地の分布，仕事の工程などに着目して，生産に携わっている人々の仕事の様子を捉え，地域の人々の生活との関連を考え，表現すること。

〔第5学年〕

（2）我が国の農業や水産業における食料生産について，学習の問題を追究・解決する活動を通して，次の事項を身に付けることができるよう指導する。

　ア　次のような知識及び技能を身に付けること。

　　（ア）我が国の食料生産は，自然条件を生かして営まれていることや，国民の食料を確保する重要な役割を果たしていることを理解すること。

　　（イ）食料生産に関わる人々は，生産性や品質を高めるよう努力したり輸送方法や販売方法を工夫したりして，良質な食料を消費地に届けるなど，食料生産を支えていることを理解すること。

　イ　次のような思考力，判断力，表現力等を身に付けること。

　　（ア）生産物の種類や分布，生産量の変化，輸入など外国との関わりなどに着目して，食料生産の概要を捉え，食料生産が国民生活に果たす役割を考え，表現すること。

　　（イ）生産の工程，人々の協力関係，技術の向上，輸送，価格や費用などに着目して，食料生産に関わる人々の工夫や努力を捉え，その働きを考え，表現すること。

※アの（イ）及びイの（イ）については，食料生産の盛んな地域の具体的事例を通して調べることとし，稲作のほか，野菜，果物，畜産物，水産物などの中から一つを取り上げること。

※イの（ア）及び（イ）については，消費者や生産者の立場などから多角的に考えて，これからの農業などの発展について，自分の考えをまとめることができるよう配慮すること。

（2）中学校学習指導要領「社会科」の内容

「食に関する教育」についての育成を目指す資質・能力に関する中学校社会科の内容のうち，主要なものを抜粋し，以下に示す。

〔地理的分野〕

B　世界の様々な地域

（1）世界各地の人々の生活と環境

　場所や人間と自然環境との相互依存関係などに着目して，課題を追究したり解決したりする活動を通して，次の事項を身に付けることができるよう指導する。

　ア　次のような知識を身に付けること。

　　（ア）人々の生活は，その生活が営まれる場所の自然及び社会的条件から影響を受けたり，その場所の自然及び社会的条件に影響を与えたりすることを理解すること。

（イ）世界各地における人々の生活やその変容を基に，世界の人々の生活や環境の多様性を理解すること。その際，世界の主な宗教の分布についても理解すること。

※世界各地の人々の生活の特色やその変容の理由と，その生活が営まれる場所の自然及び社会的条件との関係を考察するに当たって，衣食住の特色や，生活と宗教との関わりなどを取り上げるようにすること。

〔公民的分野〕

A　私たちと現代社会

（1）私たちが生きる現代社会と文化の特色

位置や空間的な広がり，推移や変化などに着目して，課題を追究したり解決したりする活動を通して，次の事項を身に付けることができるよう指導する。

イ　次のような思考力，判断力，表現力等を身に付けること。

（ア）少子高齢化，情報化，グローバル化などが現在と将来の政治，経済，国際関係に与える影響について多面的・多角的に考察し，表現すること。

（イ）文化の継承と創造の意義について多面的・多角的に考察し，表現すること。

※「文化の継承と創造の意義」については，我が国の伝統と文化などを取り扱うこと。

B　私たちと経済

（1）市場の働きと経済

対立と合意，効率と公正，分業と交換，希少性などに着目して，課題を追究したり解決したりする活動を通して，次の事項を身に付けることができるよう指導する。

ア　次のような知識を身に付けること。

（ア）身近な消費生活を中心に経済活動の意義について理解すること。

（イ）市場経済の基本的な考え方について理解すること。その際，市場における価格の決まり方や資源の配分について理解すること。

（ウ）現代の生産や金融などの仕組みや働きを理解すること。

（エ）勤労の権利と義務，労働組合の意義及び労働基準法の精神について理解すること。

3）教科の特質

（1）小学校社会科の特質

小学校の社会科は，社会的な見方・考え方を働かせ，課題を追究したり解決したりする活動を通して，社会生活についての理解を図り，グローバル化する国際社会に主体的に生きる平和で民主的な国家および社会の形成者に必要な公民としての資質・能力の基礎を育成する教科である。そのために，問題解決的な学習の一層の充実を図り，社会的事象について，よりよい社会を考え主体的に問題解決しようとする態度を養うことが大切である。

食に関する指導においては，教科の目標の実現に向け，学習指導要領に示された内容と関連づけることが大切である。そのために，児童が興味・関心をもって学習に取り組むことができる地域の実態を生かした教材を取り上げて学習の問題を設定するとともに，問題の解決に向けた学び方や調べ方を身に付ける調査活動や体験的な活動などを設定する必要がある。

（2）中学校社会科の特質

中学校の社会科は，社会的な見方・考え方を働かせ，課題を追究したり解決したりする活動を通して，我が国の国土と歴史，現在の政治，経済，国際関係等に関する理解を図り，グローバル化する国際社会に主体的に生きる平和で民主的な国家および社会の形成者に必要な

公民としての資質・能力の基礎を育成する教科である。そのために，適切な課題を設けて行う学習の一層の充実を図り，社会的事象について，よりよい社会の実現を視野に課題を主体的に解決しようとする態度を養うことが大切である。

　食に関する指導においては，教科の目標の実現に向け，学習指導要領に示された3つの分野の学習内容と関連づけることが大切である。そのために，生徒が興味・関心をもって学習に取り組むことができる地域の実態を生かした教材を取り上げて課題を設定するとともに，課題の解決に向けた調査活動など具体的な体験を伴った学習活動を設定する必要がある。

4）栄養教諭の関わり

（1）社会科の学習で扱った教材への関わり

　「市の土地利用の様子」，「地域の人々の生産や販売に関する仕事」，「我が国の農業や水産業」，「我が国の歴史上の主な事象や世界の中の日本の役割」などの学習において，それらの農産物や水産物に関係する料理，郷土食・行事食等を教材として取り上げ，興味・関心をもてるようにするとともに，これらを通して学習内容の理解を図っていく。その際に，地域の地形や土地利用の様子，気候の特色，歴史に着目できるようにすることで，問題解決的な学習の充実にもつながっていく。例えば，当該農産物等や郷土食・行事食等の栄養価や栄養バランス，食物の重要性，食物と風土との関係，食物の由来，先人の苦労等を取り上げ，理解を深められるようにすることが考えられる。

（2）専門性を生かした具体的な指導

　例えば，教材として学校給食の食材を取り上げ，食料生産に関連する内容を指導する際に，栄養教諭の専門性を生かした具体的な指導の場面を設定することができる。ここでは，「学校給食は安全を前提にしながら，多様な食材を価格，栄養バランス等を総合的に判断して選択し，献立を立てていること」について，食材や献立を例に説明することが考えられる。

（3）学校と地域とをつなぐコーディネーターとしての役割

　地域（必要に応じて日本各地・外国等）の生産者等とのネットワークを作るなど，授業における学習指導への参画，児童の生産現場への訪問における協力確保等のためのコーディネーターとしての役割を担うことが考えられる。

7．理科における食に関する指導

　身近な自然や食生活の中で，自然の事物・現象の性質や働き，規則性などに気付いたり，それらが生活の中で役立てられていることを確かめたりすることによって，食に関する指導の充実を図ることができる。

1）学習指導要領「理科」の目標

（1）小学校学習指導要領「理科」の目標

　平成29年告示の小学校学習指導要領には，理科の目標は次のように記されている。

〔教科の目標〕
　自然に親しみ，理科の見方・考え方を働かせ，見通しをもって観察，実験を行うことなどを通して，自然の事物・現象についての問題を科学的に解決するために必要な資質・能力を次のとおり育成することを目指す。
（1）自然の事物・現象についての理解を図り，観察，実験などに関する基本的な技能を身に付けるようにする。
（2）観察，実験などを行い，問題解決の力を養う。
（3）自然を愛する心情や主体的に問題解決しようとする態度を養う。

（2）中学校学習指導要領「理科」の目標

　平成29年告示の中学校学習指導要領には，理科の目標は次のように記されている。

〔教科の目標〕
　自然の事物・現象に関わり，理科の見方・考え方を働かせ，見通しをもって観察，実験を行うことなどを通して，自然の事物・現象を科学的に探究するために必要な資質・能力を次のとおり育成することを目指す。
（1）自然の事物・現象についての理解を深め，科学的に探究するために必要な観察，実験などに関する基本的な技能を身に付けるようにする。
（2）観察，実験などを行い，科学的に探究する力を養う。
（3）自然の事物・現象に進んで関わり，科学的に探究しようとする態度を養う。

2）学習指導要領における食に関する指導内容

（1）小学校学習指導要領「理科」の内容

　小学校理科の内容のうち，「食に関する教育」に関連する主要なものを抜粋し，習得を目指す「知識及び技能」を以下に示す。

〔第4学年〕
B　生命・地球
（1）人の体のつくりと運動
　ア　次のことを理解するとともに，観察，実験などに関する技能を身に付けること。
　　（イ）人が体を動かすことができるのは，骨，筋肉の働きによること。
〔第5学年〕
B　生命・地球
（1）植物の発芽，成長，結実
　ア　次のことを理解するとともに，観察，実験などに関する技能を身に付けること。
　　（ア）植物は，種子の中の養分を基にして発芽すること。
　　（ウ）植物の成長には，日光や肥料などが関係していること。
（2）動物の誕生
　ア　次のことを理解するとともに，観察，実験などに関する技能を身に付けること。
　　（イ）人は，母体内で成長して生まれること。
〔第6学年〕
B　生命・地球
（1）人の体のつくりと働き
　ア　次のことを理解するとともに，観察，実験などに関する技能を身に付けること。

　（イ）食べ物は，口，胃，腸などを通る間に消化，吸収され，吸収されなかった物は排出されること。
　（ウ）血液は，心臓の働きで体内を巡り，養分，酸素及び二酸化炭素などを運んでいること。
　（エ）体内には，生命活動を維持するための様々な臓器があること。
（3）生物と環境
　ア　次のことを理解するとともに，観察，実験などに関する技能を身に付けること。
　（イ）生物の間には，食う食われるという関係があること。

（2）中学校学習指導要領「理科」の内容

　中学校理科の内容のうち，「食に関する教育」に関連する主要なものを抜粋し，習得を目指す「知識及び技能」を以下に示す。

〔第2分野〕
（3）生物の体のつくりと働き
　ア　生物の体のつくりと働きとの関係に着目しながら，次のことを理解するとともに，それらの観察，実験などに関する技能を身に付けること。
　（ア）生物と細胞
　　⑦生物と細胞
　　　生物の組織などの観察を行い，生物の体が細胞からできていること及び植物と動物の細胞のつくりの特徴を見いだして理解するとともに，観察器具の操作，観察記録の仕方などの技能を身に付けること。
　（ウ）動物の体のつくりと働き
　　⑦生命を維持する働き
　　　消化や呼吸についての観察，実験などを行い，動物の体が必要な物質を取り入れ運搬している仕組みを観察，実験の結果などと関連付けて理解すること。また，不要となった物質を排出する仕組みがあることについて理解すること。
　　④刺激と反応
　　　動物が外界の刺激に適切に反応している様子の観察を行い，その仕組みを感覚器官，神経系及び運動器官のつくりと関連付けて理解すること。
（5）生命の連続性
　ア　生命の連続性に関する事物・現象の特徴に着目しながら，次のことを理解するとともに，それらの観察，実験などに関する技能を身に付けること。
　（ア）生物の成長と殖え方
　　⑦細胞分裂と生物の成長
　　　体細胞分裂の観察を行い，その順序性を見いだして理解するとともに，細胞の分裂と生物の成長とを関連付けて理解すること。
　　④生物の殖え方
　　　生物の殖え方を観察し，有性生殖と無性生殖の特徴を見いだして理解するとともに，生物が殖えていくときに親の形質が子に伝わることを見いだして理解すること。
　（イ）遺伝の規則性と遺伝子
　　⑦遺伝の規則性と遺伝子
　　　交配実験の結果などに基づいて，親の形質が子に伝わるときの規則性を見いだして理解すること。
　（ウ）生物の種類の多様性と進化
　　⑦生物の種類の多様性と進化
　　　現存の生物及び化石の比較などを通して，現存の多様な生物は過去の生物が長い時間の経過の中で変化して生じてきたものであることを体のつくりと関連付けて理解すること。

（7）自然と人間
　ア　日常生活や社会と関連付けながら，次のことを理解するとともに，自然環境を調べる観察，実験などに関する技能を身に付けること。
　（ア）生物と環境
　　㋐自然界のつり合い
　　　微生物の働きを調べ，植物，動物及び微生物を栄養の面から相互に関連付けて理解するとともに，自然界では，これらの生物がつり合いを保って生活していることを見いだして理解すること。

3）教科の特質

（1）小学校理科の特質

　小学校の理科は，自然に親しみ，理科の見方・考え方を働かせ，見通しをもって観察，実験を行うことなどを通して，自然の事物・現象についての問題を科学的に解決するために必要な資質・能力を育成する教科である。学習を進める際は，理科の学習過程の特質を踏まえ，理科の見方・考え方を働かせ，見通しをもって観察，実験を行うことなどの問題を科学的に解決する学習活動の充実を図ることが大切である。

　食に関する指導にあたっては，身近な自然や食生活の中で，自然の事物・現象の性質や働き，規則性などが成り立っていたり，生活の中で役立てられていたりすることを確かめることにより，食に関する考えを深めていくことが大切である。さらに，動植物の成長の仕組み，生命の連続性などについての理解を深めたり自然を愛する心情を育てたりすることが，食べ物を大切にすることにつながり，人が健康に生きることを学ぶことになることを捉えておくことが必要である。

（2）中学校理科の特質

　中学校の理科は，自然の事物・現象に関わり，理科の見方・考え方を働かせ，見通しをもって観察，実験を行うことなどを通して，自然の事物・現象を科学的に探究するために必要な資質・能力を育成する教科である。学習を進める際は，理科の学習過程の特質を踏まえ，理科の見方・考え方を働かせ，見通しをもって観察，実験を行うことなどの科学的に探究する学習活動の充実を図ることが大切である。

　食に関する指導にあたっては，根拠に基づいて科学的に思考し，判断し，表現することができる力を身に付けることによって，食に対する科学的な判断力に基づいた，健全な食生活を実現していくことができるようにすることが大切である。また，食の安全や自然環境の保全と科学技術の利用のあり方といった食の抱える今日的な課題についても科学的に考察することができるようにしていくこと，生命や自然環境を扱う学習において，生物の飼育・栽培，生物や生命現象についての観察，実験などを通して，生命を尊重する態度を培っていくことも大切である。

4）栄養教諭の関わり

（1）理科の学習で扱った教材への関わり

　給食の時間に献立について説明を行う際に，理科の学習で栽培したオクラ，ツルレイシ，インゲンマメ，ジャガイモなどの野菜について取り上げ，食材としての栄養面について指導を行う。家庭科の調理の学習で，身近な野菜の調理を行う際に，理科の学習で扱ったオクラ，ツルレイシ，インゲンマメ，ジャガイモなどの野菜を取り上げながら，栄養価の損なわない調理の仕方や素材を生かした盛り付けの仕方等について指導を行うことも考えられる。

（2）専門性を生かした具体的な指導

　生命を維持する消化，吸収などといった働きを学習する際，消化によいものや体をつくる栄養のあるものなど，食と健康や成長の関係について，栄養教諭の専門性を生かして，具体的な指導を行う。献立で使用した食材の栄養と，理科の学習で行った食べ物の消化，吸収，排出等と関連付け，給食の時間等を活用して指導を行うことも考えられる。

（3）学校と地域とをつなぐコーディネーターとしての役割

　地域の生産者や地域住民等とのネットワークをつくり，学校での指導への参画，児童・生徒の生産現場への訪問における協力確保等のためのコーディネーターとしての役割を担う。

8．特別の教科 道徳における食に関する指導

　道徳科においては，各教科等における学習と関連づけ，栄養教諭と連携を図りながら，食育の教育課題を主題とした教材を活用するなどして，様々な道徳的価値の視点で学習を深めていく。また，児童・生徒自身がこれらの学習を発展させたりして，人としてよりよく生きる上で大切なものとは何かなどについて，考えを深めていくことができるような取り組みが求められる。

1）学習指導要領「特別の教科 道徳」の目標

（1）小学校学習指導要領「特別の教科 道徳」の目標

　平成29年告示の小学校学習指導要領には，「特別の教科 道徳」の目標は次のように記されている。

〔教科の目標〕
　　第1章総則の第1の2の（2）に示す道徳教育の目標に基づき，よりよく生きるための基盤となる道徳性を養うため，道徳的諸価値についての理解を基に，自己を見つめ，物事を多面的・多角的に考え，自己の生き方についての考えを深める学習を通して，道徳的な判断力，心情，実践意欲と態度を育てる。

（2）中学校学習指導要領「特別の教科 道徳」の目標

　平成29年告示の中学校学習指導要領には，「特別の教科 道徳」の目標は次のように記されている。

〔教科の目標〕
　第1章総則の第1の2の（2）に示す道徳教育の目標に基づき，よりよく生きるための基盤となる道徳性を養うため，道徳的諸価値についての理解を基に，自己を見つめ，物事を広い視野から多面的・多角的に考え，人間としての生き方についての考えを深める学習を通して，道徳的な判断力，心情，実践意欲と態度を育てる。

2）学習指導要領における食に関する指導の内容

　学校の教育活動全体を通じて行う道徳教育の要である道徳科においては，以下に示す項目と食に関する内容を関連づけて扱う。それぞれの内容項目の発展性や特質および児童・生徒の発達の段階などを全体にわたって理解し，児童・生徒が主体的に道徳性を養うことができるようにしていく必要がある。

表9－7　小学校第1～第4学年における食に関する指導の内容

	小学校第1学年および第2学年	小学校第3学年および第4学年
A　主として自分自身に関すること		
節度，節制	健康や安全に気を付け，物や金銭を大切にし，身の回りを整え，わがままをしないで，規則正しい生活をすること。	自分でできることは自分でやり，安全に気を付け，よく考えて行動し，節度のある生活をすること。
B　主として人との関わりに関すること		
感謝	家族など日頃世話になっている人々に感謝すること。	家族など生活を支えてくれている人々や現在の生活を築いてくれた高齢者に，尊敬と感謝の気持ちをもって接すること。
礼儀	気持ちのよい挨拶，言葉遣い，動作などに心掛けて，明るく接すること。	礼儀の大切さを知り，誰に対しても真心をもって接すること。
C　主として集団や社会との関わりに関すること		
規則の尊重	約束やきまりを守り，みんなが使う物を大切にすること。	約束や社会のきまりの意義を理解し，それらを守ること。
勤労，公共の精神	働くことのよさを知り，みんなのために働くこと。	働くことの大切さを知り，進んでみんなのために働くこと。
家族愛，家庭生活の充実	父母，祖父母を敬愛し，進んで家の手伝いなどをして，家族の役に立つこと。	父母，祖父母を敬愛し，家族みんなで協力し合って楽しい家庭をつくること。
よりよい学校生活，集団生活の充実	先生を敬愛し，学校の人々に親しんで，学級や学校の生活を楽しくすること。	先生や学校の人々を敬愛し，みんなで協力し合って楽しい学級や学校をつくること。
伝統と文化の尊重，国や郷土を愛する態度	我が国や郷土の文化と生活に親しみ，愛着をもつこと。	我が国や郷土の伝統と文化を大切にし，国や郷土を愛する心をもつこと。
国際理解，国際親善	他国の人々や文化に親しむこと。	他国の人々や文化に親しみ，関心をもつこと。
D　主として生命や自然，崇高なものとの関わりに関すること		
生命の尊さ	生きることのすばらしさを知り，生命を大切にすること。	生命の尊さを知り，生命あるものを大切にすること。
自然愛護	身近な自然に親しみ，動植物に優しい心で接すること。	自然のすばらしさや不思議さを感じ取り，自然や動植物を大切にすること。

表9－8　小学校第5・6学年および中学校における食に関する指導の内容

	小学校第5学年および第6学年	中学校
A　主として自分自身に関すること		
節度，節制	安全に気を付けることや，生活習慣の大切さについて理解し，自分の生活を見直し，節度を守り節制に心掛けること。	望ましい生活習慣を身に付け，心身の健康の増進を図り，節度を守り節制に心掛け，安全で調和のある生活をすること。
B　主として人との関わりに関すること		
思いやり，感謝	日々の生活が家族や過去からの多くの人々の支え合いや助け合いで成り立っていることに感謝し，それに応えること。	思いやりの心をもって人と接するとともに，家族などの支えや多くの人々の善意により日々の生活や現在の自分があることに感謝し，進んでそれに応え，人間愛の精神を深めること。
礼儀	時と場をわきまえて，礼儀正しく真心をもって接すること。	礼儀の意義を理解し，時と場に応じた適切な言動をとること。
C　主として集団や社会との関わりに関すること		
遵法精神，公徳心	法やきまりの意義を理解した上で進んでそれらを守り，自他の権利を大切にし，義務を果たすこと。	法やきまりの意義を理解し，それらを進んで守るとともに，そのよりよい在り方について考え，自他の権利を大切にし，義務を果たして，規律ある安定した社会の実現に努めること。
勤労	働くことや社会に奉仕することの充実感を味わうとともに，その意義を理解し，公共のために役に立つことをすること。	勤労の尊さや意義を理解し，将来の生き方について考えを深め，勤労を通じて社会に貢献すること。
家族愛，家庭生活の充実	父母，祖父母を敬愛し，家族の幸せを求めて，進んで役に立つことをすること。	父母，祖父母を敬愛し，家族の一員としての自覚をもって充実した家庭生活を築くこと。
よりよい学校生活，集団生活の充実	先生や学校の人々を敬愛し，みんなで協力し合ってよりよい学級や学校をつくるとともに，様々な集団の中での自分の役割を自覚して集団生活の充実に努めること。	教師や学校の人々を敬愛し，学級や学校の一員としての自覚をもち，協力し合ってよりよい校風をつくるとともに，様々な集団の意義や集団の中での自分の役割と責任を自覚して集団生活の充実に努めること。
郷土の伝統と文化の尊重，郷土を愛する態度	我が国や郷土の伝統と文化を大切にし，先人の努力を知り，国や郷土を愛する心をもつこと。	郷土の伝統と文化を大切にし，社会に尽くした先人や高齢者に尊敬の念を深め，地域社会の一員としての自覚をもって郷土を愛し，進んで郷土の発展に努めること。
我が国の伝統と文化の尊重，国を愛する態度		優れた伝統の継承と新しい文化の創造に貢献するとともに，日本人としての自覚をもって国を愛し，国家及び社会の形成者として，その発展に努めること。
国際理解，国際貢献	他国の人々や文化について理解し，日本人としての自覚をもって国際親善に努めること。	世界の中の日本人としての自覚をもち，他国を尊重し，国際的視野に立って，世界の平和と人類の発展に寄与すること。
D　主として生命や自然，崇高なものとの関わりに関すること		
生命の尊さ	生命が多くの生命のつながりの中にあるかけがえのないものであることを理解し，生命を尊重すること。	生命の尊さについて，その連続性や有限性なども含めて理解し，かけがえのない生命を尊重すること。
自然愛護	自然の偉大さを知り，自然環境を大切にすること。	自然の崇高さを知り，自然環境を大切にすることの意義を理解し，進んで自然の愛護に努めること。

3）教科の特質

　道徳教育は，道徳的諸価値についての理解を基に，自己を見つめ，物事を（広い視野から：中学校）多面的・多角的に考え，自己の生き方（小学校），人間としての生き方（中学校）についての考えを深める学習を通して道徳性を養うことを目標としており，学校教育全体で行う道徳教育の要である道徳科の授業は重要である。

　道徳科の授業では，「節度，節制」，「思いやり（中学校），感謝」，「生命の尊さ」などの道徳的価値を含む内容についての指導が行われる。基本的な生活習慣に関する内容には規則正しい食習慣が関わっており，同様に感謝や生命尊重には食への感謝，郷土には地域の食文化に関わるなど，それぞれ食に関する指導と深く関わっている。

　したがって，食に関する指導にあたっては，「食に関する指導の目標」や6つの視点と関連する道徳の内容を十分理解した上で，道徳科の特質を生かして多様な学習を展開していくことが大切になる。

4）栄養教諭の関わり

　道徳科の基本的な学習指導過程は，導入，展開，終末の各段階を設定することが広く行われている。各々の段階において，栄養教諭がどのように関わったらよいかを以下に示す。

（1）導入の段階

　導入の段階は，主題や教材に対する児童・生徒の興味や関心を高め，小学校では，ねらいの根底にある道徳的価値の理解を基に自己を見つめるための，また，中学校では，学習への意欲を喚起して，生徒一人一人のねらいの根底にある道徳的価値や人間としての生き方についての自覚に向けての動機づけを図る。

　例えば，給食に関する写真や実物，統計資料，掲示資料など，栄養教諭のもつ情報を生かして，これから話し合おうとする内容について，興味や関心を高め，問題意識をもつことができるように関わる。特に，児童・生徒にとったアンケートを活用したり，視覚に訴える写真などを生かして提示したりすると，児童・生徒の話合いへの動機づけをより強く図ることができる。また，学習課題を設定することもある。

　なお，導入は短い時間で進める。したがって，多くの資料は用いず，1つか2つの厳選した資料で心を動かすように関わることが大切である。

（2）展開の段階

　展開の段階は，主題のねらいを達成するための中心となる段階である。また，読み物教材や映像教材，語り聞かせによる教材などを通して話し合い，児童・生徒一人一人がねらいの根底にある道徳的価値の理解を基に，自己を見つめ（小・中学校），物事を広い視野から多面的・多角的に考え，人間としての生き方についての考えを深める（中学校）段階である。

　栄養教諭は，例えば，道徳科の授業で活用する教材を作成するとき，食や食育に関する情報などを作成者（担任教諭など）に情報提供したり，内容などのアドバイスをしたりする。栄養教諭自身がその専門性を生かして教材を作成したり，担任教諭と協力して作ったりする

ことも考えられる。

　導入の段階で，学習課題を立てたら，その課題について児童・生徒が追究できるように，話合いを進める。教師があまり出過ぎずに児童・生徒の主体的な思考を促し，「そう思うのはどうして？」と問い返しを行ったり，「今の考えをみんなどう思う？」と話題を広げてみたりしながら，課題を追究できるようにする。

　また，グループ活動を展開することも考えられる。栄養教諭は，その専門性を生かして，グループ活動を行っている児童・生徒の話合いに助言したり，質問に答えたりすることで，児童・生徒の学習を支援する。栄養教諭は，担任教諭と協力しながら，話合いが円滑に行われるようにする。

（3）終末の段階

　終末は，ねらいの根底にある道徳的価値に対する思いや考えをまとめたり，道徳的価値を実現することのよさや難しさなどを確認したりして，今後の発展につなぐ段階である。

　例えば，食事に関することわざを話したり，心に響く写真や映像の一部を見せたり，忘れられない出来事を話して印象付けを図ったりして，児童・生徒の心に強く残るまとめとなるように工夫することが大切である。

　また，ねらいとする道徳的価値に対する児童・生徒一人一人の思いや考えを大切にしながらも，栄養教諭からの願いをメッセージとして伝えたり，食事や食生活の意味を端的に伝えたり，スローガンが書かれたポスターを紹介したりして，食事のあり方や食生活について，よりよい習慣を身に付けていこうとする意欲などを高められるようにしたいものである。

【参考文献】
・文部科学省『小学校学習指導要領』平成29年3月
・文部科学省『小学校学習指導要領解説』平成29年7月
・文部科学省『中学校学習指導要領』平成29年3月
・文部科学省『中学校学習指導要領解説』平成29年7月
・文部科学省『高等学校学習指導要領』平成30年3月
・文部科学省『高等学校学習指導要領解説』平成30年7月
・福岡市教育委員会『食育指導計画・実践事例集』2007
・埼玉県教育委員会・埼玉県学校保健会『新・なるほど保健学習』2015
・文部科学省『小学校学習指導要領解説』平成20年8月
・文部科学省『食に関する指導の手引（第二次改訂版）』2019
・文部科学省中央教育審議会「幼稚園，小学校，中学校，高等学校及び特別支援学校の学習
　指導要領等の改善及び必要な方策等について（答申）」平成28年12月

第10章 個別栄養相談指導の意義と方法

　肥満，やせ，アレルギー，生活習慣病の予防，さらに食品や料理の選択，食べ方などが著しく偏っている児童・生徒へは個別栄養相談指導が必要である。個別栄養相談指導は，個人の身体状況や栄養状態・食行動などを総合的に評価・判定し，家庭や地域での背景・知識・理解度など，教育上の特性に合った方法を用いる。具体的な指導内容に関しては，個々に責任を負うことになるので，十分な注意が必要であり，効果的に行うにはカウンセリングの技術を取り入れ，児童・生徒や家族から信頼を得ることが重要である。

1. 個別栄養相談の意義

　児童・生徒が，その生涯を通して健康的な生活を送るためには，望ましい食習慣を身につけることが欠かせない。一方で，子どもたちの偏食や肥満，痩身傾向など，食習慣に関わる問題は広く指摘されており，なるべく早期に改善していく必要がある。また，食物アレルギーやスポーツ選手など，個々に合わせた食事の配慮は，児童・生徒本人や家族の力だけでは解決困難な場合が多く，専門的な視点による個別栄養相談が必要である。

　個別栄養相談は，栄養や食における一般的な知識や，食事をする上での注意事項を，単に伝えるだけではない。個々の児童・生徒の食に関わる課題や問題を専門的な観点から評価し，その児童・生徒が現在置かれている状況のなかで，解決の優先順位をつけて一つずつ整理し，改善していく。そのためには，まず，食に関わる課題や問題の発生原因がどこにあるのかを評価する必要がある。子どもの食生活上の課題や問題は，単なる食事上の問題だけが原因ではないことが多く，広く，児童・生徒を取り巻く家庭環境や学校生活環境も十分に考慮する。

1）対象となる児童・生徒

　文部科学省『栄養教諭を中核としたこれからの学校の食育』[1] に示された，個別栄養相談が必要と想定される児童・生徒とその対応は，**表10-1** のとおりである。そのほかにも学級担任や養護教諭と連携をとり，個別栄養相談が必要な児童・生徒を見

表10-1　想定される個別的な相談指導の例

偏食傾向	偏食が及ぼす健康への影響について指導・助言
肥満傾向	適度の運動とバランスのとれた栄養摂取の必要性について指導・助言
痩身傾向	ダイエットの健康への影響について指導・助言
食物アレルギー	原因物質を除いた学校給食の提供や不足する栄養素を補給する食品等について助言
スポーツ実施	必要なエネルギーや栄養素の摂取等について指導

資料：文部科学省『栄養教諭を中核としたこれからの学校の食育』2017，p.16

落とさないよう，昼食時の様子など，日頃から子どもたちの様子を十分に観察しておく。

2）自己効力感を高める重要性

　個別栄養相談を行う際は，児童・生徒の準備段階に合わせ，一方的に説得したり，知識を伝えることだけにとどまらないよう留意する必要がある。児童・生徒の食に対する気持ちを聞き取り，その上で，児童・生徒が納得して望ましい食生活が送れるような支援を行う。

　医療分野においての患者教育でも，患者の「コンプライアンス」を高めるという従来の視点から，近年は「アドヒアランス」を高めるという視点に変化している。「アドヒアランス」とは，患者が納得して自分の意思で治療を行うことである。これまで使われてきた「コンプライアンス」が，患者が医療提供者の決定に従ってその指示に従う行動を取る（遵守する）ことに対し，「アドヒアランス」は患者が積極的に治療方針の決定に参加し，その決定に従い自ら行動することである。個別栄養相談においても，それを受ける児童・生徒が積極的に目標設定に関わり，自らの意思で望ましい食生活を送り，それを「実践できた」という達成感と，「自分にはできる」という自己効力感（Self-efficacy）を高めて取り組むことが重要である。そのためには，児童・生徒の発達段階に合わせ，不足する部分を補うための環境調整を行いながら，児童・生徒が自身でできることを促していく。このため，目標に合わせて児童・生徒ができたことや周囲の環境等を定期的に評価し，継続した支援が重要である。

2．個別栄養相談の方法

　個別栄養相談実施の流れとしては，担任や養護教諭等と連携し，まず児童・生徒の実態把握を行い，対象者を抽出する（**図10－1**）。個々の身体状況，栄養摂取状況，準備段階，家庭環境等を考慮し，児童・生徒，保護者とも合意をとりながら，それぞれに合わせた目標を設定する。目標は，長期的な目標と短期的な目標を別に設け，数値化するなどしてより具体的に示すと評価がしやすい。目標設定に基づく指導計画を作成し，指導内容を記録するとともに，PDCAサイクルに基づき，指導結果について評価を行い，担任や養護教諭等とも共有しながら状況に合わせて見直しを行う。

必要に応じて学校医や，特に食物アレルギーや摂食障害等，医学的な対応を要するものについては，主治医や専門医とも密に連携をとり，対応を進める。

　児童・生徒の年齢に合わせ，食に関する指導の年間指導計画に位置づけたうえで，計画的に個別栄養相談を実施する。食事の管理について，どこまでを児童・生徒が行い，どこを保護者や教諭が支援するか，役割分担を明確に

図10－1　個別栄養相談の流れ

資料：文部科学省『栄養教諭を中核としたこれからの学校の食育』2017

しておく。

1）専門知識の確認

　食物アレルギーや，摂食障害，スポーツ栄養などでは，より高度な専門的な知識に基づいて個別栄養相談を行う必要がある。主治医や学校医，養護教諭や，スポーツの指導者とは情報共有を綿密に行い，指導を行う内容に齟齬（そご）が生じることがないよう十分に配慮する。個々の児童・生徒の治療やトレーニング等の基本的な方針を確認し，その上で専門性に基づいた栄養上の相談を行う。専門性の高い知識は，日々新しい知見によって変化していることも多く，最新の情報をもとに，根拠に基づく指導を行う必要がある。

2）児童・生徒，保護者の準備段階の評価

　個別栄養相談を行う目的は，それぞれの児童・生徒が望ましい食生活を送るための行動変容を促すことである。栄養に関する専門知識や情報を単に伝えても，児童・生徒や家族にそれが受け入れられなかったり，また，どんなによいと思う方法を伝えたとしても，それを児童・生徒や家族が実行できなかったりすれば，意味がない。行動変容が起こらない原因には，その目標自体がそもそも納得して受け入れられていない場合（意図的なノンアドヒアランス）と，行動をしようとしているのに知識や技術が不足している場合（故意でないノンアドヒアランス）がある。不足しているのが相手の十分な納得（合意）なのか，それとも知識や技術なのかによって必要な指導は異なる。例えば同じ言葉を話している場合でも，実際には準備段階や価値観が異なることもある（**図10－2**）。このため，児童・生徒や保護者の話を傾聴し，その準備段階を評価し，長期的な目標に対して，「できそうだ」と思える短期的な目標をその都度設定しながら，スモールステップで効果的に行動変容を促していく。

図10－2　それぞれの話し手によって使い方が違う言葉（食物アレルギー児の保護者の例）

3）面談の方法

　児童・生徒が，その思いを話すことができる環境でじっくりと相談することができるよう配慮する。食事に関わる問題は，個々の児童・生徒にとっては他者には聞かれたくなかったり，評価をされたくなかったりする内容であることも多く，他の児童・生徒の目に触れないところで，それぞれの児童・生徒の思いを傾聴し，目標に対して向き合っていく方法を個別に検討する必要がある。食事の管理は，児童・生徒だけで行うことは困難であり，保護者の

協力が不可欠であるが，場合に応じて，保護者と児童・生徒（三者面談），また，児童・生徒と栄養教諭が話した内容を保護者と相談するなど（保護者との面談），面談形式についても検討する。保護者がいる場面では子どもが言えないことや，直接は保護者に伝えられないことであっても，第三者から保護者に伝えてもらうことで，子どもが自身の思いを保護者に伝えられることもある。どのようにしたら，目標に向かって児童・生徒が行動できるか，そのために保護者や周囲の協力がどのように必要かを評価し，児童・生徒，保護者，教員がコンセンサス（同意）をとって目標を決定していく。

4）行動変容のステージモデル（Transtheoretical Model：TTM）[2),3)]

　1980年代前半にプロチャスカらによって提唱された行動変容のステージモデルでは，人が食習慣など行動を変える場合，「無関心期」→「関心期」→「準備期」→「実行期」→「維持期」の5つのステージを通ると考えられる（**図10−3**）。このステージは，必ずしも矢印の方向に一方通行ではなく，失敗すれば途中で逆戻りすることもある。各ステージにおいて，認知や行動，心理状態は異なるため，行動変容のステージを先に進めるためには，児童・生徒と家族がどのステージの状態にあるかを評価し，それぞれのステージに合った目標設定や働きかけをする必要がある。行動変容のプロセスには，"認知的プロセス"と"行動的プロセス"があり，対象のステージに応じてそれぞれ効果的な働きかけは異なる（**表10−2**）。

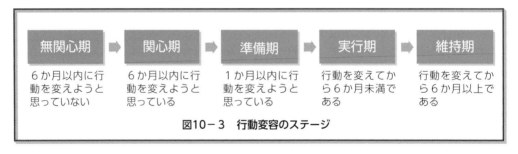

図10−3　行動変容のステージ

表10−2　行動変容のプロセス

認知的プロセス		行動的プロセス	
意識の高揚	行動のメリットを理解する	行動置換	不健康な行動を健康的な行動に置き換える
感情的経験	このままでは「まずい」と思う	援助関係	周囲から受けられるサポートを利用する
自己の再評価	できていない自分に対してできている自分をポジティブにイメージする	強化マネジメント	できたことに対して「ごほうび」がもらえる
環境の再評価	まわりへの影響や迷惑などを考える	自己解放	行動すると宣言する
社会的解放	社会で行動に対してどのような取り組みが（どこに）あるかを知る	刺激のコントロール	行動を連想させるものを近くにおくこと

▰ 5）行動変容のステージに合わせた具体的な指導のポイント

（1）無 関 心 期

　関心がない相手に対して指導を行っても，相手が聞く耳を持っていなければ効果は出ない。最初から無理に説得や「こうした方がいいから，こうするべき」という態度をとると，ますます否定的な意識を引き出す可能性もある。時期が来るまで，信頼関係を深めたり，関係性を維持したりするような声かけなどをし，行動の有効性を裏付けるような情報提供を，あまり時間をかけずに行うとよい。行動のメリットを知ること（意識の高揚）や，このままでは「まずい」と思うこと（感情的経験），周りへの影響を考えること（環境の再評価）等につながる，押しつけにならないような情報や資料の提供などを中心に働きかけをする。

　声かけの例：太っていることに問題を感じていない児童・生徒に対して
　「もう少しやせたら，好きなサッカーもさらにうまくなるかもしれないね」（意識の高揚）
　「お医者さんに止められて好きなお菓子が食べられなくなった子がいたよ」（感情的経験）
　「お母さんも心配していたよ」（環境の再評価）

（2）関 心 期

　行動の必要性は感じているが，行動ができていない段階である。最初から指導する側の価値観で目標を決め，「〜をしましょう」と声かけをしても，「だって…」「わかってはいるんだけど…」など，できない理由（抵抗する反応）が返ってくる場合には，行動変容は起こりにくい。理解をしていることと，納得することは別問題である。このステージでは，相手ができない理由や価値観を，じっくりとよく聞き出すようにするとよい。どうしてできないのか，相手が話をしているうちに，それが言い訳だと自分で気がついたり，"行動すること"と "行動できないと考えている理由" を，それぞれの価値観の中で秤にかけ整理したりすることで，次の準備期のステージに移行しやすくなる。少しでも持った関心をもとに，行動していない自分をネガティブに，行動している自分をポジティブにイメージしたり（自己再評価），行動変容を促すために社会がどのようなことを行っているかを知ったり，またその利用について考えてみたりする（社会的開放）ことができるように働きかけをしていく。

　声かけの例：よくないとわかっていてもついお菓子を食べ過ぎてしまう児童・生徒に対して
　「よくないって思っているのに，なぜたくさんお菓子を食べてしまうのだと思う？」
　「お菓子の量を決めて食べられるようになったら，自分のことをどう思う？」（自己再評価）
　「近くで，子ども向けにお菓子の食べ方を考えるセミナーをやるみたいだよ」（社会的開放）

（3）準 備 期

　本人が行動を変えることに納得して，やってみようと考えていても，実際に行動することに自信が持てていない段階である。この時期は，具体的な専門知識や情報を提供し，本人がその行動を「自分はうまくできる」という自信＝自己効力感が持てるような，具体的な行動目標を決める支援を行う。この時期に設定する目標は，最初はスモールステップで確実に達成可能な範囲で設定する。「できた」という成功体験を繰り返す中で，「自分にはできる」という自己効力感を高めることが重要である。目標は，できる限り具体的に，数値化するなど，

見える形で評価できるようにすると，本人の自己効力感が得られやすい。また，この段階では，できないことに目が向きがちであるが，できていることに目を向け，ネガティブな言葉をポジティブに置き換えることも相手の自己評価を高めることにつながる（例：「体重が減らなかった」→「体重を増やさなかった」）。

　本人の成功体験の他に，年齢や性別，健康状態などにおいて自分と似ていると感じる"モデル"になる人物が，うまく実行できていることを見たり聞いたりすることで，「自分にもうまくできそうだ」と感じるモデリングを利用することも，自己効力感を高めるために有効である。具体的な目標を決めたら，行動を始めることを周りに宣言する（自己の開放）ことなど，きっかけを促す働きかけを行う。行動を周囲に宣言することは，家族など周囲の協力が得られやすいとともに，実行期に入った後も逆戻りをすることの抑止力にもなる。

　　声かけの例：毎日体重を記録することにしたが，続けることに自信がない児童・生徒に対して
　　「じゃあ，まずは今日から始めてみよう！　家に帰ったら家族に，自分でやるって決めたことを言って，協力してもらおう」（自己の開放）

（4）実　行　期

　目標行動がすでにできるようになった児童・生徒に対しての継続した支援も重要である。
　実行期はまだ行動を始めて6か月以内であり，安定してできていると評価できる維持期には入っていない。このため，効果を高めるための積極的な対策や声かけは重要である。問題行動をしたくなったときに代わりにすることを決めておいたり（行動置換），家族や周囲の協力を得たり，望ましい行動をしている友人と一緒にいるようにしたり（援助関係），できたことに対してごほうびの約束をする（強化マネジメント），行動を忘れないように連想させるものを近くに置いておく／行動を起こさないように連想させるものを近くに置かないなど，行動変容を促進するように環境を整えること（刺激のコントロール）など，具体的に取り入れられそうな方法を相談しながら，生活に取り入れていけるように働きかけをする。

　　声かけの例：決まった時間，量でお菓子を食べられるようになった児童・生徒に対して
　　「決まった時間以外に食べたくなったら，代わりに歯みがきをしてみよう」（行動置換）
　　「家族にお菓子は買い置きしないように協力してもらおう」
　　「お菓子を余分に食べたらだめな約束だよって，友だちにも協力してもらおう」（援助関係）
　　「お菓子を，約束を守って食べられた日が1か月続いたら，お父さんとお母さんがごほうびに遊園地に連れて行ってくれるって」（強化マネジメント）
　　「食べる分以外のお菓子は，目の届かないところに隠してもらおう」（刺激のコントロール）

（5）維　持　期

　維持期は行動を始めて6か月以上継続ができているため，一見安定しているように見えるが，逆戻りが起こらないわけではない。継続できているコツを聞いたり，効果が実感できている点を聞いたりするなど，定期的に声かけをして，児童・生徒の状態を聞きとることや，自己効力感を高めることは重要である。その際に環境の変化や，何か心配事がないかなども確認し，ある場合には対応を検討できるとよい。また，逆戻りが起こり得ることもあらかじめ想定しておく。どのようなときに逆戻りが起こりやすいかを伝えたり（例えば夏休みなど

の生活リズムの変化など），また逆戻りが起こった（起こりそうになった）ときに，どのようなことをすればそれを防いだり，また行動を戻せそうかを本人に考えてもらったりすることは，逆戻りのときだけでなく実行している行動の効果を高めることにも役立つ。

　声かけの例：お菓子を食べる量をコントロールして体重が減少してきた児童・生徒に対して
「体重が減ったんじゃない？　継続できるコツは何？　他の友だちにも教えてあげたいな」
「続けていて，何か効果が出たなって思ったことはある？」

　食生活の課題に対する個別栄養相談では，児童・生徒が教えられたことを単に実施することを目的とするのではなく，その技術を身につけ，実践できるようにしていくことが重要である。そのためには，目標に対して見通しを持って取り組めるようにし，児童・生徒が自己効力感を高め，できている自分に自信をもって食事や生活が送れるようにする。

３．個別栄養相談指導の実際

１）食物アレルギー

（1）学校における食物アレルギー対応

　文部科学省は「アレルギー疾患はまれな疾患ではなく，学校保健を考える上で，既に学校に，クラスに各種のアレルギー疾患の子どもたちが多数在籍していることを前提としなければならない状況になっている」として，平成20年に「学校生活管理指導表」（以下指導表）およびその解説書である「学校のアレルギー疾患に対する取り組みガイドライン」（以下ガイドライン）を発刊した。さらに平成27年には学校給食におけるアナフィラキシー事故を受け，ガイドラインを解説する資料およびDVDと「学校給食における食物アレルギー対応指針」が発刊され，令和２年にはガイドラインと指導表が改訂された（令和元年度改訂版）。それぞれの資料は文部科学省のサイト（https://www.mext.go.jp/a_menu/sports/syokuiku/1355536.htm）からダウンロードすることができる。

（2）学校におけるアレルギー対応のポイント

　ガイドラインでは学校に対する取り組みのポイントを３つ掲げている。

　① 各疾患の特徴をよく知ること
　② 個々の児童・生徒の症状などの特徴を把握すること
　③ 症状が急速に変化しうることを理解し，日頃から緊急時の対応への準備を行うこと

　なかでも栄養教諭が日々関わるのは学校給食の提供である。事故を未然に防ぐことができるように，対策を講じる必要がある。具体的な対策に関しては，「学校給食における食物アレルギー対応指針」に詳しい。紙面が限られているため，食物アレルギーやアナフィラキシーに関する詳細は成書などを参考にされたい。

（3）食物アレルギーの個別指導

　学校給食における食物アレルギー対応は，栄養教諭であろうと学校栄養職員であろうと必

然的に適切な対応を行うことが求められる。一方で個別指導に関しては，栄養教諭の大きな職務の１つであり，栄養教諭のアイデンティティともいえる。

食物アレルギーの個別指導は児童・生徒だけでなく，児童・生徒の日々の食生活を担う保護者に対しても行うことが必要であり，重要である。

a. 保護者に対して

食物アレルギーの診断は，血液検査や皮膚テストに基づいてしまうと本来食べられるものであっても除去される傾向となるため，食物経口負荷試験（以下負荷試験）による診断が基本である。しかし少なくない児童・生徒が，検査結果や保護者の思い込みによって診断または判断されている。このため，まずは食物アレルギーの診断が正しいものであるのか確認する。特に主要原因食物（鶏卵，牛乳，小麦，大豆）は就学前までに耐性を獲得（治癒）していることが多いため，就学前までに負荷試験を受けたことが一度もなければ積極的に実施を促す。重症度にもよるが，就学前までの患児は６〜12か月ごとに負荷試験を受けるとよい。地域の負荷試験実施医療施設は，食物アレルギー研究会のwebサイト（https://www.foodallergy.jp/）から検索できる。また地域のアレルギー専門の医師の検索は日本アレルギー学会のwebサイト（https://www.jsaweb.jp/）から検索できるので，積極的に活用したい。

診断が確定していても，アレルギーの状況はよくも悪くも変化する可能性があるため，逐次正しい診断が得られるよう促す。また日々の除去生活において保護者の危機回避能力の育成と負担軽減を図る。また食物アレルギーやそれに派生する保護者の悩みや不安を傾聴し，よき助言者となる。**表10−3**に示す項目に関して保護者が実現できることを目指すとよい。

個別指導時には，よくまとめられているパンフレットなどを利用すると理解を助け，説得力も増し効率的である。こうした媒体は文部科学省から各学校に配布されているし，環境再生保全機構が作成している「ぜんそく予防のために食物アレルギーを正しく知ろう」なども無償提供され（https://www.erca.go.jp/yobou/pamphlet/form/），利用価値が非常に高い。

b. 患児に対して

成長段階に応じて食物アレルギーへの理解が必要である。年少児は言われるままに除去生活を送ることができるが，年長になるにつれ食べられないものへのあこがれや逆に恐怖感を感じるようになる。重症であると給食のアレルギー対応への抵抗感，級友との衝突やいじめ

表10−3　保護者への個別指導項目

1．適切な医療機関・情報
1）定期的に受診し，正しい診断が受けられる　　2）適切かつ最新の情報を得られる
2．生活の質が維持されている
1）必要最小限の除去を実践できる（代替食など）　　2）アレルギー表示を正しく理解できる
3．誤食対策ができている
1）予防策を講じている　　2）事故に適切に対応できる
4．適切なコミュニケーションがとれる
1）患児　　2）その他家族　　3）コミュニティー（友人，学校など）
5．悩みや不安が解消される

表10-4　患児への個別指導項目

```
1．疾病理解
2．除去食物に関する理解
3．誤食対策ができる
　1）危険を察知し，危機回避ができる　　2）除去するべき食物に関する理解
　3）アレルギー表示の正しい理解　　4）事故時に適切に対応できる
4．適切なコミュニケーションがとれる
　1）友人　　2）その他家族
5．悩みや不安が解消される
```

などが発生し，疾病自体が児にとってプラスに働くことは多くない。栄養教諭らはそうした児の状況への対応が求められる。またそうした状況にならないように，日頃から自己効力感，自己管理，危機回避能力の育成にも，個別指導を通して励む必要がある（**表10-4**）。

（4）個別面談　指導表の読み方

　学校生活管理指導表で得られる情報には限りがあるため，必ず面談は実施するし，面談をする上で聴取するべき情報を事前に準備しておく。以下に確認するべき事項を列挙する。

a．食物アレルギー病型の確認

　生活管理指導表「病型・治療A」で確認する。「1．即時型」，「3．食物依存性運動誘発アナフィラキシー」はアナフィラキシーリスクが高く，「2．口腔アレルギー症候群」は低い。

b．アナフィラキシー病型について確認

　生活管理指導表「病型・治療B」で確認する。アナフィラキシーの既往がある場合には詳しく聞き取りをする。ただしアナフィラキシーを保護者や中には医師でさえ間違えて理解していることがあるため，改めてガイドラインに示されている定義に該当する症状であったかを聴取して確認する。アナフィラキシーとアナフィラキシーショックはそれぞれ別に，原因食物ごとに回数や内容を確認する。なぜならアナフィラキシーショックはアナフィラキシーよりもより危険度の高い状況を指すためである。また同じ症状であっても誘発摂取量が少なかったり，呼吸器症状を合併したり気管支喘息であったりする場合はより危険度が増す。

c．原因食物の確認

　生活管理指導表の「病型・治療C」にて原因食物の種類と診断根拠を確認する。保護者が対応希望する除去食物と指導表に記入されている原因食物に差異がある場合は，面接の場で保護者とともに調整することは絶対に行わない。保護者が記載されていない対応を求めるのであれば，改めて主治医に記載追加を求める。また除去対応の最終的な判断は，校内の食物アレルギー対応委員会で決定されるものであることを説明する。

d．原因食物の家庭での摂取状況の確認

　摂取の状況にかかわらず完全除去対応となるが，除去の状況を聴取することで重症度や診断の正確性を図るきっかけにすることができる。

e．特別指示の有無の確認

　当該児に関する特別な配慮事項が記載されるので重要である。保護者と内容に関しては十

分に協議して適切な管理が行えるようにする。

ｆ．主治医の通院状況の確認

除去食物の今後の見通し（負荷試験や経口免疫療法の予定）を聴取する。

ｇ．学校生活上での留意点について

医師から給食での対応に関する指示が書かれることがある（例：つなぎ料理は摂取可なので，給食でも提供してほしい等）。しかし学校給食の対応は医師の指示や保護者の希望に基づくものではなく，学校の対応方針に沿って行う。医師の指示は参考にとどめて対応を決定すればよい。また学校生活管理指導表に記載のない保護者からの希望があれば，決して面談の場で希望を受け入れることはせず，主治医に確認を求めるように指導し，改めて面談を行い，最終的な対応の判断は，校内の食物アレルギー対応委員会が決定するものであることを説明する。ただし，学校の方針は文部科学省のガイドラインに基づくことは当然である。

（5）実 践 事 例

〔食物アレルギー対応の実践事例①〕

症例　　小学1年生　　男児

学校生活管理指導表の情報（食物アレルギーあり，アナフィラキシーなし）

病型・治療	A．病型	即時型
	B．アナフィラキシー病型	なし
	C．原因食物・除去根拠	鶏卵（1，3），牛乳（3），落花生（3，4）
	D．緊急時に備えた処方薬	アドレナリン自己注射薬（エピペン®）
学校生活上の留意点	A．給食	2．管理必要
	B．食物・食材を扱う授業・活動	2．管理必要
	C．運動（体育・部活動等）	1．管理不要
	D．宿泊を伴う校外活動	2．管理必要
	E．原因物質を除去する場合により厳しい除去が必要な原因食物	
	F．その他の配慮・管理事項	鶏卵は触れただけで症状が誘発される可能性があるので注意が必要

1．面談における情報

①　受診状況

管理指導表の記載内容の確認をしたが，特に問題はなし。主治医には定期的に受診している。血液検査は1年ほど前に実施された。

②　原因食物の診断および摂取状況

鶏卵は乳児期に炒り卵を少量摂取して即時型症状（アナフィラキシーではない）を認め，2歳のときに鶏卵加工食品の誤食事故を起こし，救急受診したことがある。3歳のときに生卵に触れてじんま疹が部分的に出たことがある。現在は完全除去中で，負荷試験を実施したことはない。

牛乳は鶏卵アレルギーが診断された時に一緒に検査を行い，陽性であったため除去が始まった。

その後誤食なく過ごしていたが，医師の指示で最近になって加工食品を食べはじめ，症状はない。ただし加工食品といっても，牛乳換算でどれくらいの量を摂取しているかは保護者も理解せずに与えている。負荷試験を実施したことはない。

　落花生は未摂取であったが，途中で検査結果が高値（クラス5）であったため完全除去を継続している。誤食したことはない。医師からは落花生のリスクが高いのでエピペン®が処方されている。負荷試験を実施したことはない。

　③　給食での希望

　牛乳が加工食品まで食べられるので出してほしい。飲用牛乳と乳料理は除去してほしい。乳糖も心配なのでやめてほしい。鶏卵は触れただけで出るので細心の注意を払ってほしい。落花生アレルギーがあるので学校菜園で栽培はしてほしくない。エピペン®の適切な運用を希望している。

2．情報整理

　①　診断状況

　医師の診断を受けているが，負荷試験を受けたことはない。落花生は検査値で除去されており，摂取歴がない。

　②　医師の専門性

　医師は負荷試験を実施せず，牛乳に関して自宅での摂取を指示している点で，食物アレルギーに関して専門性が高いとは考えにくい。エピペン®を処方している点は評価できる。

　③　子どもの重症度

　即時型でアナフィラキシーはないため，既往から重症度が高いとは判断されない。ただし落花生は検査結果が高値であり，エピペン®も処方されているため，一定の注意配慮を要する。

　④　原因食物に関して

　鶏卵は明らかな症状に基づく診断であるが，最近の誤食を含めた摂取歴はなく，耐性獲得に関しては不明である。3歳時に接触性反応があったことを過度に心配している。牛乳は検査に基づく除去で，十分量の摂取歴はない。現時点では加工食品を摂取しており，そもそも牛乳アレルギーではない可能性から考えていく必要がある。落花生も検査に基づく除去であり，摂取歴はない。ただし血液検査上では非常に高値であり，リスクが高い可能性がある。

　⑤　エピペン®に関して

　養護教諭と連携して学校での運用（保管方法，注射等）を調整し，最終的には食物アレルギー対応委員会で決定する。適切なエピペン®の運用が家庭でもできているか確認できるとよりよい。

3．個別栄養指導（保護者に対して）

　聴取した情報から，保護者の誤解を氷解していく。ただし保護者も主治医の指示を守ってまじめに長年取り組んでいることも少なくない。これを頭ごなしに否定されると，素直に受け入れることは保護者にとっても必ずしも容易ではない。保護者のパーソナリティやキャラクターは個々に異なるため，個別性に配慮した説明が求められる。児や保護者にとって，栄養教諭が正しい対応の最後の砦となる気概を持って個別栄養指導に臨む。

　①　適切な医療機関・情報

　定期的に受診していることは評価できるが，正しい診断が受けられているとはいえない。負荷試験は実施せず，徐々に家庭で食べさせたりするような指示が医師から出ている点は食物アレルギーの標準治療から外れている点を指摘するべきである。主治医を批判するのではなく，パンフレット等で最新の正しくあるべき姿を示し，セカンドオピニオンを勧めてみるとよい。

　②　生活の質が維持されている

　必要最小限の除去を実践できることは非常に重要である。少なくとも本児の除去に関しては，乳糖除去や学校菜園に関する正しい知識の提供や鶏卵の接触に対する過度な不安感は払拭してやることが求められる。必要であれば主治医への情報の確認も臆することなく行う。牛乳は現在食べられている乳加工食品を聴取して，安全に食べられるであろう量を指導できるとよい。また，アレルギー表示に関する理解度を簡単な質問をして確認し，理解レベルに合わせて適切な指導を実施する。

　③　誤食対策ができている

　鶏卵に関して2歳時に誤食事故を起こした以降は，他の食材も含めて誤食事故を起こしていな

いので，一定レベルの対策を実践できていると推察する。具体的にどのような策を労しているかを聴取し，必要な追加策があれば指導する。

エピペン®が処方されているので，可能であれば注射のタイミングや注射の仕方を保護者とともに確認できるとよい。

④ 適切なコミュニケーションがとれる

患児に対して食物アレルギーをどのように指導しているのか聴取して，発達段階に応じた理解を促すように指導する。中には心配するがゆえに，過剰に除去対応している場合がある。不安に傾聴しながら，過剰に避けることは問題を先送りにしているだけであり，児にとっては必ずしもよいわけではないことを諭すとよい。

父親や児のきょうだいとの関係性に問題や課題があることもあるので，聴取するとよい。また食物アレルギーがあるゆえに地域や友人らとうまくいっていない，もしくはコミュニケーションがなかったりすることがある。同様に状況を聴取して助言を与える。

⑤ 悩みや不安が解消される

食物アレルギーに関して不十分な情報しかなく，家庭で独り対応に苦しんでいる保護者が少なくない。関連した悩みや相談は個人によって千差万別であるので丁寧に傾聴する。保護者らは，栄養教諭が苦労を共感するだけでも救われる。むろん，その苦しみを低減化できるように，上記に関しても積極的に取り組む。

4．個別栄養指導（患児に対して）

① 疾病理解

子どもの発達段階に応じて，食物アレルギーやアナフィラキシーについて説明して理解を深める。年齢が上がるにつれ，自分が他の児と違うことに気づき，劣等感を覚えることがある。

② 除去食物に関する理解

自分が除去するべきものが何であり，どのような加工形態があったり料理形態があるのかを知ったりすることは，事故予防のためにも重要である。

③ 誤食対策ができる

除去食物に関する理解が深まることで，危険を察知し回避することができるようになる。また年齢が上がると，児自身が食品を購入する機会もでてくる。このため食品表示に関する教育は早めに行っておくとよい。

また年長時に対しては，保護者らと同じレベルで緊急時の対応能力が身につくように教育できるとよい。エピペン®をもつ児は，注射するタイミングや打ち方まで習熟できるとよい。

④ 適切なコミュニケーションがとれる

子どもによっては食物アレルギーがあることで，友人とうまくコミュニケーションがとれなかったり，時にはいじめやからかいの対象になったりする。そうした状況の有無を確認し，課題を早期発見，早期対応ができるようにする。また児自身が友人に対してどのように食物アレルギーを理解してもらうのか，どのように接していくのがよいのかを指導する。また教室では食育の時間を利用して，級友らに対して食物アレルギー教育を行って，偏見や差別の原因にならないように対策する。

⑤ 悩みや不安が解消される

関連した悩みや相談は個人によって千差万別である。こうした悩みや不安に丁寧に傾聴して，対策を講じる。

〔食物アレルギー対応の実践事例②〕

　袋井市では，教育委員会内に給食を統括する部署を置き，その管理のもと３つの給食センターから約10,000食の給食を提供している。2013（平成25）年９月の袋井市立中部学校給食センター開設に合わせ，施設整備・体制整備を行い，2014（平成26）年１月から対応食の提供をスタートさせた。2021（令和３）年現在，食物アレルギーによる学校生活管理指導表提出者は164名。そのうち，給食センターからの対応食を提供している児童等は95名。「乳・卵・小麦・種実類・果物類・えび・かに・いか・たこ・貝類」に対応した食物アレルギー対応食（以下「対応食」という。）を提供している。

１．体制整備
　①　各種マニュアルの作成
【「食物アレルギー対応の手引き」の作成】
　学校長，園長，養護教諭，栄養教諭等と医師会・消防署等との意見を参考に食物アレルギー対応の手引きを作成した。本手引きは，年度途中に出た課題等を踏まえ記載内容を毎年更新している。
【「食物アレルギー緊急時対応マニュアル」の作成】
　食後に体調異変があった場合の対応について，消防署等と意見交換を行い「食後の体調異変は，ためらわずに救急車を要請する」ことを基本とし，誤食および新規発症時の緊急時対応マニュアルを作成した。
【「食物アレルギー対応食調理マニュアル」の作成】
　各学校給食センターごとに，食材の準備から調理，食器具の洗浄・消毒までの作業方法を定めた調理マニュアルを作成した。
　②　アレルギー園児・児童・生徒数の把握
　食物アレルギーを有する園児・児童・生徒（以下，児童等）数，保有しているアレルゲンを把握し，学校（園）生活において配慮が必要な学校生活管理指導表の提出者と調査面談を行い，給食および学校（園）生活での対応を検討・決定している。
　③　食物アレルギー対応委員会の設置
　袋井市では食物アレルギーに対する共通理解を持ち，安全に対応を実施するため，学校（園）・給食センター・教育委員会に３つの委員会を設置し，組織的に対応している。
【校（園）内食物アレルギー対応検討委員会】
　校長・園長・学級担任・養護教諭・栄養教諭等で，「学校生活管理指導表が提出された児童等」に対し，校（園）内生活における食物アレルギー対応が可能かどうか検討する。
【学校給食センター食物アレルギー対応食検討委員会】
　センター長，栄養教諭等で各校（園）から報告された「対応食実施が妥当であると判断された児童等」に対して，その提供が可能かどうかを検討する。
【袋井市食物アレルギー対応委員会】
　学校医代表，校長代表，園長代表，食物アレルギー専門医，調理員代表等で構成され，袋井市全体の食物アレルギー対応の基本方針を検討・決定し，食物アレルギー対応を実施する児童等ごとの対応内容について確認・決定を行う。
　④　対応アレルゲンの決定
　食物アレルギーを有する児童等の原因食物（アレルゲン）を把握し，各施設の状況に応じ，安全に対応できる原因物質から対応食の提供を開始した。また，2015（平成27）年３月に文部科学省から発行された「学校給食における食物アレルギー対応指針」により，原因物質を「提供する」か「提供しない」の完全除去対応を徹底している。
　⑤　食物アレルギー研修の実施
【食物アレルギー対応への説明会】
　「食物アレルギー対応の手引き」に基づき，食物アレルギー対応ついての説明会を開催している。管理職が参加することで，食物アレルギーへの理解が深まり，調査面談や校内アレルギー対応研

修・献立面談などをスムーズに実施することができる。

　令和 3 年度からは，新型コロナウイルス感染症への対応として，オンライン Web 会議機能を活用した配信を中心とし，視聴環境がない方は，中部学校給食センター会議室でも視聴できるようにして開催。

【医師による食物アレルギー講演会】

　食物アレルギー専門医により，食物アレルギーに関する正しい知識や最新の情報などの普及のために実施している。最新の情報を学校関係者に知ってもらうことで，栄養教諭・学校栄養職員・市職管理栄養士が保護者へ説明することについての理解が深まる。

【エピペン®講習会】

　食物アレルギーについての話とエピペン®の使い方などについて講習会を開催した。また，校（園）内研修で活用してもらえるように「エピペン®トレーナー」および「エピペン®の打ち方 DVD」などの資料を全校（園）に配布。

【校（園）内食物アレルギー研修会】

　全職員を対象とし，校（園）内へ緊急時の対応を中心に，食物アレルギー対応食の実施方法等について説明。特に，アドレナリン自己注射「エピペン®」を処方されている児童等がいる場合は，全職員が緊急時に「エピペン®」が使用できるよう研修を行う。令和 3 年度は，新型コロナウイルス感染症への対応として，YouTube による動画配信を行った。

【食物アレルギー対応食配送・配膳シミュレーション】

　学校給食センターでの調理終了後から教室での配膳までにおいて，誤配や誤食を避けるため，それぞれの学校給食センターでどのように調理，配膳し，学校（園）でアレルギー対応食をどのように受け入れ，配膳するか，シミュレーションを実施。食物アレルギー対応食配送・配膳シミュレーションは，原則「対応食が提供される，5 月の連休前まで」に実施し，シミュレーションには，給食センター職員または教育委員会職員が立ち会い，安全に実施できるか確認。対応食が提供される学級の担任以外も，対応食の配送・配膳の方法を理解しておく。

【保護者向け研修】

　食物アレルギー専門医や看護師により，食物アレルギー児および保護者を対象に，食物アレルギーの最新情報や緊急時の対応方法などの研修を行っている。毎年度テーマを変え実施。

２．人的環境の整備

　①　食物アレルギー対応栄養士の採用

　食物アレルギー対応を安全に実施させるため，各学校給食センターに専属の市職管理栄養士を配置している。面談への参加，代替献立作成，発注業務，当日の調理チェックなど，一連の作業を専属で行うことにより，安全に食物アレルギー対応ができている。

　また，調理委託会社についても，アレルギー調理担当責任者である栄養士および調理員も専属に配置することを条件にしている。

３．物理的環境の整備

　①　食物アレルギー対応調理室の設置

　2013（平成25）年 9 月開設の中部学校給食センターには，設計段階から専用調理室の設置が計画されていたが，全市統一した対応を実施するため，既存の給食センターでも，食材が絶対に混入しないように区画された専用調理室の整備を行った。

　②　専用食器・食缶の準備

　配膳時に誤りがないよう，専用の食缶に配缶している。各センターの対応室で配缶された対応食は，対象児の机で喫食直前まで開けないこととなっている。

　専用の食器を用意した。クラス担任が上から見て「対応食」と判断できるよう，食器の縁に模様があるものにしている。

園・学校における食物アレルギー対応の流れ

1 アレルギーの把握と調査票の提出 10月〜2月	園・学校	アレルギーの把握 （新1年生は就学時健診，または入学説明会，新入園児は入園説明会） 食物アレルギーの有無について調査をし，学校生活管理指導表を配布する。 ・アレルギー調査票 ・学校生活管理指導表の配付申込書 調査票の提出（保護者→園・学校） ・学校生活管理指導表 ・給食における食物アレルギー対応調査票
2 調査面談の実施 1月〜4月	園・学校	調査面談の実施（園・学校） 保護者，園長・校長，養護教諭，栄養教諭，栄養職員，管理栄養士 給食での対応について説明をする（4月の給食内容についても説明） ・生活管理指導表 ・給食における食物アレルギー対応食調査票 ・対応食実施申請書 ・面談記録
3 校（園）内食物アレルギー対応検討委員会 4月上旬	園・学校	検討報告書の提出（園・学校→給食センター） 「学校生活管理指導表のアレルギー調査票が提出された児童等」に対し，校（園）内生活における食物アレルギー対応が可能かどうか検討し，その結果を給食センターへ提出する。 取り組みプラン（案）を作成する。 ・園・校内食物アレルギー対応検討委員会結果報告書
4 学校給食センター食物アレルギー対応食検討委員会 4月中旬	給食センター	検討報告書の提出（給食センター→教育委員会） センター長，栄養教諭等で各校（園）から報告された「対応食実施が妥当であると判断された児童等」に対して，その提供が可能かどうかを検討し，その結果を教育委員会へ提出する。 ・学校給食センター食物アレルギー対応食検討委員会結果報告書
5 袋井市食物アレルギー対応委員会 4月下旬	教育委員会	対応実施者の決定 学校（園）医代表，校長代表，園長代表，食物アレルギー専門医，調理員代表等で構成され，食物アレルギー対応を実施する児童等ごとの対応内容について確認・決定を行う。 学校給食センター，園・学校を通じ保護者へ通知する。 園・学校は取り組みプランを決定する。 ・袋井市食物アレルギー対応委員会結果報告書
6 園・校内研修の実施 4月	園・学校	園・校内研修・配送配膳シミュレーションの実施 園・学校へ緊急時の対応などの研修および対応食を提供する園・学校への配送・配膳シミュレーションを実施する。
7 事前面談の実施 毎月20日前後	園・学校	事前面談の実施（毎月20日前後） 保護者，学級担任，養護教諭，栄養教諭，栄養職員，管理栄養士 アレルギー対応食の献立承認
8 対応食の提供開始 5月連休以降		対応食の提供開始 提供初日には，学校給食センター職員および教育委員会職員が各園・学校に出向き，配膳の確認を行う。

学校給食センターにおけるアレルギー対応の流れ（袋井市立中部学校給食センターの例）

＜1か月の流れ＞

通常献立作成

調理作業が複雑にならないように
・1日4品以上にしない
・乳アレルギーのメニューが重なりすぎないようにする
・アレルギー対応なしの日の設定（目標：週に1回）

献立会議

・教育委員会への献立決裁

15日までに　アレルギー帳票の作成　　通常献立表A・B作成

・食物アレルギー対応食献立作成
・教育委員会への食物アレルギー対応食献立決裁

個別面談の資料作成
・食物アレルギー対応予定献立表
・対応食予定献立表および配食確認票

20日頃～　アレルギー面談

・アレルギー面談記録記入
・アレルギー室手配表を委託会社に渡す
・委託会社がアレルギー室動線・工程表作成
・アレルギー用食材発注　　教育委員会への決裁

調理関係資料作成
・アレルギー室手配表
・配送日程表および配送カード
・食札シール
・アレルギー室発注書

アレルギー室動線・工程表確認

・「対応食予定献立表および配食確認票」に管理職・養護教諭・担任・保護者の確認印をもらう

月末までに　配食確認票の準備

・管理職・養護教諭・担任・保護者の確認印をもらった「対応食予定献立表および配食確認票」をコピーし，ファイルに入れて配食確認票の準備
・食材の納品時にアレルゲンの確認

調理前日　翌日のアレルギー対応食確認・打ち合わせ

調理当日　調理開始から終了まで立ち合い指導

使用食材のチェック
調理工程確認・チェック
対応食味見
配缶確認・チェック

配送
　　配送車に載せ，各幼稚園，小中学校へ
受け渡し
　　　　配送員から配膳員への受け渡しチェック
担任への受け渡し
　　・配膳員がクラスへ個人ボックスを届ける
　　※学校によっては，担任が配膳室に個人ボックスを取りに行く場合もある
　　担任は，個人ボックスを受け取ったら配送カードにチェック
　　・個人ボックスは，担任の目の届くところ（担任の机上等）で保管
盛り付け
　　担任は，専用容器から食物アレルギー専用食器に盛り付け　配食確認票にサイン
　　※盛り付けは，必ず対象の園児・児童・生徒の箸で行う
　　※児童・生徒が自分で盛り付けられる場合は，本人が盛り付けてもかまわないが，確実に担任見届けのもと行う。
　　・対象の園児・児童・生徒が食べているのかを確認後，配食確認票に見届けのサイン
　　・特記事項（量が多い等）があれば，配食確認票に記入
　　・食べ残しは専用容器に戻し，食器はビニール袋に入れた後，個人ボックスに戻し，ワゴンに載せ，返却する。
　　・食物アレルギー症状が発症する危険があるので，食後2時間程度は，園児・児童・生徒の健康状態に気を配る
洗浄・保管
　　・専用の洗浄機で専用食器・専用食缶ともに洗浄し，専用の消毒保管庫にて消毒保管

　　　　　　　　　　部分は市のアレルギー対応栄養士業務

2）肥　　満

　肥満は身体に過剰に脂肪が蓄積された状態をいい，肥満の原因となる基礎疾患のない原発性肥満と，肥満の原因疾患や状況がある二次性肥満に分けられる。

　二次性肥満は，原因疾患への対処が優先されるので，速やかに医療機関へ紹介する。極端な低身長や思春期の遅れ，精神運動発達遅滞，特異な顔貌などがあれば二次性肥満を疑う。肥満は，小児期から心身にさまざまな悪影響を及ぼし，将来の心臓病・脳卒中・肥満関連がんの原因となり，過剰な内臓脂肪蓄積を有する内臓脂肪型肥満は健康障害の合併率が高い。

　内臓脂肪蓄積の簡易指標には，ウエスト周囲長，またウエスト周囲長を身長で除したウエスト身長比がある。内臓脂肪型肥満や肥満に伴う健康障害を合併した肥満小児を小児肥満症と呼び，個別指導や治療の対象となる。肥満症小児には，生活指導，食事指導，運動指導を行い，継続のために認知行動療法の手法を用いる。治療効果の判定には，成長曲線のパターンを用いる。個別指導において，家庭や教育機関，医療機関，地域の連携が必要である。

（1）肥満の判定

　児童・生徒の体格評価には肥満度法が広く用いられ，学童では肥満度が＋20％以上の場合に肥満と判定し，肥満度が＋20％以上＋30％未満を軽度肥満，＋30％以上＋50％未満を中等度肥満，＋50％以上を高度肥満と分類する[4]。肥満に伴う健康障害の有無は，肥満の程度だけでなく内臓脂肪蓄積が強い影響を及ぼし，内臓脂肪蓄積の評価が重要である。内臓脂肪蓄積の簡易指標として，ウエスト周囲長（waist circumstance: WC）や，WC（cm）を身長（cm）で除したウエスト身長比（waist to height retio: WHtR）が用いられ，小学生では性別にかかわらずWCが75cm以上，中高生は性別にかかわらずWCが80cm以上，小学生以上なら年齢性別にかかわらずWHtRが0.5以上の者は内臓脂肪蓄積の疑いありと判定する[5]。

（2）個別指導の対象となる肥満小児

　肥満に伴う健康障害を合併するか過剰な内臓脂肪蓄積を有する肥満小児は，小児肥満症と診断される。腹部肥満に加えて，①血液検査で血清脂質に異常がある（中性脂肪が高い，HDLコレステロールが低い），②血圧が高め，③空腹時の血糖値が高めの3つの動脈硬化危険因子の内2つ以上が集積している小児は，小児期メタボリックシンドローム（metabolic syndrome: MetS）と診断される。肥満に伴う健康障害のない小児は，一般的な健康教育の対象であるが，肥満症やMetSの小児は，個別指導や医学的管理が必要である。

（3）肥満に伴う健康障害

　「小児肥満症診療ガイドライン2017」によれば，肥満の程度と肥満に伴う健康障害の有無によって小児肥満症と診断している[6]。肥満に伴う健康障害は，医学的異常を「A項目」，肥満と関係が深い代謝異常などを「B項目」，肥満に伴いやすい身体的因子や生活面の問題を「参考項目」として，肥満の程度にかかわらずA項目が1つでもある者，高度肥満ならB項目が1つ以上ある者，軽度から中等度の肥満ならB項目が2つ以上ある者を肥満症と診断する（参考項目は2つ以上あれば，B項目1つと対価とする）。A項目には，①内臓脂肪型肥満，②睡眠時無呼吸，③2型糖尿病，④高血圧，⑤早期動脈硬化の5項目あるが，教育

現場で判定できるのは，①WCを測定する，②問診，スマホなどで睡眠中の様子の動画を撮る，③学校検尿の尿糖の結果を参照する，④保健室などに血圧計があれば測定する，である。それぞれの判定値の詳細は，ガイドラインか日本小児保健協会のHP上にある「子どもの肥満症Q&A」を参考にするとよい[7]。B項目は，主に血液検査結果から判定される，脂肪肝，脂質異常症，高尿酸血症，高インスリン血症の有無であるが，教育現場で判定可能なのは，高インスリン血症を反映する頚部の黒色表皮症の有無のみである。参考項目は，皮膚線条（妊娠線に似た赤い線），運動器機能障害，月経異常，肥満に起因した不登校やいじめ，出生時体重がある。これらは，問診や運動器検診の結果を参照することで評価可能である。

　教育現場で最もよくみられる小児肥満症のパターンは，肥満＋内臓脂肪蓄積（WC増大）や，肥満＋黒色表皮症などである。したがって，個別指導の対象となる小児肥満症を教育現場で選定する際には，WC測定と頚部の観察が重要である。

（4）個別指導の実際

　生活指導，食事指導，運動指導を合わせて行う。指導効果の判定には，身長・体重成長曲線のパターンを用いる（次頁参照）。

ａ．生活指導

　適切な時間帯に1日に必要なエネルギーを3回に分けて食べることが，肥満の治療や生活習慣病の発症予防に有益である。国をあげて推進している「早寝早起き朝ごはん」の徹底を指導する。特に朝食は欠食しないように指導する。

ｂ．食事指導

　日本人の食事摂取基準に掲載されている身体活動レベル別推定エネルギー必要量を参考にして指示エネルギー量を決定する[8]。ここに記載されている数値は，日本人として平均的な身長・体重を想定して導き出されたものなので，肥満小児にとってはやや低い値になっていることに留意し，性別年齢群別の推定エネルギー必要量の90〜100％を指示する。

　主な栄養素のバランスは，まずは，たんぱく質20％エネルギー（％E），脂質25〜30％E，炭水化物50〜55％Eとする。たんぱく質の摂取源は，獣肉より，魚，鶏肉，乳製品を選択させ，脂質は，主に獣肉に含まれる飽和脂肪酸の過剰摂取に注意し，青魚やクルミなどに含まれるn–3系多価不飽和脂肪酸を積極的に摂取させる。炭水化物は，清涼飲料水などの単純糖質の摂取を減らし，グリセミック指数（食後血糖値の上昇度を示す指数）が低い食物を主食として選ぶ。

ｃ．運動指導

　食事指導に運動指導を加えたほうが効果的なので，運動指導も合わせて行う。まずは，スクリーンタイムを2時間以内になるよう指導して座りがちな生活を改めさせる。日常生活の中で折に触れて体を動かすことを勧め，日本スポーツ協会（旧日本体育協会）が推奨する，「最低60分以上の身体活動を毎日行う」ことを目標にする[9]。

ｄ．認知行動療法

　上記の各指導は継続することによって効果が現れる。毎日，一定の時刻に体重測定を行って記録させ，毎日の生活目標を設定し，達成できたかどうか自己評価させて記録させる。

（5）指導効果の判定

　肥満に対する指導効果判定には，成人は「body mass index: BMI」の変化を用いるが，小児は身長・体重の成長曲線を用いる。最も理想的な経過は，思春期前であれば，身長はチャンネルに沿って増加し，体重は横ばいで肥満度が徐々に低下するパターンである。

（6）連携の重要性

　肥満小児に対する指導を成功させるためには，対象児自身が肥満解消を望んでいること，家族内の肥満に関する考え方が一致していること，医療機関との連携が取れていることが大切であり，地域のスポーツクラブや生産者などと連携できる窓口があることが望ましい。

3）やせ（過激なダイエット・偏食含む）

　肥満度−20％以下を「やせ」と判断し，身長が標準的な身長曲線を外れて伸びが鈍化，初潮の遅延や無月経，低い peak bone mass（全身の骨カルシウム量のピーク）があれば病的である。アスリートの low energy availability（食事摂取エネルギーより活動量が多いので体重減少）には栄養摂取量を運動量に見合うように増やして，女性ホルモン低下による無月経や骨密度の低下を予防する。神経性やせ症は早期発見して，心理的因子に配慮し，病態に合わせた栄養指導を行う。

（1）やせの診断と注意すべきやせ

　学校保健統計調査方式（性別・年齢別・身長別表標準体重）による児童・生徒の肥満度判定方式では，−20％以下を「やせ」と判断する。体重が標準体重より少なくても，標準成長曲線に沿って体重が増加している場合は問題ない[10]。成長期には，体重減少だけでなく，体重が増えないことも異常である。やせをきたす甲状腺機能亢進症，糖尿病，炎症性腸疾患，感染症，悪性疾患などが否定された場合，原因は「食事量そのものが少ない」，「食事量より運動量が多い」，「神経性やせ症（拒食症）」があり，低栄養による合併症が問題になる。

（2）思春期のやせの弊害

　栄養状態が悪いと，予想された最終身長より低くなり，将来の職業選択に支障がある。女子は男子に比べて体脂肪がより増えるのは，脂肪組織から分泌されるレプチンが性腺機能を維持するからである。体脂肪が減ってレプチンが低下すると女性ホルモンが低下し，初潮が遅れたり，無月経になったりする。peak bone mass は思春期に達成され[11]，低栄養は peak bone mass を低くする。peak bone mass が高いほど中年期以降の骨粗鬆症を予防できる。

（3）女子アスリートの相対的エネルギー不足 (Relative Energy Deficiency in Sport：RED-S)

　体重や体型が記録や評価に影響する審美系種目や長距離走のアスリートは，体重や体脂肪が少なく，無月経率が高い。2007年にアメリカスポーツ医学会は low energy availability，無月経，骨粗鬆症を女性アスリートの三主徴としたが，2014年に国際オリンピック委員会はRED-S として，三主徴だけでなく免疫や代謝，心血管系，成長，運動能力に悪影響を与えると注意喚起した。運動量の見合う食事摂取エネルギーや貧血予防のために鉄や葉酸を摂らせる。

（4）思春期のやせの頻度と背景因子

　思春期のやせは近年増加傾向にあり，「健やか親子21（第2次）」では，肥満度−20％以下

の痩身傾向児を平成25年の 2 ％から10年後に 1 ％にする目標を立てたが，令和 2 年度では小学・中学・高校すべての男女で達成されていない（学校保健統計調査）。経済的に発展すると肥満が増える世界的潮流の中で，日本の20～50歳代の女性はやせ過ぎが増加しており，健康・痩身志向や厳しい就労環境や貧困が背景にある。子どものやせの背景にも貧困や虐待の可能性がある。また，首都圏の健康体重の小学 4 ～ 6 年生へのアンケート調査で，女児の約70％，男児の45％が自分に自信がもてるなどの理由でやせたいと思っていることが明らかになった。やせたい気持ちと本人が感じるストレスの程度には高い相関があり，ストレスから逃れるためにダイエットにのめり込む傾向が認められている[12]。すぐさま神経性やせ症を発症するわけではないが，患者予備群といえる。

（5）神経性やせ症（拒食症）とは

a．診断基準

心理的な原因で極端にやせる病気で，小食でやせているタイプと，途中から飢餓の反動で過食衝動が起こるが嘔吐や下剤乱用してやせているタイプがある。厚生労働省調査研究班の2011年の疫学調査では，女子高校生の有病率は0.17～0.56％で，米国の13～18歳女子と同等である。米国精神医学会の精神障害の診断と統計マニュアルでは①やせ，②肥満恐怖，③ボディ・イメージの障害である。参考のために，厚生労働省調査研究班の基準を示した（**表10－ 5**）。小児例では，①ダイエットの既往やせ願望がはっきりしない，②感冒や大腸炎の食欲不振に引き続いて発症しやすい，③腹痛や嘔気などの身体症状を伴いやすい，④広汎性発達障害や強迫性障害に 2 次的に合併しやすい，などの特徴がある。鑑別を要するのは，回避・制限性食物摂取症（Avoidance/restrictive food intake disorder：ARFID）で，もともと不安が強い子どもが，本人や友人の嘔吐をきっかけに嘔吐への不安感を持ち，食への興味失い，臭いや味など特定の感覚に敏感で嫌悪するようになる病態がある。体重減少や会食ができなくなるが，体重や体型へのとらわれやボディ・イメージの障害はない。ただし，治療方針は神経性やせ症と同じである。

表10－ 5　小児期神経性やせ症の診断基準

①　がんこな拒食，減食
②　はっきりした身体疾患がないのに体重が増えない，減る
③　以下のうち， 2 つ以上の症状がある　体重にこだわる・カロリー摂取にこだわる・スタイルにこだわる・太ることを怖がる・自分で吐く・運動しすぎる・下剤を使う

資料：厚生労働科学研究「思春期やせ症と思春期の不健康やせの実態把握および対策に関する研究」2005

b．臨床症状

低血圧，徐脈，低体温，産毛の増加，初潮の遅れや無月経を伴い，低血糖性昏睡や電解質異常など重篤な合併症があり，精神疾患の中で最も高い死亡率である。カロリー計算や運動に没頭したり，やせて思考力が低下したりすると，現実の困難や辛さを回避できる心理的メリットがあり，周囲の気遣いや義務を免除されるなどの誤った代償が得られる。いじめられていても通学でき，辛い練習や勉強もこなせるので成績が上がることが多い。反対に，体重増加は嫌な現実に対峙することを意味して高所恐怖症のような本能的な恐怖を感じるため，治療を拒み，体重が回復すると不登校や引きこもりになることがある。病悩期間には自分だけ太って見える視覚的認知障害があり，本症の特徴である病識のなさに関係している。

c．病　因

　家族内発症があるので，遺伝素因は推測されており，関連する8つの遺伝子が明らかにされた。特徴的な性格傾向は，手のかからないよい子，他人の評価に敏感，負けず嫌い，完璧主義，強迫的，怖がり（不安症）である。勉学や進路の悩み，人間関係のトラブル，家族内葛藤などを背景に，体型を指摘されたり，クラブでレギュラーに選ばれなかったりという思春期によくある出来事を契機にダイエットや食欲不振で発症する。ダイエットは原因ではなく，挫折感からの心理的回避行為である。家族関係や親の育て方が原因というエビデンスはない。一方，家族の理解と支援は回復によい影響を与えることが多く報告されている。

d．摂食障害に関する学校と医療のより良い連携のための対応指針

　2017年度に「摂食障害に関する学校と医療のより良い連携のための対応指針」が作成された。ダイエットではなく心理的背景で発症するので，食育による予防効果には限界がある。思春期のストレスに柔軟性をもって適切に対処できるようなストレス対処能力（コーピングスキル）の教育，相談の場の提供，教員や家族が先輩としてモデルを示すことが有効である。

e．治　療

　栄養療法と心理的治療が行われる。特効的な薬物や精神療法は確立されていない。重症のやせでは思考力低下や認知の歪みが大きく，心理的治療は奏功しないので体重増加が優先されるが，体重増加に恐怖を感じる患者に栄養指導や栄養療法の導入は容易ではない。本症に関する心理教育を行い，体重を増やさざるをえない治療動機を持たせるに尽きる。「入院したくない」「学校に行きたい」など本人が嫌々でも取り組める現実的な目標を段階的に立てる。治療の最終目的は，本症に特徴的な「白黒思考」や「べき思考」などの認知のゆがみを修正してストレスを増やさないようにする，我慢してただ頑張るという方法ではなく，他人の支援を得る，逃げるなどの多様なコーピングを使い分けられるようにする。これらは周囲の大人や専門的なカウンセリングで支援する。自信とは失敗を挽回して得られるので，学校が失敗でき，挽回を評価する場になることが重要である。欧米で効果を上げている思春期の治療法であるFamily based treatment（FBT）は，両親が治療チームの一員として家庭での子どもの再栄養を請け負い，主導権を持って患者の食事と運動を見守る方法である。実施には，患者が19歳未満で発症3年未満，経験豊富な専門家チームのサポートがある，入院が不要な体重や身体状況，両親が結束できる，両親が何時間でも患者の食事や問題行動阻止に付き合う余裕がある，治療期間は半年～1年という条件がある。

（6）栄養指導

　本人は食事内容を否定されて叱責されると思い込んでいることが多い。1日の食事内容を画像などで確認して，内容について批判や叱責をせず，どんなに小さな努力も評価する。

a．小食，偏食，神経性やせ症制限型

　米飯，肉魚，野菜と栄養バランスのよい3食の摂食を最初から勧めがちであるが，食行動異常や食品へのこだわりはすぐに解決できないと心得る。米の代わりにイモ類，カボチャ，アイスクリームやケーキのような嗜好品でも否定せずに，本人が食べやすい食品や食べ方で必要エネルギーと栄養素を確保することから始める。胃排出能の低下や便秘が食欲の障害になって

いる場合は，低容量で高カロリー食品を探す。楽しい記憶がある食べ物を好むことがある。

　神経性やせ症では，現在の体重を減らさない栄養指導から開始することが多い。基礎代謝量は減少しているが，食事摂取後の体熱産生は減らず，過活動のため１日のエネルギー消費量は健康女性と差がなく，必要エネルギーは健康時より多く，59kcal/kgとの報告がある。患者の食事内容は炭水化物や脂肪が不足し，カロリー計算には大量の野菜や海藻が含まれていることが多い。同じメーカーの食品に固執するのも症状である。体重維持のエネルギーのほかに１kgの体重増加には7,000～8,000kcalが必要である。小容量で高カロリーな食品や医薬品経腸栄養剤や濃厚流動食も紹介する。「体が温かくなった，早く歩ける」などの自覚症状や，検査所見の改善をフィードバックしてよい食行動を強化していく。

ｂ．神経性やせ症むちゃ食い／排出型

　やせの経過中に出現するむちゃ食いは，低栄養の反動なので栄養状態が改善しない限り止められないため，体重は回復する。しかし，心理的課題が解決していない場合はやせ願望が強く，嘔吐や下剤乱用が始まり，むちゃ食いとこれらの排出行為が悪循環する。脳への飢餓刺激を減らすために食事・間食の回数と時間を決め，最初に炭水化物を食べて満腹感を得られるように指導する。過食に費やす時間や金額を記録して漸減し，嘔吐回数を決める指導をする。嘔吐によって脱水（水と塩化ナトリウム（食塩）の欠乏）と低カリウム血症になるので，十分な水分，ナトリウムやカリウムの多い食品の補充を指導する。

【引用・参考文献】

１）文部科学省『栄養教諭を中核としたこれからの学校の食育』2017

２）Prochaska, J.O. and DiClemente, C.C.（1984）. The transtheoretical approach: Crossing the traditional boundaries of therapy. Melbourne, Florida: Krieger Publishing Company.

３）Prochaska, J.O., Norcross, J.C. & DiClemente, C.C.（1994）. Changing for Good. New York: Morrow.

４）文部科学省スポーツ・青少年局学校健康教育課監修『児童生徒等の健康診断マニュアル（平成27年度改訂）』日本学校保健会，2015

５）原光彦「小児肥満症の診断」臨床栄養，127（４），2015，pp.524-528

６）日本肥満学会編『小児肥満症診療ガイドライン2017』ライフサイエンス出版，2017

７）日本小児保健協会ホームページ，各種委員会，学校保健委員会 https://www.jschild.or.jp/committee/

８）伊藤貞嘉，佐々木敏監修：日本人の食事摂取基準（2020年版），第一出版，2020

９）日本体育協会監修『アクティブ・チャイルド60min―子供の身体活動ガイドライン―』サンライフ出版，2010

10）日本小児心身医学会編『小児心身医学会ガイドライン集改訂第２版』南江堂，2015

11）鈴木眞理・西園マーハ文・小原千郷『摂食障害：見る読むクリニック』星和書店，2014

12）日本摂食障害協会『チームで取り組む摂食障害治療・支援ガイドブック第２版』2020

第11章　家庭・地域社会との連携

食に関する指導は，学校だけでなく，家庭や地域社会の人々の深い理解があって，初めて児童・生徒に望ましい食習慣を身に付けさせることができる。この学校と家庭・地域社会との連携を図ることは，児童・生徒が地域のよさを理解するとともに，食事の重要性や食事を大切にする心を育てる上でも大きな効果がある。また，家庭・地域と連携しての取り組みは，児童・生徒だけでなく，地域全体にも大きな影響と変容をもたらす。義務教育関係者だけでなく，地域全体や関係機関との連携の輪をひろげることが課題解決への協力も得やすい。

本章では，連携の意義と栄養教諭の役割，連携推進の方法などについて，具体的な事例も交えながら解説する。

1．なぜ今「家庭・地域社会との連携」なのか

1）学校・家庭・地域社会の連携

学校がその教育活動を展開するにあたっては，地域の教育力を生かすことや，家庭や地域社会の支援を受けることに積極的であることが望まれる。さらに，学校は，地域社会の子どもや大人に対する学校施設の開放や学習機会の提供などを積極的に行い，地域社会の拠点としてのさまざまな活動に取り組む必要がある。

そのために，これからの学校は，学校教育施設としての機能を十分確保することはもちろん，家庭や地域社会とともに子どもたちを育てる場，地域の人々の学習・交流の場，地域コミュニティーの拠点として，それにふさわしい整備を推進していく必要がある。そうしていくことは，子どもたちへの教育のみならず，家庭や地域の人々の学校に対する理解をより深めることにも，おおいに資するものとなるだろう。

学校給食は学校教育の一環であることは学校給食法に定めるとおりであるが，学校給食施設はその特殊性から学校教育施設と一線を画す雰囲気があるのも事実である。しかし，都道府県や市町村の実情を鑑みれば有効な教育施設であることは間違いない。地域の環境や人材，施設開放や地域コミュニティーの拠点としての役割も視野に入れた給食運営が求められている。

2）学校給食法と地域連携

学校給食の運営に地域との連携をどのように取り入れていくかのヒントは，学校給食法の内容からうかがえる。学校給食の目的として「学校における食育の推進」が位置づけられて

いるのは第1条に定められているとおりであり，この目的を実現するための目標が，第2条に整理されている。

学校給食法

第1条　この法律は，学校給食が児童及び生徒の心身の健全な発達に資するものであり，かつ，児童及び生徒の食に関する正しい理解と適切な判断力を養う上で重要な役割を果たすものであることにかんがみ，学校給食及び学校給食を活用した食に関する指導の実施に関し必要な事項を定め，もつて学校給食の普及充実及び学校における食育の推進を図ることを目的とする。

第2条　学校給食を実施するに当たつては，義務教育諸学校における教育の目的を実現するために，次に掲げる目標が達成されるよう努めなければならない。

一　適切な栄養の摂取による健康の保持増進を図ること。

二　日常生活における食事について正しい理解を深め，健全な食生活を営むことができる判断力を培い，及び望ましい食習慣を養うこと。

三　学校生活を豊かにし，明るい社交性及び協同の精神を養うこと。

四　食生活が自然の恩恵の上に成り立つものであることについての理解を深め，生命及び自然を尊重する精神並びに環境の保全に寄与する態度を養うこと。

五　食生活が食にかかわる人々の様々な活動に支えられていることについての理解を深め，勤労を重んずる態度を養うこと。

六　我が国や各地域の優れた伝統的な食文化についての理解を深めること。

七　食料の生産，流通及び消費について，正しい理解に導くこと。

これらすべての目標が，家庭・地域社会と連携することによってより深い認識の持てる内容となっている点にも注目しなければならない。

また，第10条において，栄養教諭は「学校給食を活用した食に関する実践的な指導を行う」とされ，指導を行うにあたっては「地域の産物を学校給食に活用することその他の創意工夫を地域の実情に応じて行い，当該地域の食文化，食に係る産業又は自然環境の恵沢に対する児童又は生徒の理解の増進を図るよう努める」とされている。

このように，「地域の産物を学校給食に活用」して「創意工夫を地域の実情に応じて」行っていくためには，必然的に地域における連携が求められることになるのである。

2. 家庭・地域社会との連携に期待される「コーディネーター」の役割

文部科学省より出されている「食に関する指導体制の整備について（答申）（概要）」には，食に関する教育指導の連携・調整について「食に関する指導は，給食の時間だけでなく，関連教科等に幅広く関わるため，関係する教職員の連携・協力が必要である。また，啓発活動や保護者への助言等，家庭や地域との連携も重要である。栄養教諭は，その専門性を活かして，学校の内外を通じ，食に関する教育のコーディネーターとしての役割を果たしていくことが期待される」とあり，学校給食運営と食に関する指導の両方における，栄養教諭や学校栄養職員の役割が明記されている。

地域社会との連携を図る場合，教育的意図を持ったコーディネーターが必要となる。学校に関して地域は概ね好意的であり期待もある。また，地域住民が入りやすい環境ということ

もあり，連携をしやすい土台があると考えられる。しかし，しっかりした組織のない地域との関わりは，学校側に大きな負担を強いることもある。そこで，学校の管理職は，連携にあたってそれが学校教育目標の達成のために効果的かどうかを判断することが重要である。

　食に関する指導においては，専門職としての栄養教諭や学校栄養職員が全面的にコントロールするが，栄養教諭の学校経営へのしっかりとした認識や教職員の理解，教育委員会の支援，地域においてもそういった核となる人材を育成することが教育として根づかせるために必要なことである。

3．地域・家庭との連携を具体的に推進するための「キーワード」

1）「開く」

　学校給食における地域連携の柱は，これまで食に関する指導の情報発信が中心であった。学校からの食に関する指導の発信は，家庭や地域社会に大きな影響を及ぼすことは言うまでもない。しかしながら文部科学省の意図する地域連携はそれにとどまらず，教育施設としての連携も意図しており，これからは給食施設の開放等も考慮する時期となってきている。

　学校給食は，衛生面等のハードルの高さや，地域差の大きさもあり，学校教育施設としては地域開放に関して積極的ではない歴史がある。しかし，生きた教材と言われる学校給食は新たな社会的ニーズとして，学校給食の内容の公開はもとより，施設の公開をも含めた学校開放の一環を推進することが期待されている。

　実施例：地域の人材活用調理実習（郷土食の伝承等），学校給食試食会の実施，学校食堂
　　　　　の開催，ホームページの作成，親子調理講習会，地場産物の使用・加工，行事と
　　　　　の連携（防災対策訓練等）

2）「結ぶ」

　学校が核となりいろいろな教育活動が行われるようになると，そこにはおのずと連携が生まれる。学校給食が学校教育の一環として行われる以上は，連続性の担保も必要となるからである。継続するためには組織が必要となる。また地域にとっても，一過性のものよりも安定した組織運営を求めている。地域の結びはそれだけで終わらず，地域の活性化にも寄与することは地域連携の上ではとても重要なことである。

　関係機関：PTA，教育委員会，地域の他の学校・幼稚園や福祉施設，農家とその団体，
　　　　　地域連合会，婦人会，環境団体，関係医療機関，給食食材提供機関等

3）「育む」

　家庭や地域とのさまざまな連携や活動は，最終的には児童・生徒にとって故郷への愛情や知識・理解，もっと深い情緒である自己肯定感を育むことができる。

　食べるという行為の影響力は大きく，それは学校にとどまらず，保護者や地域社会をも育

む能力を持っている。学校給食を中心とした地域復興等の効果も期待できるのである。

教育効果：ふるさと教育の涵養，生命・自然への畏敬の念，勤労への感謝，伝統的食文化
　　　　の定着と理解，学校給食の充実，地場産物の活用，正しい消費・流通に関する
　　　　知識，地域の振興等

4．地場産物を活用するための連携

1）学校給食における地場産物

　ICT産業の目覚ましい発展や交通網の整備などにより，私たちは世界のどこにでも行けるし，そこの情報を簡単に得ることができる。私たちにとって，このような生活空間の広がりは，衣食住の生活を豊かにするものであるが，自分を育んでくれた地域やそこの人々とのつながりを失いかけている現状もある。それを補っていく方法の一つが，学校給食といえる。学校給食において地場産物を活用する一番の意義は，それが自分の地域，さらには自分自身の背景につながっていくからである。

　また，家庭における食生活が変化し，日本の伝統ある食文化が失われつつあることも憂慮される。日本の食文化に愛情を感じ，大切にする心を育てるために，食生活の変化や多様性を認めつつも，郷土料理の理解も必要なのである。そのためになくてはならないのが，地場産物である。

2）教材としての地場産物

　学校給食の献立を生きた教材とするためには，児童・生徒にとってできるだけ興味・関心をひくものとすることが重要である。そのために地場産物を活用し，季節の献立や地域の行事食など，計画的な目的をもち，学年ごとの学校行事や教科などの連携を考慮し，繰り返し伝えていくことが大切である。

3）関係機関との連携と年間計画

　地場産物の導入については，初めに導入ありきではなく，自校の教育目標に照らし合わせ，必要性を十分考慮した上での導入を図るべきである。生産者や流通業者，地域住民などの協力体制を組織して行うことが継続的な学校教育としての根付になるからである。組織をもたないと継続した計画的な活用が困難となり，教材化も難しくなる。

　年間指導として確実に定着を図るためには計画の作成が大切である。これにより，学校教育としての学校給食が教育的意図をはっきりと示すことができ，周りの教職員への理解にもつながる。また，生産者が見通しを持った農産物供給ができることも重要である。

5．連携の実践例

1）学校給食単独調理校（調理場）における実践例

　食に関する指導において，家庭や地域社会との連携・協力を積極的に進めるにあたり，中心となって推進するのは学校や学校給食センターであろう。ここでは，より具体的な実践例を見ていくこととする。

（1）学校給食経営案への位置づけ

　年度の始めに学校給食年間経営案を作成する。学校給食運営において地場産物の活用は大きな柱となる。給食献立の作成や各教科等への連携，また学校行事との関連は児童・生徒の興味・関心が深まることもあり，食に関する指導を学校でスムーズに行うことができるポイントとなる。その中の給食献立年間計画案において教職員や関係団体等との共通認識を図るために，地域社会との連携を明記することが重要である。

　表11−1に例示した年間献立計画案の太字部分が関係事項となる。

（2）実　践　例

a．地場産物の活用

　学校給食は生きた教材であり，食の教科書となるべきものである。また教育現場で食に関する指導を有効に行うためにも必要なのが地場産物である。特に農産地であるか消費圏であるかにかかわらず，それは日本という国の消費行動に結びつくものであるから，どの地域においても現実的な学びが存在する。

　関係事項：学校給食施設の開放，地域の農産物への理解，食品ロス，郷土食・日本型食生活の実践

献立作成の意図を『地場産物活用』『日本型食生活の定着』『食の見本』とし，計画的に繰り返し，様々な地場産物を活用することで，学校給食の目標を達成することができる。

地場産物活用の安定や増量のために，それぞれの地域の農産物を給食で加工することが行われるようになってきた。給食献立に有効であるものを地元で作ることは安全・安心，地域振興にも寄与する。

表11-1　給食献立年間計画案（例）

月	月目標	献立作成のポイント	行事食等	主食品	献立内容	関連指導内容
4月	食事の大切さを理解し楽しい食事をしよう	・新入生に期待感をもたせ，春を感じさせる工夫をする ・全体量の調節をし，消化よい料理を取り入れる	入学・進級祝い（赤飯・お頭付） お花見（花見給食）	旬）春キャベツ　菜の花　苺　たけのこ　鰊　鰆　山うど　つぼみ菜　ほうれん草 食教材）ほうれん草　鶏肉	・チキンカレー ・ほうれん草のソティ ・キッシュ ・チキンライス ・洋風おひたし	お花見給食 アスリートの昼食
5月	バランスのよい食事をしよう	・日本人の食事摂取基準にそって，6群の食品をバランスよく取り入れる ・成長期に特に必要な食品を使用する	こどもの日（柏餅） 食育の日（郷土食）	旬）春菊　アスパラ　絹さや　新玉葱　新じゃが　鰹　鯵　山菜　たけのこ　ふき　わらび　ぜんまい　大根葉　そら豆　レタス 食教材）たけのこ　アスパラ	・アスパラの肉巻き ・たけのこごはん ・みそ煮 ・たけのこ汁 ・ごま味噌和え ・アスパラのパスタ ・ソティ ・だまこ	水分補給 「早寝早起き朝ご飯キャンペーン」 （朝食個人指導）
6月	骨や歯を丈夫にしよう 清潔な食事の場を作ろう	・歯や骨を丈夫にし，あごの発達を促す食品を取り入れる ・食中毒防止上，食品の選択と調理の工夫をする	虫歯予防デー（小魚・大豆） 体育祭（郷土食） 学校給食食堂中体連（勝つカレー）	旬）キャベツ　身欠き鰊　梅　セロリー　山菜　じゅんさい　わらび　みずイカ　さくらんぼ　キャベツ　いんげん 食教材）牛乳　小魚	・じゅんさい汁 ・和風ハンバーグ ・クリームスープ ・ひじき煮 ・春菊のスープ ・ししゃものからあげ ・いかの煮付け	カルシウム献立 残量調査 ペロリンピック 部活動強化
7月	暑さに負けない食事をしよう	・食欲をそそり，食べやすく栄養のとれる工夫をする ・食中毒防止上，食品の選択と調理の工夫をする	七夕（そうめん） 土用の丑（鰻丼） セレクト献立	旬）なす　かぼちゃ　梅　枝豆　トマト　スイカ　プラム　メロン　きゅうり　とうもろこし　ゴーヤ　パイン　キウイ　ピーマン　にんにく　もろへいや 食教材）夏野菜　丼物	・夏野菜カレー ・豚キムチ丼 ・ゴーヤチャンプルー ・揚げ丼 ・ビビンバ丼 ・スパゲティミートソース ・きゅうりなす	朝ごはん 夏の食事 給食室加工（炒めタマネギ）
8月	食生活の点検をしよう	・消化，吸収のよいものを取り入れる ・食欲をそそる工夫をする（味付け，口あたり） ・食中毒防止上，食品の選択と調理の工夫をする		旬）オクラ　なす　トマト　パプリカ　レタス　きゅうり　ピーマン　きゃべつ　ぶどう　桃　スイカ　かぼちゃ　さんま　とうころこし　枝豆 食教材）夏野菜	・冷やし中華 ・五目チャーハン ・八宝菜 ・コーンバター ・お好み焼き	生活リズム 水分補給
9月	バランスのよい食事をしよう	・消化，吸収のよいものを取り入れる ・食欲をそそる工夫をする（味付け，口あたり） ・食中毒防止上，食品の選択と調理の工夫をする	お月見（団子・いも） 文化祭（郷土食）（給食スイーツ）	旬）ぶどう　なし　イカ　鯖　さつまいも　里芋　ごぼう　栗　かぼちゃ 食教材）きのこ　ピーマン	・くりごはん ・きのこごはん ・いものこ汁 ・きのこカレー ・肉うどん ・きのこスパゲティ ・だまこ	食品の選択 はれの食事 秋の食事
10月	食事と運動について理解しよう	・秋を感じさせる工夫をする ・食欲の秋，スポーツの秋，質，量とも充実した食事の工夫をする	体育の日（日本型食事） 目の愛護デー（かぼケーキ） 食育の日（郷土食）	旬）さんま　鯖　里芋　とんぶり　さつまいも　柿　菊　生姜　舞茸　くり　りんご　まこもだけ　せり　なめこ 食教材）里芋　新米	・ごろっとカボチャパイ ・プリン ・かぼケーキ ・おにぎり ・だまこ	スポーツと食事 間食について 給食室加工（里芋）
11月	偏食をなくそう	・秋を感じさせる工夫をする ・収穫物を利用するなど，感謝の気持ちを育てる食事の工夫をする	勤労感謝の日（選択メニュー） 食育の日（郷土食）	旬）牛肉　白菜　ねぎ　柿　りんご　鮭　鰰　早生みかん　米　だまこ　きゃべつ　さつまいも 食教材）まこもだけ　魚	・さんまのカバ焼 ・鮭焼 ・鯖味噌煮 ・いもごはん ・きんぴら ・ロールキャベツ	食育集会 地産地消
12月	寒さに負けない食事をしよう	・風邪を予防する食事の工夫をする ・体を温める食事の工夫をする ・冬の野菜を多く取り入れる	食育の日（郷土食） 冬至（かぼちゃ煮） 正月料理 年取り料理	旬）春菊　ほうれん草　大根　ブロッコリー　ごぼう　みかん　鰤　鱈　れんこん　ゆず　ごぼう 食教材）根菜　ブロッコリー	・鱈汁 ・きんぴらごぼう ・松風焼き ・はりはり漬け ・おでん ・いりたらのこ ・だまこ	冬期ペロリンピック 「早寝早起き朝ご飯キャンペーン」 冬の食事
1月	感謝して食べよう	・郷土食を取り入れる ・体を温める食事の工夫（鍋物，煮込み等）をする ・日本や世界の食事を取り入れる	給食週間（地場産物） 食育の日（郷土食） 小正月	旬）ちんげん菜　みかん　はたはた　ほうれん草　長芋　もちかす　佃煮　山うど　春菊　せり 食教材）地場産物	・大根大豆カレー ・せりむす ・ほっけのつみれ汁 ・寄せ豆腐	給食週間 郷土食 「郷土食を作ろう」
2月	食事と健康の関係を理解しよう	・野菜，海藻，芋類，豆類など食物繊維を多く取る工夫をする（新日本型食生活）	給食祭り リクエスト献立 食育の日（郷土食）	旬）凍り豆腐　小松菜　切り干し大根　干ししいたけ　小豆　あんこ 食教材）大豆　かぼ缶	・ビーンズサラダ ・豆もやしのナムル ・鶏肉のトマトシチュー ・ひじきと大豆のうま煮 ・だまこ	日本型食生活感謝集会
3月	食生活の反省をしよう	・春らしい色どりを考慮し，楽しい思い出になるよう工夫する	卒業の祝い（赤飯） 生徒献立実施（1クラス1献立）	旬）苺　はっさく　いよかん　鰆　かぶ　菜の花　ほうれん草 食教材）果物　乾物	・高野豆腐の揚げ煮 ・つみれ汁 ・ひじき煮 ・切り干し大根 ・赤飯	進級，卒業 生徒献立 アレルギー調査 給食室加工（ほうれん草）

※地場産物を食教材として使用し，できるだけ地場産物を使用した献立を作成する。
※意図的に郷土食を繰り返して使用する。

ｂ．郷土食

　地場産物の活用は，学校給食の献立に大きく影響を及ぼし，それは郷土食の提供や，日本型食生活の推進に反映している。現代の児童・生徒の健康状況を考えると，学校給食献立の進む方向が日本型食生活の推進であることは周知のことである。その推進の一翼を担っているのが地場産物であり，日本文化としての和食の中心である郷土食の保護・継承も重要な食に関する指導である。

郷土食は究極の地場産物活用の献立である。その地域の理解につながり，ひいては自己確立や郷土への愛着を育むものであるので，ことあるごとに利用したい。

学校給食で食べるという導入から興味を抱き，調理実習等で郷土食を作る体験を得ることで，児童・生徒の食生活により深い定着が図られることが期待される。

地域との連携を行う場合，郷土食の調理実習や学校給食で家庭（PTA）や地域の人材を活用することにより，より深い連携を築くことができ，給食や教科でも児童・生徒の感動や感謝，深い学びに有効である。

学校行事と自然に関連させて定着を図る。運動会や文化祭，集会や入学式，卒業式等，学校給食等を通じて郷土食を食べることは児童・生徒にとって大きな思い出となる。

　また，学校に地域の方々が訪れ，児童・生徒との交流や貢献をすることは，地域の方々にとっても大きな喜びとなる。

学校給食での郷土食の定期的提供は，食文化への理解を促し，さらに教科等での学習による実践力の高まりは，食生活への定着や望ましい食生活への変容を図ることが期待される。

関係事項：調理実習，ボランティア団体，食育の日，学校行事との連携

ｃ．給食試食会・学校食堂の開催

学校給食の理解のために，学校給食や食に関する指導をホームページや便り等で広報することや，PTA会員への給食試食会等の試み等はどこの学校でも行われるようになった。

また，近ごろでは学校開放，学校給食への理解，地域社会への食育のために地域住民への給食食堂を開く学校も出てきている。地域社会との連携を進めるには，学校給食を理解してもらうことが重要である。食に関する指導を行うために，地場産物の活用等さまざまな取り組みを学校や学校給食センターは行っているが，地域社会に知ってもらう取り組みはまだ十分とはいえないのが現状である。

ｄ．学校行事との連携

児童・生徒にとっての学校行事はまさに，学校生活の集大成といってもよいぐらい印象に残るものである。学校給食と学校行事との有機的連携は栄養教諭たちが中心となって今後ますます重要になると考えられる。

感謝の会

ハロウィン

食育集会

文化祭の給食スイーツ

2）学校給食センターにおける実践例（越前町学校給食センター）

　学校給食への地場産物の安定的供給では，食品の生産・加工・流通関係者との連携・協力体制をつくることが重要である。また，地場産物を活用し伝統的食文化の継承を図るため，調理方法や調理技術の開発なども必要となってくる。さらに，多くの受配校を持つ給食センターでは，献立計画において，地場産物活用の趣旨を明確に示し，食に関する指導の全体計画との関連づけを図ることも大切である。

　栄養教諭が主体となって各関係機関との連携を積極的に図ることで，地場産食材を100％使用した給食の実現へと結びついた事例を紹介する。

（1）食育推進計画における学校給食

a．食育推進体制

　図11－1に地産地消食育推進体制を示した。越前町では関係機関の代表者による「地産地消食育推進協議会」が組織され，町の農林水産課が主催する食育行事関連について協議されるほか，給食の地場産食材の導入に関する会議が開催されている。

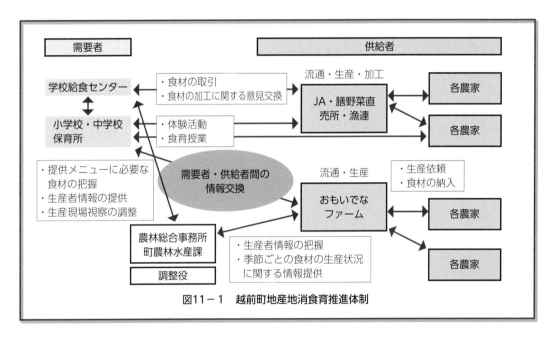

図11－1　越前町地産地消食育推進体制

b．地場産学校給食推進情報交換会

　給食の地場産食材導入では，県農林総合事務所が主体となって年に2回（7月，3月）需要者と供給者間の情報交換会が開かれる。2006（平成18）年から地場産物の年間を通した積極的な導入に向け，具体的に給食献立年間計画に盛り込み需要拡大を図ってきた。

c．給食献立年間計画

　旬の地場産物を月ごとに一品指定した「海土里ちゃん献立」や地域に伝わる郷土料理等を紹介する「ふるさと献立」をそれぞれ毎月1回設定した（**表11－2**）。2013（平成25）年か

ら福井県出身の医師で食育の祖と言われる石塚左玄の「命あるものは丸ごと食べることが大切」の教えにちなんだ「まるごと献立」を年3回取り入れた。

表11－2　学校給食地場産献立計画

月	地場産物	海土里ちゃん献立	ふるさと献立
4月	たけのこ	たけのこご飯　牛乳　ハタハタの磯辺あげ ごまあえ　わかめのみそ汁	金時豆入り五目寿司　牛乳　サワラの梅マヨ焼き 菜花の煮びたし　豆腐のすまし汁
5月	エリンギ	エリンギ入り山菜ご飯　牛乳　アジフライ 甘酢あえ　打ち豆のみそ汁	ごはん　牛乳　カレイの黄金焼き　五目なます わかたけ汁　越のルビー
6月	わかめ	【えち膳の日】（100％町内産） 打ち豆入りごはん　牛乳 ハマチのケチャップみそあえ　きゅうりの香り漬け 生わかめと豆腐のすまし汁　スイートコーン	薄揚げのそぼろみそ丼　牛乳 ハタハタの米粉揚げ　いんげんのごまよごし じゃがいものみそ汁
7月	きゅうり	有機玄米ご飯　牛乳　アジの磯辺フライ きゅうりの香り漬　夏野菜のカレー汁　冷凍みかん	【7月2日　半夏生】 ご飯　牛乳　きゅうりの梅肉あえ　鯖の塩焼き 小松菜の煮びたし　わかめのみそ汁
9月	ピーマン	有機玄米ご飯　牛乳　牛肉とピーマンのみそ炒め 麦とろ麺汁　ミニトマト　煮干し	油揚げご飯　牛乳　鮭の塩麹焼き 金糸瓜の酢の物　えのきのみそ汁　冷凍みかん
10月	かぼちゃ	有機玄米ご飯　梅干し　牛乳 坊ちゃんかぼちゃのカップオムレツ 黒豆こんにゃく　豆腐のすまし汁	ご飯　牛乳 豚肉の梅煮　卯の花 さつまいものみそ汁　越のルビー
11月	小松菜	いちほまれご飯　牛乳 鯖のみぞれ煮　福ふくあえ 季節の玄米みそ汁　水ようかん	【えち膳の日】（100％町内産） さつま芋入り古代米ご飯　笹ガレイのごま衣揚げ 海里土ちゃんあえ　呉汁　かぼちゃクッキー
12月	干し しいたけ	ご飯　牛乳　海土里の五目卵焼き 五分漬けあえ　ひらたけのみそ汁	麦ご飯　牛乳　うどんすき　冬至なんきん みかん
1月	ハタハタ	有機玄米ご飯　牛乳　ハタハタのみそ田楽 大根の梅サラダ　のっぺい汁	【1月25日　天神講】 ご飯　牛乳　焼きガレイ　白菜のしそあえ じゃがいものみそ汁　昆布豆　みかん
2月	大豆	古代米ご飯　牛乳 メギスの唐揚げ　ほうれん草のおひたし 豚汁　豆っこ新ちゃん	【2月7日　ふるさとの日】 梅入り菜めし　牛乳　鯖のみぞれ煮 福ふく野菜の牛そぼろがらめ 季節の玄米みそ汁　みかん
3月	サワラ	有機玄米ご飯　牛乳　サワラの西京焼き 白菜のしそあえ　豆腐のすまし汁　昆布豆	ごはん　牛乳　ハタハタフライ 塩麹ドレッシングサラダ　玄米みそ汁
その他地場産活用献立 【まるごと献立】毎学期1回　石塚左玄の教え（一物全体食）に基づく給食 【100％地場産和食給食】6月と11月　県産100％の和食給食 【地場産学校給食推進事業】年3回　地域の料理長と栄養教諭の県特産品を使った協働開発給食			

　さらなる地場産物の推進に向けて，2015（平成27）年度からは，町内産の食材100％で作る「えち膳の日献立」を６月と11月の年２回実施した。これらの献立については，事前に栄養教諭が，生産者の畑を取材して地場産マップやポスターを作成したり，各学年の教科等と関連させた授業を実施したりして，学校給食を教材として効果的に活用した。

（2）地場産100％の「えち膳の日献立」

　えち膳の日とは，越前町の子どもたちに，「え」は栄養バランスのよい，「ち」と「膳」は地場産物や郷土料理を満載にした地域の味を届ける和膳という意味である。子どもたちに地場産給食を通して町のすばらしさを伝えたいとの思いから，栄養教諭が2014（平成26）年7月の地場産学校給食推進情報交換会で提案し決定された。

ａ．献立の決定

　地場産学校給食推進情報交換会には栄養教諭が献立原案を示し，使用食材について各機関と協議した。JAや直売所からは，野菜等の収穫見込みや栽培した野菜の有効活用について，また，漁業関係者からは，魚の種類や漁獲量について，菓子店からは，事前に試作品を依頼し，参加者全員で内容を検討した。さらに，学校関係者からは，６月は子どもたちの食欲も落ちるとの意見から，2015（平成27）年6月の第1回目は，季節の地場産食材を多く盛り込み，丹生郡越前町にちなんで「にゅーカレー」と「きゅうりとコーンのナムル」，「いかげそ唐揚げ」，「きゅうちゃん漬け」，「地場産いちごのゼリー」に決定した。

ｂ．商品の開発

　給食に規格外の食材を有効活用することは，食品ロス削減にもつながる。アカガレイは越前海岸沖で年間を通して漁獲量が多く，小型の魚をすり身にした商品の開発を試みた。アカガレイのすり身の割合や加える野菜等の種類，食べやすい形状等の試作を重ね，その結果，アカガレイを30％使用した「越前あげ」が完成した。「えち膳の日献立」の他，年間を通して，加える野菜を変えて焼き物で提供したり，汁物や煮物の具材に利用したりしている。

ｃ．献立開発と調理講習会

　県の事業を活用し，地域の料理長と栄養教諭が協働で献立の開発を行った。試作を重ね，和食と洋食の2献立を開発した。和食献立は，「梅入り菜めし，寒ブリのみぞれ煮あられゆずがけ，福ふく野菜の牛そぼろがらめ，海土里ちゃんの玄米みそ汁，みかん」（図11－2）。洋食献立は「玄米米粉入りパン，越のルビーのキッシュ，塩麹ドレッシングサラダ，越前のブイヤベース，パーシモンジャム」となった。

　実際の給食に提供するため，料理長を講師に迎え，調理員対象の調理講習会も実施した。特に「みぞれ煮あられゆず」や「塩麹ドレッシング」は季節ごとの旬の食材に応用ができることから「えち膳の日献立」にも取り入れることになった。越前町のこのような取り組みが先駆けとなり，2015（平成27）年11月24日の「和食の日」には，県内一斉地場産100％給食の実施につながった。

図11－2　　和食献立

d．交流給食

「えち膳の日献立」では，毎回，地域の生産者や漁業および流通関係者等と児童・生徒の交流給食が行われる。生産者からは，児童・生徒に栽培の苦労や収穫の喜びについて話をしたり，児童・生徒からは，感謝の気持ちを書いた手紙を渡したりして交流を図る。作り手の顔や努力が見え，安心・安全な給食が地域理解や環境教育等の教材となった。

（3）食に関する指導

a．給食カレンダー・食育ポスター

毎日の給食を紹介する日めくり式の食育カレンダーを，主に給食の時間の指導資料として活用している。カレンダーには，献立名，盛り付け図，献立のねらい，使用地場産品名，クイズ，チャレンジコーナー等を盛り込み，子どもたちが興味を持つ内容に工夫している。また，毎月旬の地場産品を使った「海土里ちゃん献立」について紹介するポスターを作り，生産者等へ実際の取材を通して，畑や漁港の様子を写真で伝えている。

b．漁業体験と食育授業

町内の全小学5年生対象に，児童が漁船に乗って定置網体験を実施している。併せて社会科と関連した「海土里ちゃん献立について知ろう」の授業を行っている。他学年では，生活科・総合的な学習と関連した地場産物の収穫体験も行われている。

c．味覚の授業

料亭やレストランの料理長を講師に，旬の地場産物を味わい感謝の心を学ぶ「味覚の授業」を実施している。町内全小学5年生には，家庭科と関連させた「おいしいだしを味わおう」，全中学2年生には，「おいしさを感じる仕組みを探ろう」を実施している。

d．味見当番

児童の委員会活用として，毎月の「海土里ちゃん献立」を活用した味わい教育を実施している。給食を先に味見して，五感を通して味わった感想を給食時間に全校放送で伝えている。

（4）学校給食試食会と広報

中学校では1学期保護者会の日に，保護者や地域住民を対象にランチルームで給食試食会（コミュニティーランチ）を実施している。給食レシピ集を配布する等，成長期の子どもの食事の大切さについての理解を図っている。町主催の食育フェスタでは，学校給食を町民に提供している。毎年，地産地消食育推進協議会で検討を重ね，旬の地場産物を多く使った献立を実施している。店内では給食レシピ集の配布，食育活動のパネル展示等も行っている。

毎月の「海土里ちゃん献立」と「ふるさと献立」，6月と11月の「えち膳の日献立」では，給食の写真とともにその日の給食カレンダーを越前町のホームページに掲載している。

地場産給食は，作り手の顔や努力が見えることで子どもたちに残さず食べようとする感謝の気持ちも育まれ，地域に伝わる伝統食やそれを支える食材を給食に取り入れることで，食文化の継承にもつながる。また，さまざまな農林水産業の体験学習は，勤労への楽しみや大切さを知り，子どもたちにふるさとを愛し誇れる心が育つのではないか。これら多くの効果が期待される学校給食の地場産活用では，学校だけでなく地域全体や関係機関と連携の輪を広げ協力し，組織的かつ計画的に実施することがさらなる継続へとつながっていく。

3）市の給食会における実践例（岡崎市学校給食協会）

　自治体では，地産地消の推進において「食材の量が揃わない」，「規格や品質が不揃いで調理に時間がかかる」，「産地ものより価格が高い」といった理由で，地産地消率が伸び悩んでいるケースも見受けられる。ここでは，これまでの取り組みを見直し，地産地消率を向上させた事例として，岡崎市の公益財団法人岡崎市学校給食協会（以下，給食協会）における実践例を紹介する。

（1）これまでの取り組みと課題

a．これまでの取り組み

　岡崎市では2008（平成20）年に，学校給食での地産地消を推進する組織をとして，JA，市農務課，教育委員会，給食協会で構成する地場農産物学校給食導入促進会議を立ち上げ，地元産の小麦を使った「白玉うどん」や「米粉パン」などの主食や，「なす」や「巨峰」，「にんじん」といった青果を学校給食に導入した。しかし，2014（平成26）年頃になると，地場産物の使用率は，重量ベースで3〜4％で推移するようになり（図11−3），これ以上の増加が見込めなくなった。要因として当初考えられていた理由は，「約36,000食／日分の食材量が準備できない」，「食材の規格，品質が揃わない」，「地場産物の価格が高い」などであった。

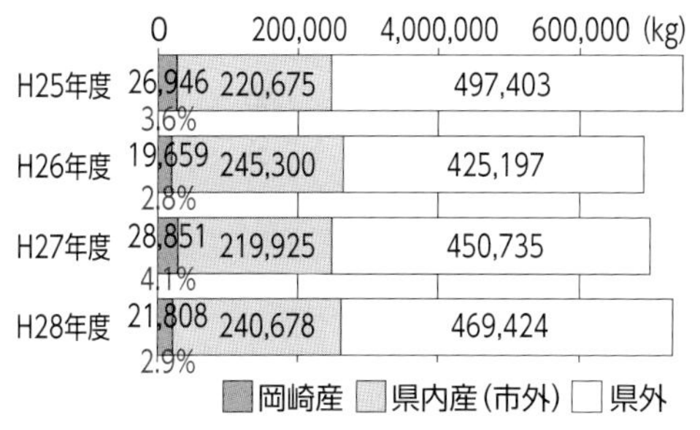

	0	200,000	4,000,000	600,000 (kg)
H25年度	26,946 3.6%	220,675	497,403	
H26年度	19,659 2.8%	245,300	425,197	
H27年度	28,851 4.1%	219,925	450,735	
H28年度	21,808 2.9%	240,678	469,424	

■岡崎産　□県内産（市外）　□県外

図11−3　市内学校給食での青果物
における地場産物の割合

b．解決すべき課題

　このような状況のなか，2017（平成29）年に，地産地消率を向上させるため，有識者に助言を求めたところ，「できない理由を並べるのではなく，どうすればできるのかという視点で取り組むべき」との指摘を受け，その視点で再度，現状を見直した。その結果，次の課題が浮かび上がった。

・学校給食で使用可能な地場産物の把握
・規格，品質が不揃いである食材の効率的な検収，調理
・地場産物を使用した際の給食材料費の財源確保

（2）学校給食で使用可能な地場産物の種類，量の把握

　まず，岡崎市内で生産されている地場産物の量と学校給食が使用している食材の量を月ごとに比較し，学校給食での使用可能量を把握することとした。これまでの検討では，供給側の窓口としてJAと協議を行ってきたため，JAが生産量を確保できるものしか検討の対象となっていなかった。このため，実際に岡崎市内で生産された地場産物の総量を把握できていなかった。岡崎市の生産者はJAの生産部会に属さない小規模の農家が，各々作りたい作物を生産し，市場へ出荷する形態が主流であったため，市内で生産されている青果物の総量を把握するには，市内2か所にある民間の青果市場の協力が必要であった。

a．給食協会の取引先との人脈を活用

　給食協会は，過去40年間，学校給食の食材調達を実施しており，市内の市場関係者はもとより，生産者や食材卸業者まで広い人脈を持っていた。この人脈を活かし，市内2か所の青果市場の担当者から，市場に流通している月ごとの地場産物の種類と量を報告してもらい，給食協会が持っている学校給食の月ごとの使用量（購入量）と比較することができた。

b．比較結果

　青果市場から得た地場産物の流通量と給食協会が持つ学校給食での食材使用量を比較した結果，「大根」,「白菜」,「ほうれん草」,「ねぎ」等の品目が市内産へ産地変更が可能であり，12月から3月までの4か月間で，前年の2016（平成28）年度と比較し，約7.8tの増加が見込まれる結果を得た。

（3）産地切替えの取り組み結果と考察

a．産地切替えの取り組み結果

　実際に市内産へ産地を切り替えた結果，2016（平成28）年度と比較して市内産青果物の使用量が約3.7t，割合では約0.6ポイント増加した（**表11-3**）。

表11-3　学校給食での市内産と県内産（市外）の青果物使用量

青果物使用量	平成28年度		平成29年度	
	量（kg）	割合（%）	量（kg）	割合（%）
岡崎市産	21,808	2.98	25,462	3.57
県内産（市外）	240,678	32.88	239,635	33.58
全体	731,910	100	713,697	100

b．考察

【市場流通量の約10%しか購入できなかった】

　産地の切り替えで一番数量の多かった葉ねぎについて，市場流通量と購入量を比較したところ，市場流通量の約10%しか購入することができなかった（**表11-4**）。このことについて，市場と意見交換をした結果，「学校給食が購入する具体的な時期がわからず，出荷準備ができない」,「生産者が零細で，学校給食が求める量を一度に出荷できない」,「新規参入したくとも，来年も同じ量の発注があるかわからない」といった内容が寄せられ，市場や生産者へ学校給食で使用する青果の品目や量が伝わっていなかったことが要因であると判明した。

　一方，学校給食の調理現場においても，「泥を多く含んだものや個包装されたものもあり，検収，下処理に時間がかかる」という理由で，取扱量を調整したこともあった。

表11-4　平成29年12月から平成30年3月までの葉ねぎの市場流通量と学校給食購入量

	12月	1月	2月	3月	合計
市場流通量	9,630kg	7,570kg	4,640kg	3,675kg	25,515kg
購入量	573kg	1,011kg	689kg	0kg	2,273kg
割合	6.0%	13.4%	14.8%	0%	8.9%

　これらの内容から，市場や生産者と学校給食調理者における必要な情報の共有不足が問題であり，どのような情報をいつ提供するかといった情報提供方法が新たな課題となった。

【一部の青果は産地物と比較して価格が約4割高かった】

　市内産青果物を優先的に購入し続けた結果，市場での価格が上昇した。特に市の特産品である法性寺ねぎは，12月当初700円/kgであったものが，3月では1,000円/kgとなり，当初の価格から約4割上昇した。価格上昇分の給食費への影響については，食材全体に占める市内産の割合が少なかったため，影響は及ばなかった。

【小規模生産者を取りまとめる市場の役割】

　小規模生産者への作物の育成指導や残留農薬検査，出荷時の荷姿の指導など，小規模農家で対処が難しい点を，市場がきめ細かく対応していることがわかった。どの地域にどれだけの生産者がおり，何の作物を得意としているかなど個別の情報も得ており，今後，市場が小規模生産者を取りまとめることで，学校給食での市内産青果物の使用量増加が期待できる。

（4）市内産の優先購入方法の検討

　取り組み結果から，市内産の使用量を増加させるには，「市場や生産者に学校給食での必要量を事前に伝え，その生産された青果を，学校給食食材として購入する仕組みが必要である」ことがわかった。この仕組みとして次の取り組みを計画した。

a．購入見込量，規格等の市場，生産者への情報提供

　市内の生産者に，あらかじめ年間の学校給食食材使用量と規格を示し，積極的に作付けをしてもらえるよう市場を通じて，情報を発信することとした（**図11-4**）。

b．見積徴収時に，市内産の記入枠を設け，優先的に市内産を購入

　学校給食の食材を発注する際，見積書に市内産の調達予定数量と単価を記載させることにより，市内産を優先的に購入する意思を示すとともに，落札業者でなくとも，見積に記載された市内産については，できるだけ購入するようにした（**図11-5**）。

c．市の方針決定

　上記で計画した取り組みを岡崎市の附属機関である学校給食センター運営委員会に諮り，市の方針として施策の実施を決定した。

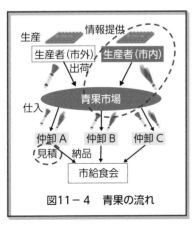

図11-4　青果の流れ

事業者名	品目	産地	数量	単価	計
仲卸A	ねぎ	岡崎産	50kg	850円	42,500円
		兵庫県	800kg	700円	560,000円
		合計	850kg		602,500円

事業者名	品目	産地	数量	単価	計
仲卸B	ねぎ	岡崎産	40kg	900円	36,000円
		兵庫県	810kg	720円	583,200円
		合計	850kg		619,200円

◯◯◯を購入

図11-5　見積書イメージ

（5）実施スケジュールの策定と目標値の設定

　計画した取り組みの実施を確かなものとするために，スケジュールを作成し目標値を設定した（**図11－6**）。そして具体的にどのように施策を実施していくかを明らかにし，関係者へ周知した。

　学校給食に使用する青果について，年間を通じて市場流通量の約10%を地場産物へ産地を切り替えた場合，青果物における市内産の割合は，重量換算で4.6%までの増加が見込まれた。新たに，市内産の優先購入方法の導入で，さらに0.4ポイントの増加を見込み，毎年5%を超えることを新たな目標として設定した。

　この目標を関係者で共有し，2018（平成30）年度に実施を開始した。市内産枠を設けた見積については，生産者，市場関係者から好評であったが，実際に記入された数量を納入できないケースもあり，今後この課題の解決に向け，市場と調整を行っている。

（6）ま　と　め

　給食協会は，過去の食材購入量を把握しており，市場等の流通業者や仲卸業者との人脈も持っていることから，地場産物の使用量を増加させるうえで，非常に取り組みやすい立場にある。また，食材の購入方法についても，地方自治体と比べ法令等の制約が少なく，柔軟な購入も可能である。食材の購入については，文部科学省から「共同調理場の設置者の意向を十分反映できる体制を設けること」との通知もあり，共同調理場等の設置者である自治体が地産地消の推進を明確に掲げない限り，給食協会自ら地産地消を推進することは困難である。まずは，自治体が「地産地消を推進する」という方針を明確にすることが大切である。

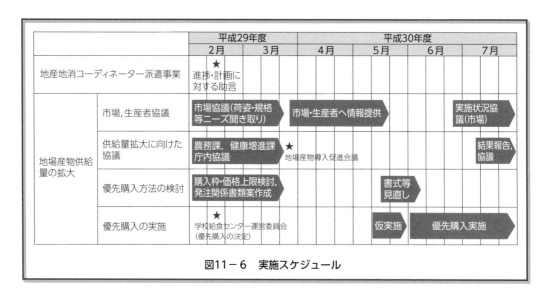

図11－6　実施スケジュール

▰ **4）都道府県学校給食会における実践例（鹿児島県学校給食会）**

　都道府県学校給食会は，学校教育活動の一環として実施される学校給食に対し，学校給食用物資の適正かつ安定供給，学校給食の普及充実および食育の推進等に関する事業を行い，児童・生徒の健全な発達に寄与することを目的とした公益法人である。各都道府県単位で設置されており，学校給食運営において大きな役割を担っている。学校給食の献立を生きた教材とするために，各都道府県学校給食会が中心となり地場産物や国産物資の活用の取り組みを進めることで，学校給食の献立として地域に伝わる郷土料理や伝統食，行事食等が実施しやすくなり，献立の多様化にもつながっている。また，多くの都道府県学校給食会において給食調理場の衛生管理支援や食育専門員等による食育支援が行われており，学校給食実施校のみならず，PTA・地域関係者の研修の場としても活用されている。学校給食に関する情報発信基地としての役割が期待できる。

（1）地場産物（県内産）活用の取り組み

　鹿児島県学校給食会では，県内で生産された農産物，畜産物，水産物等他，多くの食材を学校給食用として提供するために，関係生産者団体と「鹿児島県学校給食県産品活用推進協議会」を組織している。学校給食として使用しやすい仕様で作られた食材は学校給食会により各調理場へ配送され，年間を通して活用されている。

a．主な関係機関と取扱い食品

　各団体等の担当者と学校給食会の担当者が常時連絡を取り，その情報を基に学校に提供できる食材を確保する。学校・給食センターへは毎月発行する『物資紹介』で2～3か月先に合わせた季節食材や行事用食材等を紹介している（**表11-5**）。

表11-5　各種団体および生産者と連携して取り扱う食材

県経済連	精白米（早期米・普通期米），米粉用精白米・さつま黒もち→低温流通
鹿児島くみあい食肉	県内産牛肉（スライス・角切り），県内産豚肉（スライス・角切り・挽肉・豚骨：味噌煮用），県内産鶏肉（スライス・角切り・挽肉・ほぐしささみ：奄美の鶏飯用）
県漁連	きびなご・あじ・さば・さわら・ぶり・県内産むきえび等（季節の魚介類を冷凍流通：切り身・角切り・開き等）
枕崎かつお公社	かつお製品（かつお切身・角切り・腹皮・花かつお・厚けずり・くろしおパック・焼きなまり節けずり）
その他の生産者団体・加工工場等	いも類（さつまいもおよびその製品，里いも），野菜類（ほうれん草・小松菜・ブロッコリー・ごぼう・ピーマン・ゴーヤ・たけのこ他），干し椎茸，魚介類（煮干し・田作り煮干し・いわし丸干し・いわし開き・しらす干し・さつまあげ・魚すり身等），卵類・肉加工品，調味料類（味噌・醤油・穀物酢・黒酢），県内産大豆使用の冷凍豆腐，黒砂糖，郷土菓子（かるかん），漬物　他

b．地元食材を活用した物資の開発・改良例

【例1：奄美の郷土料理「奄美の鶏飯」に使用するパパイア漬けの開発】

　県の出先機関の普及専門員の仲介を得て，地元の食品加工グループと共同で奄美の鶏飯用パパイア漬けを開発（低温保存：1 kg）。

【例2：カットピーマン（冷凍）の開発】

　県内産のピーマン（かごしまブランド）を，年間使用できるよう業者と提携して開発（カットして冷凍：1 kg　種類：青ピーマン・赤ピーマン・黄ピーマン）。

【例3：桜島素鶏の開発】

　生産量全国2位のブロイラーを8～13 g程度にカットした鶏肉に小麦粉をまぶした商品を業者と協力して開発。酢豚風煮物，揚げて炒め物等使用方法多数。

【例4：黒酢の取扱い開始】

　黒酢はかごしまブランド食品のため高価な食材である。生産工場の協力を得て給食用として取り扱いを開始。

【例5：既存の商品をアレルギー対応食品へ改良】

　県漁連製造の粉付魚切身・桜島素鶏→でんぷん付へ変更（小麦アレルギー対応）。

c．学校からの資料提供（鹿児島県学校給食会「物資紹介」掲載記事より（図11－7）

「真あじ開き：県漁連」を給食に出しました‼

　9月13日「鯵の開きかみかみ揚げ」を給食に出しました。
　「鯵の開き」をカリカリに揚げて骨まで食べられるように調理したものです。
　魚の頭に抵抗があったり，骨ごと食べることに抵抗があり，なかなか食べられない子ども，「おいしい！」と言って勢いよく食べる子ども，いろいろな子どもを見ることができました。
　栄養教諭より一言：完食のクラス・少し残ったクラス……。クラスにより差がありましたがみんな頑張って食べました。魚好きの子どもが多くなればいいな～と願って作りました。

図11－7　小学校食育だより

　地元で生産された食材を地元業者と共同で給食用物資として供給可能にすることで献立の多様化と食育の推進に寄与し，地産地消のさらなる推進を図ることができる。新規商品を開発するためには，生産者との折衝，生産地訪問，取扱業者決定，生産工場との折衝等，多くの労力を要するが，今後も取り組みを推進していくことが期待される。

（2）食育支援事業

a．食のふるさと探検隊

　児童・生徒およびその保護者が県内の地場産物の生産地や工場を訪ね，生産，加工，流通の実態を学び，体験や交流活動を通して本県の産物への関心を高めるとともに，食に関する知識と理解を深めることを目的として実施する。地元マスコミや学校を通じて親子40組約80名を募集する（実施例：錦江湾カンパチの養殖場でのえさやり体験・魚の解体ショー，牧場での乳搾り・バター作り体験，農業大学校でのさつまいも・落花生の収穫体験等）。

ｂ．親子お魚教室

　水産資源の豊富な本県の子どもたちが親子で参加して魚にふれ，さばき方や調理方法を学び，魚や魚料理に興味・関心を持たせるとともに，魚好きの子どもを育てることを目的として，夏休み中に学校給食会の調理実習室で実施。対象者は親子約30人とし，学校を通して募集する。講師は県漁連の技術員および学校給食会の食育専門員が担当する。

ｃ．栄養教諭等対象研修講座

　学校給食の充実と食育の推進を目的として，学校関係者の研鑽の場として夏季休暇中に研修講座を開講する。対象者は主に栄養教諭とし，一部養護教諭，調理員等を含む。

表11－6　令和3年度：学校給食に関する夏季講座の概要

番号	講　座　名	募集人員	講師等
1	魅力ある献立作成のための研究講座	20人	給食会職員または外部
2	学校給食における食物アレルギーに関する講座	30人	外部講師
3	学校給食パンつくり講座	20人	外部講師
4	魅力ある献立作成のためのパソコン講座	20人	給食会職員
5	学校給食の衛生管理講座	15人	給食会職員

ｄ．地元産食材のフードモデル等の食に関する指導用教材貸出

　郷土料理や地場産物を使用した献立で行う食育の教材として，本県特産の農産物と魚類の実物大食品レプリカ（下記写真）を学校へ貸し出す各種類5セット作成してあり，学校からの依頼により給食会の配送便で学校へ届け，食育教材として活用されている。

【鹿児島の魚類】　【ばしょうかじき】　【たけのこ】　【かんきつ類】　【さつま芋】　【桜島大根】

（3）学校給食関係者以外を対象とした研修の場として

　学校給食の内容，給食物資，食育，学校給食の衛生管理等についての講話，食品倉庫の見学等を行っている。主な対象として学校のPTA研修，小学生の社会科見学，養護教諭研修，短大栄養士養成コースの学生（栄養教諭履修者の授業の一環）等が研修の場として訪れる。学校給食の理解，食の安全指導や食育の推進に貢献している。

（4）衛生管理支援事業

　鹿児島県学校給食会の検査室には，理化学検査，細菌検査を担当する2名の職員が配置され，取扱物資の安全確保の検査業務以外に，以下の衛生管理支援事業を実施している。

・パン，米飯等委託加工工場の衛生検査，実態調査の実施および指導
・学校給食実施校・給食センター訪問衛生検査および指導
・学校・給食センターからの依頼品の検査
・衛生検査のための機器貸出，衛生関係指導用DVD等貸出，衛生講話の講師

資　料

資　料1

食に関する指導体制の整備について（答申）

平成16年1月20日
中央教育審議会

第1章　基本的な考え方

1　食に関する指導の充実の必要性

　食は人間が生きていく上での基本的な営みのひとつであり，健康な生活を送るためには健全な食生活は欠かせないものである。しかしながら，近年，食生活を取り巻く社会環境の変化などに伴い，偏った栄養摂取などの食生活の乱れや，肥満傾向の増大，過度の痩（そう）身などが見られるところであり，また，増大しつつある生活習慣病と食生活の関係も指摘されている。このように，望ましい食習慣の形成は，今や国民的課題となっているともいえる。

　特に，ある児童生徒にとって，健全な食生活は健康な心身を育（はぐく）むために欠かせないものであると同時に，将来長期に来の食習慣の形成に大きな影響を及ぼすものであり，極めて重要である。しかし近年，子どもの食生活の乱れも顕著になってきており，例えば，平成9年の国民栄養調査によれば，20歳代の朝食欠食者のうち66.6％が高校卒業のころまでに朝食欠食が習慣化していることが明らかになっている。なお，平成13年の同調査では，20歳代男子の朝食欠食の割合は20.4％となっている。また，子どもだけで食事をとる孤食については，昭和57年には22.7％であったものが平成5年には31.4％に増加している。肥満傾向児（性別・年齢別に身長別平均体重を求め，その平均体重の120％以上の体重の者）も増加しており，学校保健統計調査によれば，小学6年生男子では，昭和52年に6.7％が肥満傾向であったものが，平成14年には11.7％とほぼ倍増している。栄養と脳の発達や心の健康との関係も指摘されている。

　また，中央教育審議会答申「子どもの体力向上のための総合的な方策について」（平成14年9月30日。以下「平成14年答申」という。）において指摘したように，子どもの体力は低下傾向が続いており，体力の向上のためには，適切な運動と十分な休養・睡眠に，調和のとれた食事という，健康3原則の徹底による生活習慣の改善が不可欠である。

　加えて，外食や調理済み食品の利用の増大により，栄養や食事のとり方などについて，正しい基礎知識に基づいて自ら判断し，食をコントロールしていく，言わば食の自己管理能力が必要となっている。特に，食品の安全性に対する信頼が揺らいでいる中，食品の品質や安全性についても，正しい知識・情報に基づいて自ら判断できる能力が必要となってきている。

　このように，子どもの体力の向上を図るとともに，食に関する自己管理能力の育成を通じて将来の生活習慣病の危険性を低下させるなど，子どもが将来にわたって健康に生活していけるようにするためには，子どもに対する食に関する指導を充実し，望ましい食習慣の形成を促すことが極めて重要である。

　また，健康と体力は今後の教育が目指すべき「生きる力」の基礎となるものであり，食に関する指導の充実は，子どもの「生きる力」を育（はぐく）んでいく上でも非常に重要な課題であるといえる。

　さらに，食はそれぞれの国や地域の風土や伝統に根ざした，優れて文化的な営みであり，また，団欒（らん）などを通じた社会との接点としての側面も有している点を忘れてはならない。食に関する指導においては，「食文化」の継承や多様性の尊重，社会性の涵（かん）養といった効果も期待できる。

　食に関する問題は，言うまでもなく家庭が中心となって担うものである。家族一緒の食事は，家庭教育の第一歩であるとともに，大切な家族のコミュニケーションの場でもある。当審議会としても『『新しい時代を拓（ひら）く心を育てるために』－次世代を育てる心を失う危機－」（平成10年6月30日答申）において，食生活は子どもの身体的発達のみならず精神や社会性の発達など，心の成長にも大きな影響を及ぼすものであり，家族が一緒に食事をとる機会を確保すべきことを提言した。他方，核家族化の進展，共働きの増加などの社会環境の変化や，外食や調理済み食品の利用の増加などの食品流通の変化等を背景として，食生活の在り様も大きく変化しつつあり，保護者が子どもの食生活を十分に把握し，管理していくことが困難になってきていることも現実である。このような状況を踏まえれば，子どもの食生活については，家庭を中心とし

つつ学校や地域社会が積極的に支援していくことが重要である。今後は学校が子どもの食について家庭に助言や働き掛けを行うことも含め，学校・家庭・地域社会が連携して，次代を担う子どもたちの食環境の改善に努めることが必要である。

２　学校における食に関する指導の現状

現在，学校における食に関する指導は，学級担任を中心として，給食の時間において学校給食そのものを生きた教材として活用した指導が行われているほか，教科指導や学級活動，「総合的な学習の時間」など，学校教育活動全体の中で広く行われている。具体的には，例えば家庭科，技術・家庭科においてはバランスのとれた食事の重要性などを，体育科，保健体育科においては望ましい生活習慣を身に付ける必要性などを指導している。食に関する指導においては，学校給食を活用することによって，見る・食べるといった行為を通じて楽しみながら児童生徒の興味・関心を引き出すことができ，高い教育的効果を得られるため，学校給食を有効に活用した取組も見られるところである。また，学校給食に地域の産物を使用したり，地域の伝統的な料理を提供することを通じ，地域の文化や伝統に対する理解と関心を深めるなどの取組も行われている。

さらに，保健体育審議会答申「生涯にわたる心身の健康の保持増進のための今後の健康に関する教育及びスポーツの振興の在り方について」（平成９年９月22日）において，学校栄養職員の新たな役割として食に関する指導の必要性が提言され，各学校において学校栄養職員を活用した取組も進められているところであり，ティーム・ティーチングや特別非常勤講師制度を活用した学校内での指導活動は年々増加している。また，親子料理教室や給食だよりなどを通じて，学校が家庭や地域社会に働き掛けを行うなど，家庭・地域社会との連携を推進する取組も進められている。

しかしながら，食に関する指導については，これまで明確な体制整備がなされてこなかったため，地域や学校ごとに取組は区々であったというのが現状である。

３　食に関する指導体制整備の方向性

以上のように，これまでも学校栄養職員の活用を含め，学校における食に関する指導を進めるための取組は様々な形でなされているが，近年の子どもの食を取り巻く環境の変化は，これまでにないほど急速かつ激しいものである。子どもが望ましい食習慣と自己管理能力を身に付け，この変化に十分に対応して自らの健康を保持増進していくことができる能力を培っていくためには，より効果的な食に関する指導体制の整備が急務である。そのためにも，学校における食に関する専門家である学校栄養職員の専門性を，確実に指導面でも活用していけるような制度的担保が必要である。

食に関する指導体制の整備については，これまでも，平成９年９月22日の保健体育審議会答申「生涯にわたる心身の健康の保持増進のための今後の健康に関する教育及びスポーツの振興の在り方について」において，新たな免許制度の導入を含めた学校栄養職員の資質向上策の検討の必要性が指摘されているだけでなく，平成14年答申において，「学校栄養職員については，食に関する専門家としての知識はもとより，児童生徒の成長発達やこの時期の心理の特性などについての正しい理解の上で，教育的配慮を持った食に関する指導を行うことが求められている」と指摘し，「いわゆる『栄養教諭（仮称）』制度など学校栄養職員に係る新たな制度の創設を検討し，学校栄養職員が栄養及び教育の専門家として児童生徒の食に関する教育指導を担うことができるよう食に関する指導体制の整備を行うことが必要である」とより具体的な提言を行っているところである。

現在の学校栄養職員は，栄養士又は管理栄養士の資格を有して学校給食に係る栄養管理や衛生管理を行っており，食に関する専門家ではあるが，教育的資質が担保されているとはいえない。食に関する専門性を指導面で十分に生かし，自ら責任を持って指導に当たっていくことができるようにするためには，現在の学校栄養職員の資質に加え，教育に関して必要な資質を身に付けた者が食に関する指導を担うことができるよう，栄養教諭制度を創設し，効果的な食に関する指導体制の整備を図る必要がある。その際には，食に関する指導が学校教育活動の様々な領域にまたがるものであることを踏まえ，栄養教諭がその高い専門性を生かし，食に関する指導を学校教育活動全体の中で推進していくための連携・調整の役割を果たすことができるような制度とすることが重要である。

第２章　栄養教諭制度の創設

１　栄養教諭の職務

栄養教諭は，教育に関する資質と栄養に関する専門性を併せ持つ職員として，学校給食を生きた教材として活用した効果的な指導を行うことが期待される。このため，（１）食に関する指導と，（２）学校給食の管理を一体のものとしてその職務とすることが適当である。

（1）食に関する指導

①　児童生徒への個別的な相談指導

　児童生徒の食生活の現状にかんがみ，生活習慣病の予防や食物アレルギーへの対応などの観点から，栄養教諭が児童生徒の個別の事情に応じた相談指導を行うことが，児童生徒の健康の保持増進のために有効であると考えられる。その際，食に関する問題への対応には，児童生徒の食の大部分を担う家庭での実践が不可欠であることに留意し，保護者に対する助言など，家庭への支援や働き掛けも併せて行うことが重要である。

　児童生徒の食生活に係る問題の中で，個別的な相談指導が想定されるケースとしては，

　　（a）偏食傾向のある児童生徒に対し，偏食が及ぼす健康への影響や，無理なく苦手なものが食べられるような調理方法の工夫等について指導・助言すること

　　（b）痩（そう）身願望の強い児童生徒に対し，ダイエットの健康への影響を理解させ，無理なダイエットをしないよう指導を行うこと

　　（c）肥満傾向のある児童生徒に対し，適度の運動とバランスのとれた栄養摂取の必要性について認識させ，肥満解消に向けた指導を行うこと

　　（d）食物アレルギーのある児童生徒に対し，原因物質を除いた学校給食の提供や，献立作成についての助言を行うこと

　　（e）運動部活動などでスポーツをする児童生徒に対し，必要なエネルギーや栄養素の摂取等について指導すること

などが考えられる。これらの相談指導には，栄養学等の専門知識に基づいた対応が不可欠であり，学級担任や家庭だけでは十分な対応が困難な場合も多いと考えられるため，栄養の専門家である栄養教諭が中心となって取り組んでいく必要がある。また，相談指導においては，食習慣以外の生活習慣や心の健康とも関係する問題を扱うことも考えられるので，必要に応じて，学級担任や養護教諭と連携して，あるいは学校医や学校歯科医，他の栄養の専門家などと適切に連携を図りながら対応していくことが重要である。特に食物アレルギーや摂食障害など医学的な対応を要するものについては，主治医や専門医とも密接に連携を取りながら適切に対応することが求められる。

　このように，栄養教諭は，児童生徒の食生活に関し，その専門性を生かしたきめ細かな指導・助言を行う，言わば食に関するカウンセラーとしての役割が期待される。なお，食に関する相談指導に当たっては，教育相談室や余裕教室を利用するなど，個別相談にふさわしい環境で行われることが望ましい。

②　児童生徒への教科・特別活動等における教育指導

　食に関する指導は，個別指導以外にも給食の時間や学級活動，教科指導等，学校教育全体の中で広く行われるものであり，その中で栄養教諭は，その専門性を生かして積極的に指導に参画していくことが期待される。

　各学級における給食の時間や学級活動における指導は，一般的には学級担任が年間指導計画を作成して行うものであるが，食に関する指導の充実のため，その指導計画に基づいて栄養教諭が指導の一部を単独で行うなど，積極的に指導を担っていくことが大切である。

　特に給食の時間は，生きた教材である学校給食を最大限に活用した指導を行うことができるだけでなく，食事の準備から後片付けまでを通じて，食事のマナーなどを学ぶ場としても活用できるなど，食に関する指導を行う上での中核的な役割を果たすものである。栄養教諭は，学校給食の管理を担うことから，学校給食を最も有効に活用した指導ができる立場にあり，計画的に各学級に出向いて指導を行うことが期待される。他方，給食の時間は原則として全校一斉に取られるため，栄養教諭がすべての学級において十分な時間を取って指導を行うことは物理的に困難である。したがって，給食の時間や学級活動の時間における指導は，学級担任等と十分に連携することによって，継続性に配慮しつつ計画的に行うことが肝要である。特に，複数の学校を担当する栄養教諭については，この点がより重要となると考えられる。

　また，家庭科，技術・家庭科や体育科，保健体育科をはじめとして，関連する教科における食に関する領域や内容について，学級担任や教科担任と連携しつつ，栄養教諭がその専門性を生かした指導を行うことも重要である。特に，食に関する問題は，児童生徒にとっても身近な問題であると同時に，他の様々な問題と関連する広がりを持ったものであり，各教科や特別活動，「総合的な学習の時間」などにおいて，例えば，食べ残しと環境負荷の問題や，食品流通と国際関係，食文化を含む地域文化など，食と関係した指導を行う場合には，栄養教諭を有効に活用していくことが期待される。さらに，各教科指導において取り上げられた食品を学校給食に使うなど，学校給食との連携を図ることにより，児童生徒の興味・関心を引き出し，より教育効果の高い指導を行うことが可能になるものと考えられる。

　このように，食に関する指導は，学校教育活動全体の中で広く行われるものである。学校において食に

関する指導に係る全体的な計画を策定するに当たっては，栄養教諭がその高い専門性を生かして積極的に参画し，貢献していくことが重要である。

③　食に関する教育指導の連携・調整

　学校における食に関する指導は，給食の時間をはじめとして，関連教科等に幅広く関わるものであり，効果的な指導を行っていくためには，校長のリーダーシップの下，関係する教職員が十分連携・協力して取り組むことが必要である。その中で，栄養教諭は，栄養に関する専門的な教員として，例えば，食に関する指導に係る全体的な計画の策定において中心的な役割を果たすなど，連携・調整の要としての役割を果たしていくことが期待される。特に，学校給食と連携した授業を実施する場合などは，学校給食の管理を担う栄養教諭が，学級担任や教科担任等と連携し，年間指導計画における食に関する指導の計画と給食管理との有機的連携を確保することによって，食に関する指導の効果は一層高まるものと考えられる。また，例えば校務分掌において給食主任を担うなど，その専門性を生かして積極的に学校運営に参画していくことも重要である。

　同時に，児童生徒の食の大部分は家庭が担っているという実態を踏まえれば，食に関する指導は，学校内における児童生徒への直接的な指導のみにとどまらず，広く家庭や地域社会との連携を図りつつ指導を充実させていくことが重要である。具体的には，給食だより等を通じた啓発活動や，食物アレルギーに対応した献立作成などについての保護者に対する助言，親子料理教室等の開催，地域社会や関係機関が主催する食に関する行事への参画などにおいて，栄養教諭がその専門性を発揮し，積極的に取り組んでいくことが期待される。

　このように，食に関する指導を効果的に進めていくためには，学校の内外を通じて，教職員や保護者，関係機関等の連携を密接に図ることが肝要であり，栄養教諭は，その専門性を生かして，食に関する教育のコーディネーターとしての役割を果たしていくことが期待される。

（２）学校給食の管理

　現在学校栄養職員が行っている栄養管理や衛生管理，検食，物資管理等の学校給食の管理は，専門性が必要とされる重要な職務であり，栄養教諭の主要な職務の柱の一つとして位置付けられるべきである。具体的な職務内容としては，

　①学校給食に関する基本計画の策定への参画
　②学校給食における栄養量及び食品構成に配慮した献立の作成
　③学校給食の調理，配食及び施設設備の使用方法等に関する指導・助言
　④調理従事員の衛生，施設設備の衛生及び食品衛生の適正を期すための日常の点検及び指導
　⑤学校給食の安全と食事内容の向上を期すための検食の実施及び検査用保存食の管理
　⑥学校給食用物資の選定，購入及び保管への参画

などが考えられる。学校給食は食に関する指導を効果的に進めるための重要な教材でもあり，その管理においてもより一層の積極的な取組が期待される。

　同時に，献立のデータベース化やコンピュータによる物資管理などの情報化の推進や，調理員の衛生管理等の知識の向上を図ることなどにより，学校給食の管理業務の一層の効率化を図り，食に関する指導のために必要な時間を十分に確保できるよう工夫していくことが求められる。

　なお，学校給食における衛生管理については，平成８年度の腸管出血性大腸菌Ｏ157による食中毒事件以降，その徹底が一層図られ，学校給食が原因と考えられる食中毒の発生件数は減少してきているところであるが，より安全で安心な学校給食の実施のためには，学校給食における衛生管理を今後更に充実強化していくことが大切である。

（３）食に関する指導と学校給食の管理の一体的な展開

　栄養教諭は，生きた教材である学校給食の管理と，それを活用した食に関する指導を同時にその主要な職務の柱として担うことにより，両者を一体のものとして展開することが可能であり，高い相乗効果が期待される。学校給食の教材としての機能を最大限に引き出すためには，その管理を同時に行うことが不可欠であり，また，食に関する指導によって得られた知見や情報を給食管理にフィードバックさせていくことも可能となると考えられる。具体的には，例えば，体験学習等で栽培した食材や地域の食材を学校給食に用いることで，生産活動と日々の食事のつながりを実感させたり，食に関する指導を通じて児童生徒の食の現状を把握し，不足しがちな栄養素を補うため，献立の工夫や保護者に対する啓発活動を行うことなどが考えられる。

２　栄養教諭の資質の確保

　栄養教諭に求められる資質能力を制度的に担保するため，栄養教諭制度の創設に当たっては，保健指導と保健管理をその職務とする養護教諭の例を参考としつつ，次に示す考え方に基づいて新たに栄養教諭の免許状を創設する必要がある。

（1）栄養教諭の免許状の種類及び養成の在り方

　栄養教諭の養成段階においては，栄養教諭としての職務内容を適切に行うための資質能力の基礎として，栄養に関する専門性と教職に関する専門性を身に付ける必要がある。

　その際には，現在の教員養成・免許制度の基本理念を踏まえ，以下のような制度とすることが適当と考える。

①　免許状の種類

　栄養教諭の免許状の種類は，大学院，大学，短期大学等の学校種別，修業年限や修得単位数に応じて多様な教員養成機関から栄養教諭になる途を開くことにより，教員組織全体の活性化を図るとともに，上位の免許状等の取得を目指すことによる現職教員の自発的な研修を促すため，複数の種類の免許状を設けることとし，普通免許状として専修免許状，一種免許状，二種免許状の３種類とする。

　このうち，他の教諭等と同様に，一種免許状は普通免許状の中で標準的なものと考える。

　栄養教諭の配置についての考え方，栄養教諭の職務内容として給食の管理が含まれていることなどの栄養教諭制度の性格等にかんがみ，臨時免許状や特別免許状は設ける必要はないと考える。

②　免許状取得のための基礎資格

　免許状取得のための基礎資格としては，大学における教員養成の基本原則を踏まえ，専修免許状については修士の学位（大学院修士課程修了程度），一種免許状については学士の学位（大学卒業程度），二種免許状については準学士の称号（短期大学卒業程度）を有することを原則とすることが必要と考える。

③　栄養に関する専門性の養成

　栄養に関する専門性として，免許状の種類にかかわらず食に関する指導を行うための資質能力を身に付けるため，基礎資格として栄養士の免許を取得することが必要と考える。

　さらに，栄養に関する深い専門的知識・技術を養うために，標準的な免許状である一種免許状の取得のためには，管理栄養士養成のための教育課程と同程度の内容・単位数を修得することとすべきである。このため，一種免許状を取得するための基礎資格としては，栄養士の免許に加えて管理栄養士免許を取得するために必要な程度の専門性を有することとすることが適当と考える。また，専修免許状を取得するための基礎資格としては，管理栄養士の免許を有することとすることが適当と考える。

　二種免許状の取得のためには，上記のように基礎資格として栄養士の免許の取得を求めることにより，栄養士養成のための教育課程と同程度の内容・単位数を修得することとすべきである。

　また，いずれの免許状の取得においても，食文化を含む食に関する課題を踏まえ，栄養教諭としての使命の自覚や，職務内容について理解を深めることが必要と考える。

　なお，これらの管理栄養士養成のための教育課程，栄養士養成のための教育課程のうち，教職に関する科目との類似等があるものについては，重複して課すことのないよう配慮することが考えられる。

④　「教職に関する科目」の内容と単位数

　教育の目的・原理，教育の内容・方法，児童生徒の心身の成長・発達等についての深い専門的知識・技術といった教職に関する専門性を修得するための「教職に関する科目」は，養護教諭の養成課程と同程度の内容・単位数を基本として，教職の意義等に関する科目，教育の基礎理論に関する科目，教育課程に関する科目，生徒指導及び教育相談に関する科目，総合演習，栄養教育実習について修得することが必要と考える。

⑤　養成課程

　大学における開放制の教員養成の基本原則に照らし，栄養教諭の養成においても，文部科学大臣の課程認定を受けた大学の課程において，必要な科目・単位数を修得することを基本とすべきである。

　一方，現在の管理栄養士，栄養士の養成課程として，大学以外に専門学校等においても，学校栄養職員等として教育現場に優れた者を輩出していることにかんがみ，他の教諭等の養成において指定教員養成機関の制度を設けていることと同様に，専門学校等について文部科学大臣が指定を行い，栄養教諭の養成を行うことができるようにすべきである。

　また，専門学校において修得した栄養に関する科目について，栄養教諭の養成を行う大学等が単位認定を行うようなことも考えられる。

（2）栄養教諭の上位の免許状等取得のための方策

　教員免許制度上，現職の教員が研修によって，自ら資質能力の向上を図ることが期待されており，これは栄養教諭についても同様である。このため，栄養教諭の二種免許状や一種免許状を有する者が，それぞれ一種免許状や専修免許状を取得しようとする場合に，栄養教諭としての一定の在職年数と，免許法認定講習等において一定の単位を修得することにより，都道府県教育委員会が行う教育職員検定を経て取得できる措置を講ずることが必要と考える。

　この場合，二種免許状を有する者には，養護教諭の場合と同様，標準である一種免許状取得の努力義務を課すとともに，栄養教諭としての在職年数等に応じて修得が必要な最低単位数を一定限度まで逓減する措置を講ずることが必要と考える。

　その際，栄養教諭は生活習慣病の予防や食物アレルギーへの対応等についての児童生徒に対する個別指導を担うことから，管理栄養士免許を取得することが望ましく，管理栄養士免許を取得した者には，栄養教諭としての在職年数や免許法認定講習等における単位修得について配慮することが必要である。

　なお，管理栄養士免許，専修免許状や一種免許状の取得が促されるような環境づくりにも留意が望まれる。

（３）学校栄養職員に対する措置

①　教員免許を有しない学校栄養職員に対する措置

　現在，学校栄養職員である者が栄養教諭の免許状を取得する場合には，職務を行いながら円滑に必要な資質を身に付けるため，特別非常勤講師としての活動実績も含め，学校栄養職員としての一定の在職年数と，長期休業期間中などに実施される免許法認定講習等において一定程度の単位修得により，教育職員検定を経て授与することが必要と考える。

②　他の教員免許を有する学校栄養職員に対する措置

　他の教諭や養護教諭の免許状を有する学校栄養職員が，栄養教諭の免許状を取得する場合には，教職に関する科目は既に修得していることから，栄養教諭としての使命の自覚や，職務内容について理解を深めつつ，管理栄養士免許を有する程度の専門性を有する者については一種免許状を，栄養士免許を有する者については二種免許状を取得できるようにすることが必要と考える。

（４）その他

　栄養教諭としての資質能力は，その養成・採用・研修の各段階を通じて形成されていくべきものであり，大学における養成課程の整備とともに，都道府県教育委員会等における現職研修の促進を図ることが必要である。

３　栄養教諭の配置等

　栄養教諭の配置については，栄養教諭が教育に関する資質を有する教育職員として位置付けられるものであり，また，学校給食の管理と食に関する指導を一体のものとして展開するということを基本として考えるべきである。

　また，学校給食の管理と食に関する指導を一体的に展開するという栄養教諭の職務を踏まえれば，共同調理場方式を採用する学校の場合，栄養教諭の配置は，共同調理場における給食管理と受配校における食に関する指導を併せて行うことを前提として考慮すべきである。

　ただし，学校給食の実施そのものが義務的なものではないこと，現在の学校栄養職員も学校給食実施校すべてに配置されているわけではないこと，及び，地方の自主性を尊重するという地方分権の趣旨にかんがみ，栄養教諭の配置は義務的なものとはせず，公立学校については地方公共団体の，国立及び私立学校についてはその設置者の判断に委（ゆだ）ねられるべきである。

　平成14年５月の学校給食実施状況調査によれば，公立小中学校のうち学校給食実施校は30,631校であるのに対し，学校栄養職員は10,370人となっている。学校栄養職員から栄養教諭への移行を考えた場合，学校給食実施校を含め，栄養教諭を配置することのできない学校も想定されるが，近隣の学校の栄養教諭が出向いて指導を行うなどの工夫を講ずることによって，直接栄養教諭が配置できなくとも食に関する指導の充実を図ることができるようにすることが大切である。

　なお，栄養教諭制度の創設後も，すべての学校栄養職員が一律に栄養教諭に移行するわけではないため，栄養教諭と学校栄養職員が並存することとなると予想されるが，栄養教諭制度創設の趣旨に照らせば，将来的には，学校栄養職員の資質を高め，栄養教諭への移行を促進することにより，食に関する指導の充実を図るべきである。

４　栄養教諭の身分等

　栄養教諭の職務内容等にかんがみ，公立学校の栄養教諭については，教育公務員特例法の適用を受け，自らの資質の向上に不断に努める必要がある。また，国公私を通じて，栄養教諭は学校教育活動全般への積極的な参画が求められる。

第3章　食に関する指導の充実のための総合的な方策

1　学校における一体的取組

　食に関する指導は，給食の時間や学級活動の時間のほか，家庭科，技術・家庭科や体育科，保健体育科などの教科指導，「総合的な学習の時間」など，様々な機会を通じて行われるものである。したがって，食に関する指導を効果的に進めるためには，校長のリーダーシップの下，関係する教職員がそれぞれの専門性を

十分に発揮しつつ，相互に連携・協力して取り組む必要がある。このため，栄養教諭だけではなく，他の教職員についても，研修等を通じて食に関する理解を深める必要がある。

　当審議会としては，「今後の地方教育行政の在り方について」（平成10年９月21日答申）において，「地域や子どもの状況を踏まえた創意工夫を凝らした教育活動を展開していくには，校長，教頭のリーダーシップに加えて，教職員一人一人が，学校の教育方針やその目標を十分に理解して，それぞれの専門性を最大限に発揮するとともに一致協力して学校運営に積極的に参加していくことが求められている」と指摘したところ，食に関する指導は，まさに地域や子どもの状況を踏まえて行われるべきものであり，同答申における指摘が全面的に当てはまるものであるといえる。

2　栄養教諭の効果的な活用

　先に指摘したように，食に関する指導の推進のためには，校長のリーダーシップと，関係教職員の有機的な連携・協力が不可欠であるが，その中で栄養教諭は，学校における食に関する専門家として，食に関する指導を進める上での連携・調整の要（かなめ）としての役割を果たしていくべきである。いうまでもなく，食に関する指導を担うのは栄養教諭に限られないが，栄養教諭を十分に活用することによって，学級担任や教科担任等による指導とあいまって，一層の指導効果の向上が期待される。特に，望ましい食習慣の形成のためには，単に食に関する知識の教授にとどまらず，習慣化を促すための継続的な指導が不可欠である。このため，栄養教諭が計画的に指導に参画していくことができるようにするとともに，学級担任や教科担任，養護教諭等と十分連携を取り，指導の継続性を確保できるよう，校長のリーダーシップの下，栄養教諭が加わって，食に関する指導に係る全体的な計画を作成することが肝要である。

　さらに，家庭や地域社会との連携においても，栄養教諭は要（かなめ）としての役割を果たし得るものであり，積極的な取組が期待される。

　このように栄養教諭は，学校の内外において，食に関する指導の充実の鍵（かぎ）を握る立場にあり，その職責は非常に重いものと考えられる。この職責を全うするためにも，栄養教諭には高い資質が要求されるものであり，また，その資質を向上させるための努力が不断になされることが求められる。同時に，栄養教諭がその資質を十分に発揮するためには，校長をはじめとする学校内での理解と協力はもとより，家庭や地域社会の理解と協力が不可欠であり，栄養教諭が他の教職員や家庭・地域社会との連携を確保できるようにするための環境整備が重要となる。

　なお，栄養教諭が配置されない学校も想定されるが，そのような学校においても，養護教諭や家庭科教諭などによる指導や，近隣の学校の栄養教諭が定期的に出向いての指導，地域の人材の活用などの工夫により，食に関する指導を充実していくことが望まれる。

3　学校・家庭・地域社会の連携等による総合的取組

　栄養教諭制度の創設によって，学校における食に関する指導がより一層充実することが期待されるが，食に関する指導の第一義的な責任が家庭にあることは変わるものではない。しかし，食生活の多様化が進む中で，家庭において十分な知識に基づく指導を行うことは困難となりつつあるばかりか，保護者自身が望ましい食生活を実践できていない場合もある。このような現状を踏まえると，子どもに望ましい食習慣を身に付けさせるには，家庭への働き掛けや啓発活動も非常に重要となってくる。また，子どもに望ましい食習慣を身に付けさせることは，次の世代の親への教育であるという視点も忘れてはならない。

　このため，学校においても，給食だよりなどによる情報提供や啓発活動，親子料理教室の開催等を通じ，子どもの食について保護者が考える機会を提供し，また，食に関する正しい知識を伝えていくことが必要である。その際には，食に関する知識や経験を有する地域の人材の活用や，食生活の改善のために活動しているNPO等の協力を得るなど，地域社会との連携・協力を進めていくことが望まれる。

　もとより食に関する指導は，家庭だけ，あるいは学校だけで完結するものではなく，社会全体で取り組むべき課題である。このため，国においても，文部科学省はもちろんのこと，関係省庁が食生活の改善のための様々な施策を実施している。食に関する指導の実効性を高めるためには，これら関係省庁が緊密に連携・協力して，政府一丸となった取組がなされることが望まれる。

▰ 資　料2 ▰

食育基本法［抜粋］

平成17年 6 月17日　　法律第63号

最終改正　平成27年 9 月11日　　法律第66号

目次

　21世紀における我が国の発展のためには，子どもたちが健全な心と身体を培い，未来や国際社会に向かって羽ばたくことができるようにするとともに，すべての国民が心身の健康を確保し，生涯にわたって生き生きと暮らすことができるようにすることが大切である。

　子どもたちが豊かな人間性をはぐくみ，生きる力を身に付けていくためには，何よりも「食」が重要である。今，改めて，食育を，生きる上での基本であって，知育，徳育及び体育の基礎となるべきものと位置付けるとともに，様々な経験を通じて「食」に関する知識と「食」を選択する力を習得し，健全な食生活を実践することができる人間を育てる食育を推進することが求められている。もとより，食育はあらゆる世代の国民に必要なものであるが，子どもたちに対する食育は，心身の成長及び人格の形成に大きな影響を及ぼし，生涯にわたって健全な心と身体を培い豊かな人間性をはぐくんでいく基礎となるものである。

　一方，社会経済情勢がめまぐるしく変化し，日々忙しい生活を送る中で，人々は，毎日の「食」の大切さを忘れがちである。国民の食生活においては，栄養の偏り，不規則な食事，肥満や生活習慣病の増加，過度の痩（そう）身志向などの問題に加え，新たな「食」の安全上の問題や，「食」の海外への依存の問題が生じており，「食」に関する情報が社会に氾濫する中で，人々は，食生活の改善の面からも，「食」の安全の確保の面からも，自ら「食」のあり方を学ぶことが求められている。また，豊かな緑と水に恵まれた自然の下で先人からはぐくまれてきた，地域の多様性と豊かな味覚や文化の香りあふれる日本の「食」が失われる危機にある。

　こうした「食」をめぐる環境の変化の中で，国民の「食」に関する考え方を育て，健全な食生活を実現することが求められるとともに，都市と農山漁村の共生・対流を進め，「食」に関する消費者と生産者との信頼関係を構築して，地域社会の活性化，豊かな食文化の継承及び発展，環境と調和のとれた食料の生産及び消費の推進並びに食料自給率の向上に寄与することが期待されている。

　国民一人一人が「食」について改めて意識を高め，自然の恩恵や「食」に関わる人々の様々な活動への感謝の念や理解を深めつつ，「食」に関して信頼できる情報に基づく適切な判断を行う能力を身に付けることによって，心身の健康を増進する健全な食生活を実践するために，今こそ，家庭，学校，保育所，地域等を中心に，国民運動として，食育の推進に取り組んでいくことが，我々に課せられている課題である。さらに，食育の推進に関する我が国の取組が，海外との交流等を通じて食育に関して国際的に貢献することにつながることも期待される。

　ここに，食育について，基本理念を明らかにしてその方向性を示し，国，地方公共団体及び国民の食育の推進に関する取組を総合的かつ計画的に推進するため，この法律を制定する。

第 1 章　総　　　則

（目的）

　第 1 条　この法律は，近年における国民の食生活をめぐる環境の変化に伴い，国民が生涯にわたって健全な心身を培い，豊かな人間性をはぐくむための食育を推進することが緊要な課題となっていることにかんがみ，食育に関し，基本理念を定め，及び国，地方公共団体等の責務を明らかにするとともに，食

育に関する施策の基本となる事項を定めることにより，食育に関する施策を総合的かつ計画的に推進し，もって現在及び将来にわたる健康で文化的な国民の生活と豊かで活力ある社会の実現に寄与することを目的とする。

（国民の心身の健康の増進と豊かな人間形成）

第2条　食育は，食に関する適切な判断力を養い，生涯にわたって健全な食生活を実現することにより，国民の心身の健康の増進と豊かな人間形成に資することを旨として，行われなければならない。

（食に関する感謝の念と理解）

第3条　食育の推進に当たっては，国民の食生活が，自然の恩恵の上に成り立っており，また，食に関わる人々の様々な活動に支えられていることについて，感謝の念や理解が深まるよう配慮されなければならない。

（食育推進運動の展開）

第4条　食育を推進するための活動は，国民，民間団体等の自発的意思を尊重し，地域の特性に配慮し，地域住民その他の社会を構成する多様な主体の参加と協力を得るものとするとともに，その連携を図りつつ，あまねく全国において展開されなければならない。

（子どもの食育における保護者，教育関係者等の役割）

第5条　食育は，父母その他の保護者にあっては，家庭が食育において重要な役割を有していることを認識するとともに，子どもの教育，保育等を行う者にあっては，教育，保育等における食育の重要性を十分自覚し，積極的に子どもの食育の推進に関する活動に取り組むこととなるよう，行われなければならない。

（食に関する体験活動と食育推進活動の実践）

第6条　食育は，広く国民が家庭，学校，保育所，地域その他のあらゆる機会とあらゆる場所を利用して，食料の生産から消費等に至るまでの食に関する様々な体験活動を行うとともに，自ら食育の推進のための活動を実践することにより，食に関する理解を深めることを旨として，行われなければならない。

（伝統的な食文化，環境と調和した生産等への配意及び農山漁村の活性化と食料自給率の向上への貢献）

第7条　食育は，我が国の伝統のある優れた食文化，地域の特性を生かした食生活，環境と調和のとれた食料の生産とその消費等に配意し，我が国の食料の需要及び供給の状況についての国民の理解を深めるとともに，食料の生産者と消費者との交流等を図ることにより，農山漁村の活性化と我が国の食料自給率の向上に資するよう，推進されなければならない。

（食品の安全性の確保等における食育の役割）

第8条　食育は，食品の安全性が確保され安心して消費できることが健全な食生活の基礎であることにかんがみ，食品の安全性をはじめとする食に関する幅広い情報の提供及びこれについての意見交換が，食に関する知識と理解を深め，国民の適切な食生活の実践に資することを旨として，国際的な連携を図りつつ積極的に行われなければならない。

（国の責務）

第9条　国は，第2条から前条までに定める食育に関する基本理念（以下「基本理念」という。）にのっとり，食育の推進に関する施策を総合的かつ計画的に策定し，及び実施する責務を有する。

（地方公共団体の責務）

第10条　地方公共団体は，基本理念にのっとり，食育の推進に関し，国との連携を図りつつ，その地方公共団体の区域の特性を生かした自主的な施策を策定し，及び実施する責務を有する。

（教育関係者等及び農林漁業者等の責務）

第11条　教育並びに保育，介護その他の社会福祉，医療及び保健（以下「教育等」という。）に関する職務に従事する者並びに教育等に関する関係機関及び関係団体（以下「教育関係者等」という。）は，食に関する関心及び理解の増進に果たすべき重要な役割にかんがみ，基本理念にのっとり，あらゆる機会とあらゆる場所を利用して，積極的に食育を推進するよう努めるとともに，他の者の行う食育の推進に関する活動に協力するよう努めるものとする。

2　農林漁業者及び農林漁業に関する団体（以下「農林漁業者等」という。）は，農林漁業に関する体験活動等が食に関する国民の関心及び理解を増進する上で重要な意義を有することにかんがみ，基本理念

にのっとり，農林漁業に関する多様な体験の機会を積極的に提供し，自然の恩恵と食に関わる人々の活動の重要性について，国民の理解が深まるよう努めるとともに，教育関係者等と相互に連携して食育の推進に関する活動を行うよう努めるものとする。

第２章　食育推進基本計画等
（食育推進基本計画）

第16条　食育推進会議は，食育の推進に関する施策の総合的かつ計画的な推進を図るため，食育推進基本計画を作成するものとする。

２　食育推進基本計画は，次に掲げる事項について定めるものとする。

　１　食育の推進に関する施策についての基本的な方針

　２　食育の推進の目標に関する事項

　３　国民等の行う自発的な食育推進活動等の総合的な促進に関する事項

　４　前３号に掲げるもののほか，食育の推進に関する施策を総合的かつ計画的に推進するために必要な事項

３　食育推進会議は，第１項の規定により食育推進基本計画を作成したときは，速やかにこれを農林水産大臣に報告し，及び関係行政機関の長に通知するとともに，その要旨を公表しなければならない。

４　前項の規定は，食育推進基本計画の変更について準用する。

（都道府県食育推進計画）

第17条　都道府県は，食育推進基本計画を基本として，当該都道府県の区域内における食育の推進に関する施策についての計画（以下「都道府県食育推進計画」という。）を作成するよう努めなければならない。

２　都道府県（都道府県食育推進会議が置かれている都道府県にあっては，都道府県食育推進会議）は，都道府県食育推進計画を作成し，又は変更したときは，速やかに，その要旨を公表しなければならない。

（市町村食育推進計画）

第18条　市町村は，食育推進基本計画（都道府県食育推進計画が作成されているときは，食育推進基本計画及び都道府県食育推進計画）を基本として，当該市町村の区域内における食育の推進に関する施策についての計画（以下「市町村食育推進計画」という。）を作成するよう努めなければならない。

２　市町村（市町村食育推進会議が置かれている市町村にあっては，市町村食育推進会議）は，市町村食育推進計画を作成し，又は変更したときは，速やかに，その要旨を公表しなければならない。

第３章　基本的施策
（家庭における食育の推進）

第19条　国及び地方公共団体は，父母その他の保護者及び子どもの食に対する関心及び理解を深め，健全な食習慣の確立に資するよう，親子で参加する料理教室その他の食事についての望ましい習慣を学びながら食を楽しむ機会の提供，健康美に関する知識の啓発その他の適切な栄養管理に関する知識の普及及び情報の提供，妊産婦に対する栄養指導又は乳幼児をはじめとする子どもを対象とする発達段階に応じた栄養指導その他の家庭における食育の推進を支援するために必要な施策を講ずるものとする。

（学校，保育所等における食育の推進）

第20条　国及び地方公共団体は，学校，保育所等において魅力ある食育の推進に関する活動を効果的に促進することにより子どもの健全な食生活の実現及び健全な心身の成長が図られるよう，学校，保育所等における食育の推進のための指針の作成に関する支援，食育の指導にふさわしい教職員の設置及び指導的立場にある者の食育の推進において果たすべき役割についての意識の啓発その他の食育に関する指導体制の整備，学校，保育所等又は地域の特色を生かした学校給食等の実施，教育の一環として行われる農場等における実習，食品の調理，食品廃棄物の再生利用等様々な体験活動を通じた子どもの食に関する理解の促進，過度の瘦（そう）身又は肥満の心身の健康に及ぼす影響等についての知識の啓発その他必要な施策を講ずるものとする。

（地域における食生活の改善のための取組の推進）

　第21条　国及び地方公共団体は，地域において，栄養，食習慣，食料の消費等に関する食生活の改善を推進し，生活習慣病を予防して健康を増進するため，健全な食生活に関する指針の策定及び普及啓発，地域における食育の推進に関する専門的知識を有する者の養成及び資質の向上並びにその活用，保健所，市町村保健センター，医療機関等における食育に関する普及及び啓発活動の推進，医学教育等における食育に関する指導の充実，食品関連事業者等が行う食育の推進のための活動への支援等必要な施策を講ずるものとする。

（食育推進運動の展開）

　第22条　国及び地方公共団体は，国民，教育関係者等，農林漁業者等，食品関連事業者等その他の事業者若しくはその組織する団体又は消費生活の安定及び向上等のための活動を行う民間の団体が自発的に行う食育の推進に関する活動が，地域の特性を生かしつつ，相互に緊密な連携協力を図りながらあまねく全国において展開されるようにするとともに，関係者相互間の情報及び意見の交換が促進されるよう，食育の推進に関する普及啓発を図るための行事の実施，重点的かつ効果的に食育の推進に関する活動を推進するための期間の指定その他必要な施策を講ずるものとする。

　２　国及び地方公共団体は，食育の推進に当たっては，食生活の改善のための活動その他の食育の推進に関する活動に携わるボランティアが果たしている役割の重要性にかんがみ，これらのボランティアとの連携協力を図りながら，その活動の充実が図られるよう必要な施策を講ずるものとする。

（生産者と消費者との交流の促進，環境と調和のとれた農林漁業の活性化等）

　第23条　国及び地方公共団体は，生産者と消費者との間の交流の促進等により，生産者と消費者との信頼関係を構築し，食品の安全性の確保，食料資源の有効な利用の促進及び国民の食に対する理解と関心の増進を図るとともに，環境と調和のとれた農林漁業の活性化に資するため，農林水産物の生産，食品の製造，流通等における体験活動の促進，農林水産物の生産された地域内の学校給食等における利用その他のその地域内における消費の促進，創意工夫を生かした食品廃棄物の発生の抑制及び再生利用等必要な施策を講ずるものとする。

（食文化の継承のための活動への支援等）

　第24条　国及び地方公共団体は，伝統的な行事や作法と結びついた食文化，地域の特色ある食文化等我が国の伝統のある優れた食文化の継承を推進するため，これらに関する啓発及び知識の普及その他の必要な施策を講ずるものとする。

（食品の安全性，栄養その他の食生活に関する調査，研究，情報の提供及び国際交流の推進）

　第25条　国及び地方公共団体は，すべての世代の国民の適切な食生活の選択に資するよう，国民の食生活に関し，食品の安全性，栄養，食習慣，食料の生産，流通及び消費並びに食品廃棄物の発生及びその再生利用の状況等について調査及び研究を行うとともに，必要な各種の情報の収集，整理及び提供，データベースの整備その他食に関する正確な情報を迅速に提供するために必要な施策を講ずるものとする。

　２　国及び地方公共団体は，食育の推進に資するため，海外における食品の安全性，栄養，食習慣等の食生活に関する情報の収集，食育に関する研究者等の国際的交流，食育の推進に関する活動についての情報交換その他国際交流の推進のために必要な施策を講ずるものとする。

第4章　食育推進会議等

（食育推進会議の設置及び所掌事務）

　第26条　農林水産省に，食育推進会議を置く。

　２　食育推進会議は，次に掲げる事務をつかさどる。

　　１　食育推進基本計画を作成し，及びその実施を推進すること。

　　２　前号に掲げるもののほか，食育の推進に関する重要事項について審議し，及び食育の推進に関する施策の実施を推進すること。

〔以下略〕

資 料3

第４次食育推進基本計画［抜粋］

令和３年３月
農林水産省・食育推進会議

はじめに

　食は命の源であり，私たち人間が生きるために食は欠かせない。また，国民が健康で心豊かな生活を送るためには，健全な食生活を日々実践し，おいしく楽しく食べることやそれを支える社会や環境を持続可能なものにしていくことが重要である。

　（中略）

　高齢化が進行する中で，健康寿命の延伸や生活習慣病の予防が引き続き国民的課題であり，栄養バランスに配慮した食生活の重要性は増している。人口減少，少子高齢化，世帯構造の変化や中食市場の拡大が進行するとともに，食に関する国民の価値観や暮らしの在り方も多様化し，健全な食生活を実践することが困難な場面も増えてきている。古くから各地で育まれてきた地域の伝統的な食文化が失われていくことも危惧される。

　食を供給面から見ると，農林漁業者や農山漁村人口の著しい高齢化・減少が進む中，我が国の令和元年度の食料自給率はカロリーベースで38%，生産額ベースで66%と食料の多くを海外からの輸入に頼っている。一方で，食品ロスが平成29年度推計で612万トン発生しているという現実もある。

　また，近年，日本各地で異常気象に伴う自然災害が頻発する等，地球規模の気候変動の影響が顕在化しており，食の在り方を考える上で環境問題を避けることはできなくなっている。

　国際的な観点から見ると，平成27年９月の国連サミットで採択された国際開発目標である「持続可能な開発のための2030アジェンダ」は，17の目標と169のターゲットから成る「SDGs（持続可能な開発目標）」を掲げ，「誰一人取り残さない」社会の実現を目指すものである。SDGsの目標には，「目標２．飢餓を終わらせ，食料安全保障及び栄養改善を実現し，持続可能な農業を促進する」，「目標４．すべての人々への包摂的かつ公正な質の高い教育を提供し，生涯学習の機会を促進する」，「目標12．持続可能な生産消費形態を確保する」などの食育と関係が深い目標がある。食育の推進は，我が国の「SDGsアクションプラン2021」（令和２年12月持続可能な開発目標（SDGs）推進本部決定）の中に位置付けられており，SDGsの達成に寄与するものである。

　さらに，新型コロナウイルス感染症の流行は，世界規模に拡大し，その影響は人々の生命や生活のみならず，行動・意識・価値観にまで波及した。接触機会低減のためのテレワークの増加，出張機会の減少等により，在宅時間が一時的に増加するとともに，外出の自粛等により飲食業が甚大な影響を受けるなど，我が国の農林水産業や食品産業にも様々な影響を与えた。また，在宅時間や家族で食を考える機会が増えることで，食を見つめ直す契機ともなっており，家庭での食育の重要性が高まるといった側面も有している。

　こうした「新たな日常」の中でも，食育がより多くの国民による主体的な運動となるためには，ICT（情報通信技術）や社会のデジタル化の進展を踏まえ，デジタルツールやインターネットも積極的に活用していくことが必要である。

　このような情勢を踏まえ，食育に関する施策を総合的かつ計画的に推進していくため，令和３年度からおおむね５年間を計画期間とする第４次食育推進基本計画を作成する。

第１　食育の推進に関する施策についての基本的な方針

　（中略）

１．重点事項

　今後５年間に特に取り組むべき重点事項を以下のとおり定め，総合的に推進する。

（１）生涯を通じた心身の健康を支える食育の推進

　社会における高齢化の進行の中で，健康寿命の延伸が国民的課題であり，国民が生涯にわたって健全な心身を培い，豊かな人間性を育むためには，妊産婦や，乳幼児から高齢者に至るまで，ライフステージやライフスタイル，多様な暮らしに対応し，切れ目のない，生涯を通じた食育を推進することが重要である。

　しかしながら，依然として，成人男性には肥満者が多いこと，若い女性にはやせの者が多いこと，高齢者では男女とも低栄養傾向の者の割合が高いこと等，食生活に起因する課題は多い。

　少子高齢化が進むとともに，世帯構造や社会環境も変化し，単独世帯やひとり親世帯が増えており，また，貧困の状況にある子供に対する支援が重要な課題になるなど，家庭生活の状況が多様化する中で，家庭や個人の努力のみでは，健全な食生活の実践につなげていくことが困難な状況も見受けられる。

　こうした状況を踏まえ，「人生100年時代」に向けて，生活習慣病の予防や健康寿命の延伸を実現し，全ての国民が健全で充実した食生活を実現することを目指し，家庭，学校・保育所，職場，地域等の各場面において，地域や関係団体の連携・協働を図りつつ生涯を通じた食育を推進する。また，子供のうちに健全な食生活を確立することは，生涯にわたり健全な心身を培い，豊かな人間性を育んでいく基礎となることに留意する。

　加えて，健康や食に関して無関心な層も含め，デジタルツールや行動経済学に基づく手法の1つであるナッジ（そっと後押しする：人々がより良い選択を自発的に取れるように手助けする手法）を活用する等，自然に健康になれる食環境づくりを推進する。

（2）持続可能な食を支える食育の推進

　国民が健全な食生活を送るためには，その基盤として持続可能な環境が不可欠であり，食育関係者を含む国民が一体となって，食を支える環境の持続に資する食育を推進する。

（食と環境の調和：環境の環（わ））

　農林水産業・食品産業の活動が自然資本や環境に立脚していることから，国民の食生活が，自然の恩恵の上に成り立つことを認識し，食料の生産から消費等に至る食の循環が環境へ与える影響に配慮して，食におけるSDGsの目標12「つくる責任・つかう責任」を果たすことができるよう国民の行動変容を促すことが求められている。食に関する人間の活動による環境負荷が自然の回復力の範囲内に収まり，食と環境が調和し，持続可能なものとなる必要がある。

　さらに，我が国では，食料及び飼料等の生産資材の多くを海外からの輸入に頼っている一方で，大量の食品廃棄物を発生させ，環境への負担を生じさせている。また，年間612万トン（平成29年度推計）の食品ロスが発生しており，この削減に取り組むことにより，食べ物を大切にするという考え方の普及や環境への負荷低減を含む各種効果が期待できる。

　このため，生物多様性の保全に効果の高い食料の生産方法や資源管理等に関して，国民の理解と関心の増進のための普及啓発，持続可能な食料システム（フードシステム）につながるエシカル消費（人や社会，環境に配慮した消費行動）の推進，多様化する消費者の価値観に対応したフードテック（食に関する最先端技術）への理解醸成等，環境と調和のとれた食料生産とその消費に配慮した食育を推進する。

（農林水産業や農山漁村を支える多様な主体とのつながりの深化：人の輪（わ））

　食料の生産から消費等に至るまでの食の循環は，多くの人々の様々な活動に支えられており，そのことへの感謝の念や理解を深めることが大切である。

　一方で，ライフスタイル等の変化により，国民が普段の食生活を通じて農林水産業等や農山漁村を意識する機会が減少しつつある。

　そのような中で，生産者等と消費者との交流や都市と農山漁村の共生・対流等を進め，消費者と生産者等の信頼関係を構築し，我が国の食料需給の状況への理解を深め，持続可能な社会を実現していくことが必要である。

　このため，農林漁業体験の推進，生産者等や消費者との交流促進，地産地消の推進等，食の循環を担う多様な主体のつながりを広げ深める食育を推進する。

（日本の伝統的な和食文化の保護・継承：和食文化の和（わ））

　南北に長く，海に囲まれ，豊かな自然に恵まれた我が国では，四季折々の食材が豊富であり，地域の農林水産業とも密接に関わった豊かで多様な和食文化を築き，「和食；日本人の伝統的な食文化」はユネスコの無形文化遺産に登録された。和食文化は，ごはんを主食とし，一汁三菜を基本としており，地域の風土を活かしたものであり，その保護・継承は，国民の食生活の文化的な豊かさを将来にわたって支える上で重要であるとともに，地域活性化，食料自給率の向上及び環境への負荷低減に寄与し，持続可能な食に貢献することが期待される。

　また，和食は栄養バランスに優れ，長寿国である日本の食事は世界的にも注目されている。

　しかし，近年，グローバル化，流通技術の進歩，生活様式の多様化等により，地場産物を生かした郷土料理，その作り方や食べ方，食事の際の作法等，優れた伝統的な和食文化が十分に継承されず，その特色が失われつつある。

　このため，食育活動を通じて，郷土料理，伝統料理，食事の作法等，伝統的な地域の多様な和食文化を次世代へ継承するための食育を推進する。

　これらの持続可能な食に必要な，環境の環（わ），人の輪（わ），和食文化の和（わ）の3つの「わ」を支える食育を推進する。

（3）「新たな日常」やデジタル化に対応した食育の推進

　新型コロナウイルス感染症の拡大前から，生活を支える多くの分野でICTやAI（人工知能）の活用等デ

ジタル技術の進展・普及が加速していたが，当該感染症の拡大防止のため，身体的距離の確保や３密（密接，密閉，密集）の回避が迫られる中，デジタル技術の活用は喫緊の課題となっている。

他方，こうした「新たな日常」は，在宅時間や家族で食を考える機会が増えることで，食を見つめ直す契機ともなっており，家庭での食育の重要性が高まるといった側面も有している。

当該感染症の影響は長期間にわたり，収束後も以前の生活に完全に戻ることは困難と考えられる。そのため，上記（1）及び（2）に示した重点事項に横断的に取り組むため，「新しい生活様式」に対応し，「新たな日常」においても食育を着実に実施するとともに，より多くの国民による主体的な運動となるよう，ICT等のデジタル技術を有効活用して効果的な情報発信を行うなど，新しい広がりを創出するデジタル化に対応した食育を推進する。

一方，デジタル化に対応することが困難な高齢者等も存在することから，こうした人々に十分配慮した情報提供等も必要である。

また，「新たな日常」の中ではテレワークによる通勤時間の減少等から，自宅で料理や食事をすることも増えており，食生活を見直す機会にもなるものであることから，乳幼児から高齢者までの全ての世代において栄養バランス，食文化，食品ロスなど，食に関する意識を高めることにつながるよう食育を推進する。

２．基本的な取組方針

（1）国民の心身の健康の増進と豊かな人間形成

「国民の心身の健康の増進と豊かな人間形成に資すること」は，食育を推進する際の目的の要であり，食育に関するあらゆる施策は，これを踏まえて講じられるべきである。また，健康寿命の延伸という観点からは，肥満に加え，やせや低栄養の問題も起きていることや，生活習慣病の発症だけでなく，重症化の予防や改善も視野に入れる必要がある。

このため，健全な食生活の実践に向けて，栄養の偏りや食習慣の乱れを改善するよう，引き続き取組の推進が必要である。

また，我が国では，様々な種類の食材が多様な形で加工・提供されるようになってきており，健全な食生活を自ら実践していくためには，食に関する知識や食品の選び方等も含めた判断力を国民一人一人が備える必要性が従来以上に高まっている。

このため，健全な食生活に必要な知識や判断力については，年齢や健康状態，更には生活環境によっても異なる部分があることに配慮しつつ，国民の生涯にわたる健全な食生活の実現を目指して施策を講じる。

（2）食に関する感謝の念と理解

世界の食料事情は，現在，約6.9億人の人々が飢餓や栄養不足で苦しんでいることを始めとして，楽観視できない状況にある。このような世界の厳しい状況を理解し，食事ができることに感謝の念を持ちつつ，国内では大量の食料が食べられないまま廃棄されているという食料資源の浪費や環境への負荷の増加にも目を向ける必要がある。

これらを踏まえ，「もったいない」という精神で，食べ物を無駄にせず，食品ロスの削減に取り組むことは，食育の観点からも極めて大切である。

また，日々の食生活は，自然の恩恵の上に成り立ち，食べるという行為自体が貴重な動植物の命を受け継ぐことであることや，食料の生産から消費等に至るまでの食の循環においては，生産者を始めとして多くの人々の苦労や努力に支えられていることを実感できるよう，動植物の命を尊ぶ機会となるような様々な体験活動や適切な情報発信等を通じて，自然に感謝の念や理解が深まっていくよう配慮した施策を講じる。

（3）食育推進運動の展開

食育推進運動の展開に当たっては，国民一人一人が食育の意義や必要性等を理解するとともに，これに共感し，自ら主体的に食育を実践できるよう取り組む必要がある。

このため，国民や民間団体等の自発的意思を尊重しながら，産学官による連携等，多様な主体の参加と連携・協働に立脚し，デジタル技術も活用しつつ効果的に国民運動を推進することを目指した施策を講じる。

（4）子供の食育における保護者，教育関係者等の役割

我が国の未来を担う子供への食育の推進は，健全な心身と豊かな人間性を育んでいく基礎をなすものであり，子供の成長，発達に合わせた切れ目のない推進が重要である。

そこで，父母その他の保護者や教育，保育に携わる関係者等の意識の向上を図るとともに，相互の密接な連携の下，家庭，学校，保育所，地域社会等の場で子供が楽しく食について学ぶことができるような取組が積極的になされるよう施策を講じる。

子供への食育を推進する際には，健全な食習慣や食の安全についての理解を確立していく中で，食に関する感謝の念と理解，食品の安全及び健康な食生活に必要な栄養に関する知識，社会人として身に付けるべき食事の際の作法等，食に関する基礎の習得について配意する。

　　また，社会環境の変化や様々な生活様式等，食をめぐる状況の変化に伴い，健全な食生活を送ることが難しい子供の存在にも配慮し，多様な関係機関・団体が連携・協働した施策を講じる。

（5）食に関する体験活動と食育推進活動の実践

　　食は観念的なものではなく，日々の調理や食事等とも深く結び付いている極めて体験的なものである。

　　このため，食との関係が消費のみにとどまることが多い国民が意欲的に食育の推進のための活動を実践できるよう，食料の生産から消費等に至るまでの食の循環を理解する機会や，食に関する体験活動に参加する機会を提供するなどの施策を講じる。

　　その際は，体験活動を推進する農林漁業者，食品関連事業者，教育関係者等多様な主体により，できるだけ多くの国民が体験活動に参加できるよう，オンラインでの活動も活用しつつ関係機関・団体等との連携・協働を図るとともに，上記（2）の「食に関する感謝の念と理解」にも配慮し，施策を講じる。

（6）我が国の伝統的な食文化，環境と調和した生産等への配慮及び農山漁村の活性化と食料自給率の向上
　　　への貢献

　　食をめぐる問題は，伝統的な食文化や食生活に見られるように，人々の精神的な豊かさと密接な関係を有しており，先人によって培われてきた多様な食文化を後世に伝えつつ，時代に応じた優れた食文化や豊かな味覚を育んでいくことが重要である。また，国民の食生活が，自然の恩恵の上に成り立っており，食料の生産から消費等に至る食の循環が環境へ与える影響に配慮する必要がある。

　　このため，我が国の伝統ある優れた食文化や地域の特性を生かした食生活の継承・発展，環境と調和のとれた食料の生産とその消費等が図られるよう十分に配慮しつつ施策を講じる。

　　その際，食料の生産から消費等に至るまでの食の循環は多くの人々の様々な活動に支えられていることから，我が国の食料需給の状況を十分理解するとともに，都市と農山漁村の共生・対流や生産者と消費者との交流を進め，消費者と生産者の信頼関係を構築していくことが必要であり，「食料・農業・農村基本計画」（令和2年3月31日閣議決定）も踏まえ，農山漁村の活性化と食料自給率・食料自給力の維持向上に資するよう施策を講じる。

（7）食品の安全性の確保等における食育の役割

　　食品の安全性の確保は，国民の健康と健全な食生活の実現に当たって基本的な問題であり，国民の関心は非常に高い。

　　また，食品の提供者が食品の安全性の確保に万全を期すだけでなく，食品を消費する立場にある国民においても，食品の安全性を始めとする食に関する知識と理解を深めるよう努めるとともに，自分の食生活について，自ら適切に判断し，選択していくことが必要である。

　　このため，国際的な連携を図りつつ，国民の食に関する知識と食を選択する力の習得のため，食に関する幅広い情報を多様な手段で，国民が理解し，十分に活用できるよう提供するとともに，教育の機会を充実させるなど，行政や関係団体，国民等との間の情報・意見交換が積極的に行われるよう施策を講じる。

第2　食育の推進の目標に関する事項

1．目標の考え方

　　食育基本法に基づく取組は，国民の心身の健康の増進と豊かな人間形成，食に関する感謝の念と理解等の基本理念の下に推進されるものである。

　　このような考え方にのっとり，食育を国民運動として推進するためには，国や地方公共団体を始め，多くの関係者の理解の下，共通の目標を掲げ，その達成を目指して連携・協働して取り組むことが有効である。また，より効果的で実効性のある施策を展開していく上で，その成果や達成度を客観的で具体的な目標値により把握できるようにすることが必要である。

　　このため，食育推進基本計画においては，国民運動として食育を推進するにふさわしい定量的な目標値を主要な項目について設定することとし，その達成が図られるよう基本計画に基づく取組を推進するものとする。

　　第4次食育推進基本計画においては，SDGs の考え方を踏まえた食育の推進や重点事項に対応した食育の推進の観点から，第3次食育推進基本計画を踏まえ，①目標を達成しておらず，引き続き目指すべき目標，②目標は達成したが，一層推進を目指すべき目標，③今日新たに設定する必要がある目標を設定する。

　　また，食育は，食育基本法の目的や基本理念を踏まえて，個人，家庭，地域等の実態や特性等に配慮して推進されるべきものであり，安易に目標値の達成のみを追い求めることのないよう留意する必要がある。

2．食育の推進に当たっての目標

（1）食育に関心を持っている国民を増やす

　　食育を国民運動として推進し，成果を挙げるためには，国民一人一人が自ら実践を心掛けることが必要で

あり，そのためにはまず，より多くの国民に食育に関心を持ってもらうことが欠かせない。このため，引き続き，食育に関心を持っている国民を増やすことを目標とする。

　具体的には，令和２年度は83.2％となっており，引き続き，令和７年度までに90％以上とすることを目指す。

（２）朝食又は夕食を家族と一緒に食べる「共食」の回数を増やす

　家族が食卓を囲んで共に食事をとりながらコミュニケーションを図ることは，食育の原点である。共食を通じて，食の楽しさを実感するだけでなく，食や生活に関する基礎を伝え，習得する機会にもなり，引き続き，取組を推進していくことが重要である。

　また，家庭において，子供とその保護者が一緒になって早寝早起きや朝食をとることなどを通じて，基本的な生活習慣づくりへの意識を高め，子供が生涯にわたって健全な心身を培い豊かな人間性を育んでいく基盤づくりを行っていくことが重要である。

　「新たな日常」への対応に伴う暮らし方や働き方の変化により，家族と過ごす時間にも変化が見られる。こうした状況は，朝食又は夕食を家族と一緒に食べる頻度が低い人にとって，共食の回数を増やす契機の１つになると考えられる。

　このため，仕事と生活の調和（ワーク・ライフ・バランス）等の推進にも配慮しつつ，引き続き，朝食又は夕食を家族と一緒に食べる「共食」の回数を増やすことを目標とする。

　具体的には，令和２年度は週9.6回となっており，引き続き，令和７年度までに週11回以上とすることを目指す。

（３）地域等で共食したいと思う人が共食する割合を増やす

　近年では，高齢者の一人暮らし，ひとり親世帯，貧困の状況にある子供等が増えるなど，様々な家庭環境や生活の多様化により，家族との共食が難しい人も増えている。家族との共食は難しいが，共食により食を通じたコミュニケーション等を図りたい人にとって，地域や所属するコミュニティ（職場等を含む）等を通じて，様々な人と共食する機会を持つことは重要である。

　新型コロナウイルス感染症の拡大防止のため食事の際に会話することを控えることが求められるなど，短期的には地域等での共食を積極的に推進することは困難な状況であるものの，共食は本来，会話やコミュニケーションが増えること，食事がおいしく楽しく感じられること等のメリットがあり，多くの国民がそのメリットを感じていることから，おおむね５年間という計画期間を通して，「新しい生活様式」に対応しつつ，地域等で共食したいと思う人が共食する割合を増やすことを目標とする。

　具体的には，令和２年度は70.7％となっており，令和７年度までに75％以上とすることを目指す。

（４）朝食を欠食する国民を減らす

　朝食を毎日食べることは，栄養バランスに配慮した食生活や基本的な生活習慣を身に付ける観点から非常に重要であるため，引き続き，子供の朝食欠食をなくすことを目標とする。

　具体的には，令和元年度に4.6％（「全く食べていない」及び「あまり食べていない」）となっている子供の割合を，令和７年度までに０％とすることを目指す。

　当該目標については，健康上の理由から朝食摂取が困難な子供に配慮し，安易に目標値の達成のみを追い求めることのないよう留意する。

　また，20歳代及び30歳代の若い世代は，朝食欠食の割合が依然として高く，加えて，次世代に食育をつなぐ大切な担い手でもあるため，引き続き，若い世代の朝食欠食を減らすことを目標とする。

　具体的には，令和２年度は21.5％となっており，引き続き，令和７年度までに15％以下とすることを目指す。

（５）学校給食における地場産物を活用した取組等を増やす

　学校給食に地場産物を使用し，食に関する指導の「生きた教材」として活用することは，地域の自然，文化，産業等に関する理解を深めるとともに，生産者の努力や食に関する感謝の念を育む上で重要である。

　また，学校給食における地場産物の活用は，地産地消の有効な手段であり，地場産物の消費による食料の輸送に伴う環境負荷の低減や地域の活性化は，持続可能な食の実現につながる。さらに，地域の関係者の協力の下，未来を担う子供たちが持続可能な食生活を実践することにもつながる。

　このため，子供たちへの教育的な観点から，栄養教諭による地場産物に係る食に関する指導の取組を増やすことを目標とするとともに，引き続き，生産者や学校給食関係者の努力が適切に反映される形で，学校給食において地場産物を使用する割合を増やすことを目指す。

　具体的には，栄養教諭による地場産物に係る食に関する指導の平均取組回数を，令和元年度の月9.1回から，令和７年度までに月12回以上とすることを目指す。

　また，学校給食において都道府県単位での地場産物を使用する割合について，現場の努力を適切に反映す

るとともに，地域への貢献等の観点から，算出方法を食材数ベースから金額ベースに見直し，その割合を現状値（令和元年度）から維持・向上した都道府県の割合を90％以上とすることを目指す。

　加えて，都道府県内において，当該都道府県産の農林水産物の供給が不足している場合にあっては，当該都道府県産に限らず国内産の農林水産物を活用していくことも，我が国の自然や食文化，食料安全保障，自然の恩恵と農山漁村から都市で働く多くの人に支えられた食の循環等への関心を高めることができ，学校給食に地場産物を使用する目的に鑑みれば有効である。既に，学校給食における国産食材を使用する割合については，全国平均で令和元年度は87％と高い数値となっているが，政策目的の重要性に鑑み，引き続き，こうした高い数値を維持・向上することを目標とする。

　具体的には，国産食材を使用する割合（金額ベース）を現状値（令和元年度）から維持・向上した都道府県の割合を90％以上とすることを目指す。

（6）栄養バランスに配慮した食生活を実践する国民を増やす

　生涯にわたって心身の健康を確保しながら，健全な食生活を実践するためには，国民一人一人が栄養バランスに配慮した食事を習慣的にとることが必要である。このため，国民にとってもわかりやすく，食事全体における栄養バランスを表している「主食・主菜・副菜を組み合わせた食事」を栄養バランスに配慮した食事の目安とし，そのような食生活を実践する国民を増やすことを，引き続き目標とする。

　具体的には，令和2年度は36.4％となっており，令和7年度までに50％以上とすることを目指す。

　また，生涯にわたって健全な心身を培うためには，若い世代から健全な食生活を実践することが必要なことから，栄養バランスに配慮した食生活を実践する20歳代及び30歳代の若い世代を増やすことを，引き続き目標とする。

　具体的には，令和2年度は27.4％となっており，令和7年度までに40％以上とすることを目指す。

　あわせて，栄養バランスに配慮した食生活の実践を促すため，健康寿命の延伸を目指す「健康日本21（第二次）」の趣旨を踏まえ，栄養・食生活に関する目標として掲げられている，食塩摂取量の減少，野菜の摂取量の増加及び果物類を摂取している者の増加を目標とする。

　具体的には，令和元年度でそれぞれ1日当たりの食塩摂取量の平均値10.1g，野菜摂取量の平均値280.5g，果物摂取量100g未満の者の割合61.6％となっている現状値を，令和7年度までに，それぞれ1日当たりの食塩摂取量の平均値8g以下，野菜摂取量の平均値350g以上，果物摂取量100g未満の者の割合を30％以下とすることを目指す。

（7）生活習慣病の予防や改善のために，ふだんから適正体重の維持や減塩等に気をつけた食生活を実践する国民を増やす

　生活習慣病の予防や改善には，日常から望ましい食生活を意識し，実践することが重要である。しかし，エネルギーや食塩の過剰摂取等に代表されるような栄養素等の偏り，朝食欠食等の食習慣の乱れ，それに起因する肥満，やせ，低栄養等，生活習慣病につながる課題は，いまだ改善するまでには至っていない。

　このため，ふだんから適正体重の維持や減塩等に気を付けた食生活を実践している者を増やすことを，引き続き目標とする。

　具体的には，令和2年度は64.3％となっており，引き続き，令和7年度までに75％以上とすることを目指す。

（8）ゆっくりよく噛んで食べる国民を増やす

　国民が健やかで豊かな生活を送るには，口腔機能が十分に発達し，維持されることが重要である。健康寿命の延伸のために噛み方や食べる速さにも着目し，口腔の健康や口腔機能の獲得・維持・向上と関連させた食育が重要となっていることから，引き続き，ゆっくりよく噛んで食べる国民を増やすことを目標とする。

　具体的には，令和2年度は47.3％となっており，引き続き，令和7年度までに55％以上とすることを目指す。

（9）食育の推進に関わるボランティアの数を増やす

　食育を国民運動として推進し，国民一人一人の食生活において実践してもらうためには，食生活の改善等のために全国各地で国民の生活に密着した活動に携わる食生活改善推進員等のボランティアが果たしている役割は重要である。

　一方，人口減少や高齢化の進行により，ボランティアの数は減少する可能性があり，ボランティア活動の活発化に向けた環境の整備が引き続き必要である。

　このため，食育の推進に関わるボランティアの数を増やすことを目標とする。

　具体的には，令和元年度に36.2万人となっており，引き続き，令和7年度までに37万人以上とすることを目指す。

（10）農林漁業体験を経験した国民を増やす

　食に関する関心や理解の増進を図るためには，広く国民に農林水産物の生産に関する体験活動の機会を提供し，農林水産業についての意識や理解を深めてもらうことが重要である。特に，農林漁業体験を経験した子供は，食べ物を生産する現場をしっかり見たことにより，食べ物を大切にする意識や食べ物への関心を持つようになり，食べ残しが少なくなること等が報告されており，子供の頃の農林漁業体験は重要である。

　国民の更なる食や農林水産業への理解増進を図る観点から，「新たな日常」に対応しつつ，子供を始めとした幅広い世代に対する農林漁業体験の機会の提供を拡大していくことが必要である。

　このため，引き続き，農林漁業体験を経験した国民（世帯）を増やすことを目標とする。

　具体的には，令和2年度に65.7％となっており，令和7年度までに70％以上とすることを目指す。

（11）産地や生産者を意識して農林水産物・食品を選ぶ国民を増やす

　農林漁業者や農山漁村人口の著しい高齢化や減少及び耕地面積の減少という事態に直面する中，できるだけ多くの国民が我が国の農林水産業の役割を理解し，自らの課題としてその将来を考え，それぞれの立場から主体的に支え合う行動を引き出していくことが必要である。

　このため，産地や生産者を意識して農林水産物・食品を選ぶ国民を増やすことを目標とする。例としては，地元産品や，被災地の産品など自分が応援したい地域の産品や，応援したい生産者を意識して選ぶことが想定される。

　具体的には，令和2年度に73.5％となっており，令和7年度までに80％以上とすることを目指す。

（12）環境に配慮した農林水産物・食品を選ぶ国民を増やす

　食料の生産から消費等に至る食の循環において，温室効果ガスの排出，化学農薬・化学肥料の過剰投入，食品廃棄物等，地球の資源量や環境に与える影響を配慮しない生産や消費により環境への負荷が生じ得る。国民の食生活が自然の恩恵の上に成り立つことを認識し，環境に配慮した農林水産物・食品を選ぶことは，環境への負荷を減らし，持続可能な食料システム（フードシステム）の構築につながる。

　このため，環境に配慮した農林水産物・食品を選ぶ国民の割合を増やすことを目標とする。例としては，化学農薬や化学肥料の使用を避けることを基本とした有機農産物・食品や輸入に伴う輸送に係る二酸化炭素の排出量が抑制される国産飼料を活用した畜産物，過剰包装でなくゴミが少ない商品など，環境への負荷をなるべく低減することに配慮して農林水産物・食品を選ぶことが想定される。

　具体的には，令和2年度に67.1％となっており，令和7年度までに75％以上とすることを目指す。

（13）食品ロス削減のために何らかの行動をしている国民を増やす

　食品ロスは，年間612万トン（事業系328万トン，家庭系284万トン（平成29年度推計））発生していると推計されている。

　持続可能な開発目標（SDGs）のひとつに，「持続可能な生産消費形態を確保する」ことが掲げられ，「2030年までに小売・消費レベルにおける世界全体の一人当たりの食料の廃棄を半減させ，収穫後損失などの生産・サプライチェーンにおける食料の損失を減少させる」ことがターゲットとなるなど，食品ロス削減は国際的にも重要な課題であり，国民一人一人が食品ロスの現状やその削減の必要性について認識を深め，自ら主体的に取り組むことが不可欠である。

　このため，引き続き，食品ロス削減のために何らかの行動をしている国民を増やすことを目標とする。

　具体的には，令和元年度は76.5％となっており，引き続き，令和7年度までに80％以上とすることを目指す。

（14）地域や家庭で受け継がれてきた伝統的な料理や作法等を継承し，伝えている国民を増やす

　四季や地理的な多様性による特色を有し，地域の伝統的な行事や作法と結び付いた我が国の豊かで多様な食文化は，世界に誇ることのできるものである。しかし，近年，核家族化の進展や地域のつながりの希薄化，食の多様化により，日本の食文化の特色が徐々に失われつつある。「和食；日本人の伝統的な食文化」がユネスコの無形文化遺産に登録され，その継承のため必要な措置をとることが重要である。

　このため，伝統食材を始めとした地域の食材を生かした郷土料理や伝統料理，地域や家庭で受け継がれてきた料理や味，箸使い等の食べ方・作法を受け継ぎ，地域や次世代（子供や孫を含む）へ伝えている国民を増やすことを目標とする。

　具体的には，令和2年度は50.4％となっており，令和7年度までに55％以上とすることを目指す。

　また，日本の食文化の特徴である地域の多様な食文化を体現している郷土料理の継承状況は，令和元年度の調査で，「教わったり，受け継いだことがある」（17.1％），「教えたり，伝えたりしている」（9.4％）と，次世代に確実に継承されているとは言い難い結果であった。地域や家庭で受け継がれてきた郷土料理を調理し，様々な場面で食べることにより，将来にわたり，着実に料理や味，食文化を次世代へ継承していくことが重要であることから，郷土料理や伝統料理を食べる国民の割合を増やすことを目標とする。

　　具体的には，郷土料理や伝統料理を月1回以上食べている国民の割合を，令和2年度の44.6％から，令和7年度までに50％以上とすることを目指す。

（15）食品の安全性について基礎的な知識を持ち，自ら判断する国民を増やす

　　健全な食生活の実現に当たっては，食品の選び方や適切な調理・保管の方法等について基礎的な知識を持ち，その知識を踏まえて行動していくことが重要であり，引き続き，食品の安全性に関して，基礎的な知識に基づき自ら判断する国民を増やすことを目標とする。

　　具体的には，令和2年度は75.2％となっており，引き続き，令和7年度までに80％以上とすることを目指す。

（16）推進計画を作成・実施している市町村を増やす

　　食育を国民運動として推進していくためには，全国各地で，その取組が推進されることが必要であり，食育基本法においては，都道府県及び市町村に対して，食育推進計画を作成するよう努めることを求めている。

　　いまだに食育推進計画が作成されていない市町村があることから，引き続き，食育推進計画を作成・実施している市町村の割合を100％とすることを目指す。

　　食育推進計画を既に作成・実施している市町村については，その効果的な実施に資するよう，食育推進計画の見直し状況等の把握に努める。

第3　食育の総合的な促進に関する事項
1．家庭における食育の推進
（1）現状と今後の方向性

　　食に関する情報や知識，伝統や文化等については，従来，家庭を中心に地域の中で共有され，世代を超えて受け継がれてきた。

　　家庭においては，基本的な生活習慣づくりへの意識を高め，生涯にわたって切れ目なく，心身の健康の増進と豊かな人間性を育む基盤づくりを行うことが重要である。

　　また，家庭での共食は食育の原点であり，食を楽しみ，家族とのつながりを大切にする食育を推進していくことが重要である。家族との共食については，全ての世代において，家族とコミュニケーションを図る機会の1つである等，重要と考えられている一方で，若い世代における実際の共食の頻度は少ない傾向にあり，若い世代を含む20～50歳代では，仕事の忙しさが困難な要因の一つとなっている。

　　加えて，朝食を食べる習慣には，規則正しい就寝・起床などの基本的な生活習慣による影響が考えられ，親世代の朝食を食べない習慣が，朝食を食べない家庭環境に影響している可能性があることも考えられる。

　　さらに，「新たな日常」への対応として，テレワークが増加し，通勤時間が減少していることにより，家庭で料理や食事をする機会が増加している。こうした状況は，家族で食について考え，食生活を見直す機会となっていると考えられる。

　　これらを踏まえ，食育活動を通じて学んだことが家庭で共有されること等により，家庭においても食育に関する理解が進むよう，引き続き取組を行うことが必要である。

　　また，成育過程にある者及びその保護者並びに妊産婦に対し必要な成育医療等を切れ目なく提供するための施策の総合的な推進に関する法律（平成30年法律第104号。以下「成育基本法」という。）が令和元年12月に施行されたこと等を踏まえ，引き続き，妊産婦や乳幼児に対する栄養・食生活の支援を行うことが重要である。

（2）取り組むべき施策

　　国は以下の施策に取り組むとともに，地方公共団体等はその推進に努める。

（子供の基本的な生活習慣の形成）

　　朝食をとることや早寝早起きを実践することなど，子供の基本的な生活習慣づくりについて，個々の家庭や子供の問題として見過ごすことなく，社会全体の問題として捉えることが重要である。子供の基本的な生活習慣づくりや生活リズムの向上に向けて，地域，学校，企業を含む民間団体等が家庭と連携・協働し，子供とその保護者が一緒に生活習慣づくりの意識を高め，行動するための取組を推進する。

　　また，乳幼児期を含む子供の頃からの基本的生活習慣づくりに資するよう，科学的知見を踏まえながら，引き続き，優れた「早寝早起き朝ごはん」運動の推進に係る文部科学大臣表彰，保護者向け啓発資料の作成等を始めとする「早寝早起き朝ごはん」国民運動，「健やか親子21（第2次）」等により全国的な普及啓発を推進する。

　　特に，生活圏の拡大や行動の多様化等により生活リズムが乱れやすい環境にある中高生以上への普及啓発を推進する。

（望ましい食習慣や知識の習得）

　子供が実際に自分で料理をつくるという体験を増やしていくとともに，親子料理教室等による食事についての望ましい習慣を学びながら食を楽しむ機会を提供する活動を推進する。

　また，学校を通じて，保護者に対する食育の重要性や適切な栄養管理に関する知識等の啓発に努めるとともに，各地域で実施している食育に関する保護者向けプログラムを始めとした様々な家庭教育に関する情報をホームページに掲載し，様々な学習機会等での活用を促す。

　さらに，栄養教諭の食に対する高い専門性を最大限生かすとともに，学校はもとより，スクールソーシャルワーカー等，福祉の専門性を有する者とも積極的に連携を行いながら，貧困家庭やひとり親家庭等，様々な困難を抱える児童生徒の家庭に対しても，食に関する支援や働きかけを行っていく。

　このような活動等に際し，主食・主菜・副菜を組み合わせ，栄養バランスに配慮した食事を組み立てる力を伸ばす食育を推進する。

（妊産婦や乳幼児に対する食育の推進）

　妊娠期や授乳期においても，健康の保持・増進を図ることは極めて重要である。妊産婦の望ましい食生活の実現に向けて，各種指針やガイドライン等を活用した食育の取組を推進する。

　加えて，乳幼児期は成長や発達が著しく，生涯にわたる健康づくりの基盤となる重要な時期であることから，授乳や離乳の支援に関する基本的な考え方等を示したガイドラインを活用した食育の取組を推進する。

　また，成育基本法を踏まえ，成育過程（出生に始まり，新生児期，乳幼児期，学童期及び思春期の段階を経て，おとなになるまでの一連の成長の過程）にある者及び妊産婦に対する食育を推進する。あわせて，疾病や障害，経済状態等，個人や家庭環境の多様性を踏まえた栄養指導等による母子保健の取組を推進する。

（子供・若者の育成支援における共食等の食育推進）

　様々な子供・若者の育成支援に関する行事，情報提供活動等において，食育への理解を促進する。

　特に，家族や友人等と一緒に食卓を囲んで共に食事をとりながらコミュニケーションを図る共食を，「新しい生活様式」に対応しながら推進するとともに，食に関する学習や体験活動の充実等を通じて，家庭と地域等が連携した食育を推進する。

（在宅時間を活用した食育の推進）

　仕事と生活の調和（ワーク・ライフ・バランス）が推進されていることや働き方や暮らし方の変化により通勤時間が減少したこと等により，自宅で料理や食事をすることも増えていることを踏まえ，家族との共食や栄養バランス，食文化，食品ロスなど，食に関する意識を高めることにつながるよう食育を推進する。

2．学校，保育所等における食育の推進

（1）現状と今後の方向性

　社会状況の変化に伴い，子供たちの食の乱れや健康への影響が見られることから，学校，保育所等には，引き続き，子供への食育を進めていく場として大きな役割を担うことが求められている。例えば，様々な学習や体験活動を通し，食料の生産から消費等に至るまでの食の循環を知り，自然の恩恵として命をいただくことや食べ物が食卓に届くまでの全ての人に感謝する気持ちを育むことは重要である。また，子供への食育は家庭へのよき波及効果をもたらすことを期待できるため，農林漁業体験の機会の提供等を通じた食育の推進に努めることが求められている。

　学校においては，学童期，思春期における食育の重要性を踏まえ，給食の時間はもとより，各教科や総合的な学習の時間等，農林漁業体験の機会の提供等を通じて，積極的に食育の推進に努め，子供たちの食に対する意識の変容の方向性や食に対する学びの深化の程度等を，食を営む力として評価していくことが求められている。

　学校給食における地場産物・国産食材を使用する割合については，様々な取組を進めるも，第3次食育推進基本計画作成時の値からほぼ横ばいで推移している。地域によっては，域内農産物の入手が困難であったり，価格が高い，一定の規格を満たした農産物を不足なく安定的に納入することが難しいなどにより使用量・使用品目の確保が困難であること等も一因となっている。そのような現状がある中，生産者や学校給食関係者の様々な努力により当該数値を維持してきた。

　一方，給食現場と生産現場の互いのニーズが把握されていない等の課題も存在しており，地場産物・国産食材の使用割合の向上には，供給者側の取組並びに学校設置者及び学校等の取組の双方が重要である。このため，目標に記載した重要性を関係者が共通認識として持ち，両者の連携・協働が促進されるような施策の展開が重要であり，目標についても両者の努力が適切に反映される形とすることが必要である。

　給食における地場産物使用等の取組により，地域の文化・産業に対する理解を深め，農林漁業者に対する感謝の念を育むことが重要であり，そのためには，給食における地場産物等の安定的な生産・供給体制の構築を図ることが求められている。

　加えて，栄養教諭・管理栄養士等を中核として，保護者や地域の多様な関係者との連携・協働の下で，体系的・継続的に食育を推進していくことが一層重要となっている。

　また，新型コロナウイルス感染症の拡大に伴う食生活の変化など子供たちの食をめぐる状況が変化する中で，バランスのとれた食生活を実践する力を育むため，健康教育の基盤となる食育の推進を担う栄養教諭の役割はますます重要になってきており，学校栄養職員の栄養教諭への速やかな移行を図るなど栄養教諭の配置促進を進めることが重要である。

（２）取り組むべき施策

　国は以下の施策に取り組むとともに，地方公共団体等はその推進に努める。

（食に関する指導の充実）

　学校においては，体育科（保健体育科），家庭科（技術・家庭科）及び特別活動はもとより，それ以外の各教科等においてそれぞれの特質に応じ，令和２年度より順次実施される新学習指導要領や本計画に基づき，学校教育活動全体を通じて主体的に行動できる子供を育成するための食育を組織的・計画的に推進する。

　栄養教諭は，学校の食に関する指導に係る全体計画の策定，教職員間や家庭との連携・調整等において中核的な役割を担う職であり，各学校における指導体制の要として，食育を推進していく上で不可欠な教員である。栄養教諭・管理栄養士等を中核として，関係者が連携した体系的・継続的な食育を推進する。

　全ての児童生徒が，栄養教諭の専門性を生かした食に関する指導を等しく受けられるよう，栄養教諭の役割の重要性やその成果の普及啓発等を通じて，学校栄養職員の栄養教諭への速やかな移行に引き続き努める。また，栄養教諭配置の地域による格差を解消すべく，より一層の配置を促進する。

　学校教育活動全体で食育の推進に取り組むためには，各学校において食育の目標や具体的な取組についての共通理解を持つことが必要である。このため，校長や他の教職員への研修の充実等，全教職員が連携・協働した食に関する指導体制を充実するため，教材の作成等の取組を促進する。

　また，食に関する指導の時間が十分確保されるよう，栄養教諭を中心とした教職員の連携・協働による学校の食に関する指導に係る全体計画の作成を推進する。

　さらに，給食の時間等での栄養教諭による指導，校内放送，教材作成・配布等を充実する。また，学校における農林漁業体験の推進，食品の調理に関する体験等，生産者等と子供たちとの交流促進，地産地消の推進等，食の循環を担う多様な主体のつながりを広げ深める食育を推進する。あわせて，各都道府県の創意工夫を促すため，都道府県ごとの栄養教諭の配置状況や学校給食における地場産物等の使用割合の見える化を図る。

　加えて，効果的な食育の推進を図るために，各地域において，校長のリーダーシップの下，栄養教諭を中核として，学校，家庭，PTA，関係団体等が連携・協働した取組を推進するとともに，その成果を広く周知・普及する。

（学校給食の充実）

　児童生徒が食に関する正しい知識や望ましい食習慣を身に付け，適切な栄養の摂取による健康の保持増進が図られるよう，引き続き，十分な給食の時間の確保及び指導内容の充実を図る。

　また，各教科等の農林水産業や環境，健康等を含む食に関する指導と関連付けた活用がされるよう献立内容の充実を図るなど，学校給食を「生きた教材」として活用することで，食育を効果的に推進する。

　さらに，食生活が自然の恩恵や食に関わる人々の様々な活動の上に成り立っていることについて，児童生徒の理解を深め，感謝の心を育むよう，学校給食への地場産物活用に向けて，市町村が中心となり，食材需要に対応できる生産供給体制の構築などの供給者側の取組並びに地場産物の生産供給体制や地域の実情を踏まえた学校設置者及び学校等の取組の双方が重要であり，密接に連携・協働することが必要である。そのため，給食現場と生産現場の互いのニーズを調整する「地産地消コーディネーター」の養成や各地域への派遣など，生産側と学校側の連携・協働を推進するための取組を引き続き行い，多様な優良事例の普及の横展開を図る。

　加えて，引き続き米飯給食を着実に実施するとともに，児童生徒が多様な食に触れる機会にも配慮する。また，地場産物や国産食材の活用及び我が国の伝統的な食文化についての理解を深める給食の普及・定着等の取組を推進するとともに，児童生徒が世界の食文化等についても理解を深めることができるよう配慮する。

　地場産物の活用は，生産地と消費地との距離が縮減されることにより，その輸送に係る二酸化炭素の排出量も抑制される等，環境負荷の低減にも寄与するものであり，SDGs の観点からも推進する。

　加えて，学校給食の一層の充実を図るため，関係各省と連携しながら，全国学校給食週間に係る取組の充実を図る。

（食育を通じた健康状態の改善等の推進）

　栄養教諭は，学級担任，養護教諭，学校医，学校歯科医等と連携して，保護者の理解と協力の下に，児童生徒への指導において，やせや肥満が心身の健康に及ぼす影響等，健康状態の改善等に必要な知識を普及するとともに，偏食のある子供，やせや肥満傾向にある子供，食物アレルギーを有する子供，スポーツをしている子供等に対しての個別的な相談指導を行うなど，望ましい食習慣の形成に向けた取組を推進する。

（就学前の子供に対する食育の推進）

　乳幼児期は成長や発達が著しく，生涯にわたる健康づくりの基盤となる重要な時期である。就学前の子供が，成長や発達の段階に応じて，健康な生活を基本とし，望ましい食習慣を定着させるとともに，食に関する体験を積み重ねていくことができるよう，保育所，幼稚園及び認定こども園等において，保護者や地域の多様な関係者との連携・協働により食に関する取組を推進する。

　その際，保育所にあっては「保育所保育指針」に，幼稚園にあっては「幼稚園教育要領」に，認定こども園にあっては「幼保連携型認定こども園教育・保育要領」に基づき，食育を教育及び保育の一環として位置付けている。食育の指導に当たっては，施設長や園長，保育士・幼稚園教諭・保育教諭，栄養士・栄養教諭，調理員等の協力の下に食育の計画を作成し，各施設において創意工夫を行うものとする。

　また，特に保育所及び認定こども園にあっては，その人的・物的資源を生かし，在籍する子供及びその保護者のみならず，地域における子育て家庭からの乳幼児の食に関する相談への対応や情報提供等に努めるほか，地域の関係機関等と連携しつつ，積極的に食育を推進するよう努める。

　取組を進めるに当たっては，保育所にあっては，健康な生活の基本としての「食を営む力」の育成に向け，その基礎を培うことを目標とし，子供が生活と遊びの中で意欲をもって食に関わる体験を積み重ねていくことを重視する。その際，自然の恵みとしての食材や，調理する人への感謝の気持ちを育み，伝承されてきた地域の食文化に親しむことができるよう努める。

　また，児童福祉施設における食事の提供に関するガイドラインを活用すること等により，乳幼児の成長や発達の過程に応じた食事の提供や食育の取組が実施されるよう努めるとともに，食に関わる保育環境についても配慮する。

　幼稚園においては，先生や友達と食べることを楽しむことを指導する。その際，①幼児の食生活の実情に配慮し，和やかな雰囲気の中で教師や他の幼児と食べる喜びや楽しさを味わうこと，②様々な食べ物への興味や関心を持つようにすることなど，進んで食べようとする気持ちが育つよう配慮する。

　さらに，幼保連携型認定こども園にあっては，学校と児童福祉施設の両方の位置付けを有し，教育と保育を一体的に行う施設であることから，食育の実施に当たっては，保育所と幼稚園双方の取組を踏まえて推進することとする。

　加えて，保育所，幼稚園，認定こども園における各指針，要領に基づいて，生活と遊びを通じ，子供が自ら意欲をもって食に関わる体験を積み重ねていく取組を進めるとともに，子供の親世代への啓発も含め，引き続き，就学前の子供に対する食育を推進する。

３．地域における食育の推進

（１）現状と今後の方向性

　心身の健康を確保し，生涯にわたって生き生きと暮らしていくためには，人生の各段階に応じた一貫性・継続性のある食育を推進することが求められる。

　日本人の最大の死亡原因となっている生活習慣病を予防し，健康寿命を延伸する上では健全な食生活が欠かせない。このため，生活習慣病の予防及び改善や健康づくりにつながる健全な食生活の推進等，家庭，学校，保育所，生産者，企業等と連携・協働しつつ，地域における食生活の改善が図られるよう，適切な取組を行うことが必要である。

　また，主食・主菜・副菜がそろう栄養バランスに優れた「日本型食生活」の実践の推進も重要である。

　特に，若い世代から健康な生活習慣を身に付ける必要があり，食物や情報へのアクセスなど，健康な生活習慣を実践しやすい食環境づくりが重要である。そのためには，食品関連事業者等による健康に配慮した商品等の情報提供等を推進し，健康に配慮した食事や健康づくりに資する情報を入手しやすい食環境の整備が求められている。さらに，多くの国民が一日のうち多くの時間を過ごす職場（企業等）における健康の保持・増進の取組が重要である。

　様々な家庭の状況や生活が多様化することにより，家庭での共食が困難な人が増加するとともに，健全な食生活の実現が困難な立場にある者も存在する。このため，新型コロナウイルス感染症の感染拡大防止のため共食の機会が減少している中にあっても，感染防止策を講じた上で，希望する人が共食できる場の整備が必要である。また，食品ロスの削減の取組とも連携しながら貧困等の状況にある子供等に食料を提供する活動等，地域で行われる様々な取組が一層重要となっている。家庭における食育の推進に資するよう，関係省

庁が連携して地域における食育を促進し，支援する。

　加えて，近年多発する大規模災害に対する備えの観点から，食料備蓄を推進するなど災害に備えた食育の推進が必要となっている。

（2）取り組むべき施策

　国は以下の施策に取り組むとともに，地方公共団体等はその推進に努める。

（「食育ガイド」等の活用促進）

　「食育ガイド」や「食事バランスガイド」について，食をめぐる環境の変化等も見据え，国民一人一人が自ら食育に関する取組を実践できるよう，関係機関や関係団体はもとより，家庭や学校，小売や外食，職場等を通じて国民への普及啓発に努める。

　また，国民の食生活の改善を進めるとともに，健康増進や生活の質的向上及び食料の安定供給の確保等を図るための指針として公表した「食生活指針」について，引き続き普及啓発を進める。

　これらについては，食に関する指針や基準の改定等や本計画の第1の1．（2）持続可能な食を支える食育の推進の考え方も考慮しつつ，必要に応じて見直しを行う。

（健康寿命の延伸につながる食育の推進）

　「健康日本21（第二次）」や「スマート・ライフ・プロジェクト」の推進等，生活習慣病の予防及び改善や健全な食生活，健康づくりのための身体活動の実践につながる食育を推進する。

　特に，20歳以上の糖尿病が強く疑われる者及び可能性が否定できない者は約2,000万人と推計されていることから，生活習慣病の重症化予防も重要である。糖尿病については，ひとたび発症すると治癒することはなく，症状が進行すると腎臓の障害等の様々な合併症を引き起こし，生活の質を低下させることから，日頃より，適切な食事管理を中心とした取組を推進する。

　また，減塩は血圧を低下させ，結果的に循環器疾患を減少させると考えられる。日本人の食塩摂取量は減少傾向にあるが，ほとんどの人は必要量をはるかに超える量を摂取していることから，引き続き，食塩摂取量の減少に向けた取組を推進する。

　加えて，減塩を軸に，健康に資する食育に対しての無関心層への啓発を含め，適切な栄養・食生活情報の提供方法の開発など自然に健康になれる食環境づくりを，産学官等が連携して推進する。

　「『野菜を食べよう』プロジェクト」，「毎日くだもの200グラム運動」，その他生産者団体が行う消費拡大策やそれにつながる生産・流通支援等や「スマート・ライフ・プロジェクト」等の取組を通じて，減塩及び野菜や果物の摂取量の増加を促進する。

　食育を通じて，生活習慣病の予防等や健康寿命の延伸を図るため，保健所，保健センター等において，管理栄養士が食育に関する普及や啓発活動を推進するとともに，市町村等が行っている健康診断に合わせて，一人一人の健康状態に応じた栄養等指導の充実を図る。

　また，複数の学会による民間認証である「健康な食事（スマートミール）・食環境」認証制度の活用など，外食や中食でも健康に資する食事の選択がしやすい食環境の整備のために，食品関連事業者や消費者に対して周知を図る。

　さらに，「栄養ケア・ステーション」等の民間主導の取組や，食生活改善推進員や食育ボランティア等の活動を推進する。

（歯科保健活動における食育推進）

　健康寿命の延伸には，健全な食生活が大切であり，よく噛んでおいしく食べるためには口腔機能が十分に発達し維持されることが重要である。このため，歯科口腔保健の推進に関する法律（平成23年法律第95号）に基づき，摂食・えん下等の口腔機能について，乳幼児期における機能獲得から高齢期における機能の維持・向上等，生涯を通じてそれぞれの時期に応じた歯と口の健康づくりを通じた食育を推進しており，その目標として，12歳児でう蝕のない者や60歳で24歯以上の自分の歯を有する者，80歳で20歯以上の自分の歯を有する者，60歳代における咀嚼良好者の割合の増加などを掲げている。

　具体的には，80歳になっても自分の歯を20本以上保つことを目的とした「8020（ハチマル・ニイマル）運動」やひとくち30回以上噛むことを目標とした「噛ミング30（カミングサンマル）」等の推進を通じて，乳幼児期から高齢期までの各ライフステージに応じた窒息・誤えん防止等を含めた食べ方の支援等，地域における歯と口の健康づくりのための食育を一層推進する。

（栄養バランスに優れた日本型食生活の実践の推進）

　高齢化が進行する中で，生活習慣病の予防による健康寿命の延伸，健康な次世代の育成の観点から，健全な食生活を営めるよう，関係府省が，地方公共団体等と連携しつつ，食育を推進する。

　ごはん（主食）を中心に，魚，肉，牛乳・乳製品，野菜，海藻，豆類，果物，お茶など多様な副食（主菜・副菜）等を組み合わせ，栄養バランスに優れた「日本型食生活」の実践を推進するため，内容やメリット等

をわかりやすく周知し，誰もが気軽に取り組めるよう推進する。

　また，これらの推進に当たっては，年代，性別，就業や食生活の状況等に応じて国民の多様なニーズや特性を分析，把握した上で類型化し，それぞれの類型に適した具体的な推進方策を検討し，実施する。

　さらに，健康で豊かな食生活を支える役割を担う食品産業において，「日本型食生活」の推進に資するメニューや商品に関する消費者への情報提供等の取組を促進するとともに，米に関して企業等と連携した消費拡大運動を進める。

　こうした「日本型食生活」の実践に係る取組と併せて，学校教育を始めとする様々な機会を活用した，幅広い世代に対する農林漁業体験の機会の提供を一体的に推進し，食や農林水産業への国民の理解を増進する。

（貧困等の状況にある子供に対する食育の推進）

　「子供の貧困対策に関する大綱」（令和元年11月閣議決定）等に基づき，フードバンク等と連携し子供の食事・栄養状態の確保，食育の推進に関する支援を行う。

　また，ひとり親家庭の子供に対し，放課後児童クラブ等の終了後に学習支援や食事の提供等を行うことが可能な居場所づくりを行う。

　さらに，「子供の未来応援国民運動」において，民間資金による基金の活用等を通じて，貧困の状況にある子供たちに食事の提供等を行う子供食堂等を含む NPO 等に対して支援等を行う。

　加えて，経済的に困難な家庭への食品等の提供や子供の居宅を訪問するなどして子供の状況把握・食事の提供等を行う，子供宅食等の取組に関する支援を実施する。

（若い世代に関わる食育の推進）

　栄養バランスに配慮した食生活の実践について，若い世代はその他の世代よりも割合が低く，男性は将来の肥満が懸念されることや女性はやせの者が多いなど，食生活に起因する課題が多い。

　このような状況を踏まえ，若い世代が食育に関心を持ち，自ら食生活の改善等に取り組んでいけるよう，マスコミ及びインターネット，SNS（ソーシャルネットワークサービス：登録された利用者同士が交流できる Web サイトの会員制サービス）等デジタル化への対応により，若い世代に対して効果的に情報を提供するとともに，地域等での共食によるコミュニケーションを通じて，食に関する理解や関心を深められるように食育を促進する。

　また，一日のうち多くの時間を過ごす職場等で朝食や栄養バランスに配慮した食事を入手しやすくする等，健全な食生活を実践しやすい食環境づくりを促進する。

（高齢者に関わる食育の推進）

　高齢者には，咀嚼能力の低下，消化・吸収率の低下，運動量の低下に伴う摂取量の低下等の課題がある。特に，これらは個人差が大きく，高齢者の多くが何らかの疾患を有しているという特徴が挙げられることから，年齢だけでなく，個人の状態に応じた取組を推進することが重要である。

　健康寿命の延伸に向けて，高齢者に対する食育の推進においては，個々の高齢者の特性に応じて生活の質（QOL）の向上が図られるように食育を推進する必要がある。また，増大する在宅療養者に対する食事支援等，地域における栄養ケアサービスの需要増大に対応できるよう，管理栄養士の人材確保等に取り組む。

　加えて，高齢者の孤食に対応するため，「新しい生活様式」を踏まえながら，他の世代との交流も含めた地域ぐるみの様々な取組が促進されるよう，優良事例の紹介等の情報提供を行う。

　さらに，地域の共食の場等を活用した，適切な栄養管理に基づく健康支援型配食サービスを推進し，地域高齢者の低栄養・フレイル予防にも資する，効果的・効率的な健康支援につなげる。

（食品関連事業者等による食育の推進）

　食品関連事業者等は，様々な体験活動の機会の提供や，健康に配慮した商品やメニューの提供等に，「生活習慣病予防その他の健康増進を目的として提供する食事について（目安）」等も活用しつつ，積極的に取り組むよう努める。あわせて，地域の飲食店や食品関連事業者等の連携を通じて，主食・主菜・副菜を組み合わせた食事や地域の食文化を反映させた食事を入手しやすい食環境づくりに取り組むよう努める。

　また，健康で豊かな食生活を支える役割を担う食品関連事業者等においては，減塩食品や健康に配慮したメニュー開発などの健康寿命の延伸に資する取組を行うことが重要である。そのため，地域の農林水産物を活用し，地域の食文化や健康等にも配慮した持続的な取組（ローカルフードプロジェクト（LFP））の創出を推進する。食品関連事業者等は，消費者に対して，商品やメニュー等食に関する情報提供，工場・店舗の見学，調理体験，農林漁業体験，出前授業の開催等の多様な取組を行うことを推進する。

　加えて，「地域高齢者等の健康支援を推進する配食事業の栄養管理に関するガイドライン」を踏まえた健康支援型配食サービスの推進により，地域高齢者の低栄養やフレイル予防に資する効果的・効率的な健康支援につなげ，高齢者等に向けた健康な食事の普及を図る。また，介護食品の普及促進に努める。

　さらに，国産農林水産物等を活用した介護食品等の開発支援やスマイルケア食等の普及促進に努める。

　また，野菜や果物摂取を促すため，カット野菜，カットフルーツ等新たな需要に向けて，加工設備への支援を行い，とりわけ現在食べていない人が手に取りやすい食環境づくりに取り組む。

　これらの活動を支援するため，国及び地方公共団体において必要な情報提供等を行う。

（専門的知識を有する人材の養成・活用）

　国民一人一人が食に関する知識を持ち，自らこれを実践できるようにするため，大学，短期大学，専門学校等において，食育に関し専門知識を備えた管理栄養士，栄養士，専門調理師等の養成を図るとともに，食育の推進に向けてその多面的な活動が推進されるよう取り組む。

　また，地域において，食育の推進が着実に図られるように，都道府県や市町村における管理栄養士等の配置を推進するとともに，高度な専門性を発揮できる管理栄養士の育成を図る。

　あわせて，食生活に関する生活習慣と疾患の関連等，医学教育の充実を推進するとともに，適切な食事指導，ライフステージに応じた食育の推進等，歯学教育の充実を図る。

（職場における従業員等の健康に配慮した食育の推進）

　従業員等が健康であることは，従業員の活力向上や生産性の向上等の組織の活性化をもたらし，結果的に企業の業績向上につながると期待されている。

　従業員等の健康管理に資する健康経営が広がっていることも契機とし，企業の経営層がコミットした職場の食環境整備が進むよう，関係者と連携・協働を深め，健康づくりに取り組む企業への支援が広がるよう，必要な情報提供を行う。

（地域における共食の推進）

　高齢者の一人暮らしやひとり親世帯等が増えるなど，家庭環境や生活の多様化により，家族との共食が難しい場合があることから，地域において様々な世代と共食する機会を持つことは，食の楽しさを実感するだけでなく，食や生活に関する基礎を伝え習得する観点からも重要である。「新しい生活様式」に対応した形で推進する必要があり，屋外で農林漁業体験等と併せて実施するなどの工夫が考えられる。

　このため，食育推進の観点から，子供食堂や通いの場など地域での様々な共食の場づくりを進める活動の意義を理解し，適切な認識を有することができるよう，国及び地方公共団体は必要な情報提供及び支援を行う。

（災害時に備えた食育の推進）

　近年，頻度を増す大規模災害等に備え，防災知識の普及は重要である。国の物資支援による食料品の提供や，地方公共団体，民間企業等における食料品の備蓄に加え，家庭での取組も重要であり，普及啓発を推進する。

　また，家庭においては，水，熱源，主食・主菜・副菜となる食料品等を最低でも3日分，できれば1週間分程度備蓄する取組を推進する。主に災害時に使用する非常食のほか，ローリングストック法（普段の食料品を少し多めに買い置きし，消費した分を補充する方法）による日常の食料品の備蓄を行い，各家庭に合った備えをするよう情報発信を行う。特に，災害時には，物流機能が停滞する可能性もあることから，高齢者を始め，食べる機能が弱くなった方，食物アレルギーを有する方等に配慮した食品を備えておくことが重要である。

　加えて，栄養バランスへの配慮や備蓄方法など，災害時の食の備えの重要性について，家庭のみならず，学校教育の現場，食品小売店等においても，必要な知識の普及啓発を推進する。

　地方公共団体は，被災者が災害発生時も健全な食生活の実践ができるよう，家庭における食料品の備蓄について普及啓発を行うほか，災害時の栄養・食生活支援に関して，その体制や要配慮者への支援体制などに関する地域防災計画への記載やマニュアルの整備等を通じ，関係者が共通の理解の下で取り組めるよう努める。

　　（以下，略）

資　料4

幼稚園，小学校，中学校，高等学校及び特別支援学校の学習指導要領等の改善について（答申）［抜粋］

平成20年1月17日
中央教育審議会

4．課題の背景・原因

（1）社会全体や家庭・地域の変化

○　教育基本法第10条に規定するとおり，教育の第一義的な責任は家庭にある。

特に，家族の触れ合いの時間を確保し，基本的なしつけを行うとともに，睡眠時間の確保や食生活の改善といった生活習慣を確立すること*1は，「生きる力」の基盤である。小・中学校教育課程実施状況調査や全国学力・学習状況調査においても，基本的な生活習慣が身に付いているとうかがえる子どもは，調査問題の得点が高い傾向にある。

また，これまでは家庭や地域において自然に確保されてきた，大人とのかかわりや異年齢の子どもたちとの遊びやスポーツなどを通じた切磋琢磨，自然の中での体験活動などの重要性は言うまでもない。

＊1　生活習慣の確立に当たっては，企業等で安全意識付与の活動として行われている「4S活動」（整理，整頓，清潔，清掃）などを参考にすることが考えられる。

7．教育内容に関する主な改善事項

（食育）

○　4．（1）で指摘したとおり，食生活の改善や睡眠時間の確保といった生活習慣の確立は「生きる力」の基盤であり，その第一義的な責任は家庭にある。しかしながら，家庭の教育力が低下する中で，近年，子どもたちに偏った栄養摂取，朝食欠食等の食生活の乱れや肥満傾向の増大などが見られ，食生活の乱れが生活習慣病を引きおこす一因であることも懸念されており，学校教育においても，子どもたちの生活や学習の基盤としての食に関する指導の充実が求められている。

○　食に関する指導については，食事の重要性，心身の成長や健康の保持・増進の上で望ましい栄養や食事の摂り方，正しい知識・情報に基づいて食品の品質及び安全性等について自ら判断できる能力，食物を大事にし，食物の生産等にかかわる人々へ感謝する心，望ましい食習慣の形成，各地域の産物，食文化等を理解することなどを総合的にはぐくむという観点から推進することが必要である。

○　そのため，食育*1という概念を明確に位置付け，発達の段階を踏まえつつ，各学年を通して一貫した取組を推進するとともに，給食の時間や家庭科，技術・家庭科などの関連する教科等において，食に関する指導の内容の充実を図り，学校の教育活動全体で取り組むことが重要である。その際，各教科等の指導に当たっては，子どもたちが実際に食する学校給食を教材として積極的に活用することが重要である。

また，学校における食育の推進には，家庭，地域と連携を図ることが重要である。

＊1　平成17年には，食育基本法が成立し，「食に関する知識と食を選択する力を習得し，健全な食生活を実践することができる人間を育てる食育を推進する」ことが求められている。

▰ 資　料5 ▰

学校給食法［抜粋］

昭和29年6月3日　法律第160号

最終改正　平成27年6月24日　法律第46号

目次

第1章　総則

（この法律の目的）

第1条　この法律は，学校給食が児童及び生徒の心身の健全な発達に資するものであり，かつ，児童及び生徒の食に関する正しい理解と適切な判断力を養う上で重要な役割を果たすものであることにかんがみ，学校給食及び学校給食を活用した食に関する指導の実施に関し必要な事項を定め，もつて学校給食の普及充実及び学校における食育の推進を図ることを目的とする。

（学校給食の目標）

第2条　学校給食を実施するに当たつては，義務教育諸学校における教育の目的を実現するために，次に掲げる目標が達成されるよう努めなければならない。

1　適切な栄養の摂取による健康の保持増進を図ること。

2　日常生活における食事について正しい理解を深め，健全な食生活を営むことができる判断力を培い，及び望ましい食習慣を養うこと。

3　学校生活を豊かにし，明るい社交性及び協同の精神を養うこと。

4　食生活が自然の恩恵の上に成り立つものであることについての理解を深め，生命及び自然を尊重する精神並びに環境の保全に寄与する態度を養うこと。

5　食生活が食にかかわる人々の様々な活動に支えられていることについての理解を深め，勤労を重んずる態度を養うこと。

6　我が国や各地域の優れた伝統的な食文化についての理解を深めること。

7　食料の生産，流通及び消費について，正しい理解に導くこと。

（定義）

第3条　この法律で「学校給食」とは，前条各号に掲げる目標を達成するために，義務教育諸学校において，その児童又は生徒に対し実施される給食をいう。

2　この法律で「義務教育諸学校」とは，学校教育法（昭和22年法律第26号）に規定する小学校，中学校，義務教育学校，中等教育学校の前期課程又は特別支援学校の小学部若しくは中学部をいう。

（義務教育諸学校の設置者の任務）

第4条　義務教育諸学校の設置者は，当該義務教育諸学校において学校給食が実施されるように努めなければならない。

（国及び地方公共団体の任務）

第5条　国及び地方公共団体は，学校給食の普及と健全な発達を図るように努めなければならない。

第2章　学校給食の実施に関する基本的な事項

（二以上の義務教育諸学校の学校給食の実施に必要な施設）

第6条　義務教育諸学校の設置者は，その設置する義務教育諸学校の学校給食を実施するための施設として，二以上の義務教育諸学校の学校給食の実施に必要な施設（以下「共同調理場」という。）を設けることができる。

（学校給食栄養管理者）

第7条　義務教育諸学校又は共同調理場において学校給食の栄養に関する専門的事項をつかさどる職員（第10条第3項において「学校給食栄養管理者」という。）は，教育職員免許法（昭和24年法律第147号）第4条第2項に規定する栄養教諭の免許状を有する者又は栄養士法（昭和22年法律第245号）第2条第1項の規定による栄養士の免許を有する者で学校給食の実施に必要な知識若しくは経験を有するものでなければならない。

（学校給食実施基準）

第8条　文部科学大臣は，児童又は生徒に必要な栄養量その他の学校給食の内容及び学校給食を適切に実施するために必要な事項（次条第1項に規定する事項を除く。）について維持されることが望ましい基準（次項において「学校給食実施基準」という。）を定めるものとする。

　2　学校給食を実施する義務教育諸学校の設置者は，学校給食実施基準に照らして適切な学校給食の実施に努めるものとする。

（学校給食衛生管理基準）

第9条　文部科学大臣は，学校給食の実施に必要な施設及び設備の整備及び管理，調理の過程における衛生管理その他の学校給食の適切な衛生管理を図る上で必要な事項について維持されることが望ましい基準（以下この条において「学校給食衛生管理基準」という。）を定めるものとする。

　2　学校給食を実施する義務教育諸学校の設置者は，学校給食衛生管理基準に照らして適切な衛生管理に努めるものとする。

　3　義務教育諸学校の校長又は共同調理場の長は，学校給食衛生管理基準に照らし，衛生管理上適正を欠く事項があると認めた場合には，遅滞なく，その改善のために必要な措置を講じ，又は当該措置を講ずることができないときは，当該義務教育諸学校若しくは共同調理場の設置者に対し，その旨を申し出るものとする。

第3章　学校給食を活用した食に関する指導

第10条　栄養教諭は，児童又は生徒が健全な食生活を自ら営むことができる知識及び態度を養うため，学校給食において摂取する食品と健康の保持増進との関連性についての指導，食に関して特別の配慮を必要とする児童又は生徒に対する個別的な指導その他の学校給食を活用した食に関する実践的な指導を行うものとする。この場合において，校長は，当該指導が効果的に行われるよう，学校給食と関連付けつつ当該義務教育諸学校における食に関する指導の全体的な計画を作成することその他の必要な措置を講ずるものとする。

　2　栄養教諭が前項前段の指導を行うに当たつては，当該義務教育諸学校が所在する地域の産物を学校給食に活用することその他の創意工夫を地域の実情に応じて行い，当該地域の食文化，食に係る産業又は自然環境の恵沢に対する児童又は生徒の理解の増進を図るよう努めるものとする。

　3　栄養教諭以外の学校給食栄養管理者は，栄養教諭に準じて，第1項前段の指導を行うよう努めるものとする。この場合においては，同項後段及び前項の規定を準用する。

第4章　雑則

（経費の負担）

第11条　学校給食の実施に必要な施設及び設備に要する経費並びに学校給食の運営に要する経費のうち政令で定めるものは，義務教育諸学校の設置者の負担とする。

　2　前項に規定する経費以外の学校給食に要する経費（以下「学校給食費」という。）は，学校給食を受ける児童又は生徒の学校教育法第16条に規定する保護者の負担とする。

（国の補助）

第12条　国は，私立の義務教育諸学校の設置者に対し，政令で定めるところにより，予算の範囲内において，学校給食の開設に必要な施設又は設備に要する経費の一部を補助することができる。

　2　国は，公立の小学校，中学校，義務教育学校又は中等教育学校の設置者が，学校給食を受ける児童又は生徒の学校教育法第16条に規定する保護者（以下この項において「保護者」という。）で生活保護法

（昭和25年法律第144号）第6条第2項に規定する要保護者（その児童又は生徒について，同法第13条の規定による教育扶助で学校給食費に関するものが行われている場合の保護者である者を除く。）であるものに対して，学校給食費の全部又は一部を補助する場合には，当該設置者に対し，当分の間，政令で定めるところにより，予算の範囲内において，これに要する経費の一部を補助することができる。

（補助金の返還等）

第13条　文部科学大臣は，前条の規定による補助金の交付の決定を受けた者が次の各号のいずれかに該当するときは，補助金の交付をやめ，又は既に交付した補助金を返還させるものとする。

1　補助金を補助の目的以外の目的に使用したとき。

2　正当な理由がなくて補助金の交付の決定を受けた年度内に補助に係る施設又は設備を設けないこととなつたとき。

3　補助に係る施設又は設備を，正当な理由がなくて補助の目的以外の目的に使用し，又は文部科学大臣の許可を受けないで処分したとき。

4　補助金の交付の条件に違反したとき。

5　虚偽の方法によつて補助金の交付を受け，又は受けようとしたとき。

（政令への委任）

第14条　この法律に規定するもののほか，この法律の実施のため必要な手続その他の事項は，政令で定める。

索　　引

四訂 栄養教諭論〔第2版〕—理論と実際—

2005年（平成17年）7月25日	初 版 発 行～第7刷	
2008年（平成20年）4月10日	改訂版発行	
2009年（平成21年）4月20日	三訂版発行～第12刷	
2019年（令和元年）5月20日	四訂版発行～第2刷	
2022年（令和4年）3月31日	四訂第2版発行	
2024年（令和6年）1月15日	四訂第2版第3刷発行	

編著者　金 田 雅 代

発行者　筑 紫 和 男

発行所　株式会社 建 帛 社
KENPAKUSHA

〒112-0011　東京都文京区千石4丁目2番15号
TEL (03) 3 9 4 4 - 2 6 1 1
FAX (03) 3 9 4 6 - 4 3 7 7
https://www.kenpakusha.co.jp/

ISBN 978-4-7679-2119-8 C3037　　　壮光舎印刷／愛千製本所
©金田雅代ほか, 2005, 2008, 2009, 2019, 2022　　Printed in Japan
（定価はカバーに表示してあります）